LA FRANCE DANS L'EXTRÊME ORIENT

L'INDE FRANÇAISE

AVANT DUPLEIX

PAR

H. CASTONNET DES FOSSES

MEMBRE DE LA SOCIÉTÉ DE GÉOGRAPHIE

PRÉSIDENT DE SECTION DE LA SOCIÉTÉ DE GÉOGRAPHIE COMMERCIALE DE PARIS

PARIS	ANGERS
LIBRAIRIE CHALLAMEL AÎNÉ	LIBRAIRIE GERMAIN & G. GRASSIN
5, rue Jacob	Rue Saint-Laud

1887

L'INDE FRANÇAISE

AVANT DUPLEIX

LA FRANCE DANS L'EXTRÊME ORIENT

L'INDE FRANÇAISE

AVANT DUPLEIX

PAR

H. CASTONNET DES FOSSES

MEMBRE DE LA SOCIÉTÉ DE GÉOGRAPHIE

PRÉSIDENT DE SECTION DE LA SOCIÉTÉ DE GÉOGRAPHIE COMMERCIALE DE PARIS

PARIS	ANGERS
LIBRAIRIE CHALLAMEL AÎNÉ	LIBRAIRIE GERMAIN & G. GRASSIN
5, rue Jacob	Rue Saint-Laud

1887

PRÉFACE

Avant 1870, la France tenait seulement le quatrième rang parmi les puissances coloniales. Aujourd'hui, elle essaye de fonder un empire d'outre-mer en Indo-Chine, et, par ses nouvelles possessions, elle vient immédiatement après l'Angleterre, et prime la Hollande.

Ce n'est pas pour la première fois que nous fondons des établissements dans l'Extrême-Orient. L'extension coloniale a été la politique de Henry IV, de Richelieu, de Colbert, de Dupleix, de tous ces grands génies dont notre pays doit s'enorgueillir. En reprenant cette politique, nous suivons en quelque sorte des sentiers battus, des routes tracées.

Nous avons définitivement pris pied en Indo-Chine. Nous occupons la Cochinchine, nous sommes au Tonkin, en Annam, au Cambodge. De nombreux efforts ont été déployés ; nous espérons qu'ils seront récompensés, et que nous arriverons au but que nous poursuivons. Nous espérons que l'Indo-Chine orientale deviendra une terre française.

Il y a plus de deux cents ans, nos ancêtres avaient porté leurs regards du côté de l'Extrême-Orient ; une expédition sagement préparée par Colbert, alla montrer notre drapeau aux populations de l'Inde, et nous prîmes pied sur le littoral indien. Cette période de notre histoire dans cette partie de l'Asie est encore peu connue. Cependant elle présente un vif intérêt. Tous les Français qui y ont joué un rôle, ont été en quelque sorte les précurseurs de Dupleix. Ce sont eux qui ont fondé nos premiers établissements dans l'Extrême-Orient, et lorsqu'on étudie leurs tentatives, leurs efforts, l'on peut suivre les origines de l'Inde française. Nous avons pensé qu'il était d'un grand intérêt de faire connaître cette partie de notre histoire coloniale, alors que nous assistons aux origines de l'Indo-Chine française. C'est dans cette intention que nous publions l'*Inde française avant Dupleix*, et étant donné notre but, nous comptons sur les sympathies du lecteur.

H. Castonnet des Fosses.

L'INDE FRANÇAISE

AVANT DUPLEIX

CHAPITRE PREMIER

L'INDE. — SON PASSÉ. — MOTIFS QUI ONT DÉTERMINÉ LES
EUROPÉENS A Y FONDER DES ÉTABLISSEMENTS.

La fin du XV⁰ siècle a été marquée par deux grands événements de l'histoire, la découverte de l'Amérique et celle
de la route des Indes par le cap de Bonne-Espérance. Ces
deux événements placés au commencement des temps
modernes ont donné naissance à une révolution qui s'est
opérée dans le commerce et l'industrie. Un nouveau régime
économique a été inauguré et son influence s'est exercée
sur les gouvernements, les mœurs et les relations des
peuples entre eux. Un mouvement inusité se produisit dans
le vieux monde et un double courant poussa les Européens
à se diriger du côté de l'Amérique ou à prendre la route des
Indes.

Cette émigration qui, aux xvie et xviie siècles, a pris une
importance considérable, n'est pas un événement isolé dans
l'histoire. La colonisation appartient à tous les âges de la
société. Dans l'antiquité, nous voyons les Grecs quitter leur
pays en grand nombre, aller habiter la Sicile, les côtes de

l'Italie méridionale, et fonder sous le beau ciel de l'Ionie des colonies qui devinrent bientôt le foyer de la civilisation hellénique. Au moyen âge, il se passa quelque chose d'analogue en Europe. Au temps des croisades, l'on vit quantité de chevaliers abandonner leurs manoirs et se rendre en Terre-Sainte, à Chypre, en Grèce et y créer des seigneuries, et les marchands des villes maritimes de France et d'Italie établir des comptoirs dans les pays du Levant.

A la fin du xvie siècle et au commencement du xviie, les esprits étaient surexcités par les relations des *découvreurs* du Nouveau-Monde et les descriptions que les marins faisaient des richesses de l'Inde. Une force d'expansion s'était emparée des nations maritimes et les poussait vers l'Amérique et les Indes, soit pour y fonder des colonies, soit pour y ouvrir des débouchés à leur commerce. Mais il faut bien se garder de confondre ce double courant. En Amérique et aux Indes, les Européens n'avaient pas le même but. Aussi le rôle qu'ils y ont joué, les résultats qu'ils ont obtenus ont été bien différents.

C'est en Amérique que la colonisation a eu lieu dans la véritable acception du mot. L'Espagne est la puissance qui parut la première dans le Nouveau-Monde. Elle venait d'achever sa longue croisade contre les Maures, et cette lutte héroïque venant à cesser mettait en disponibilité une foule d'aventuriers impatients des loisirs de la paix. La découverte de l'Amérique leur ouvrait un débouché inespéré. Ils s'y élancèrent avec ardeur et soumirent le Mexique et le Pérou. Après la conquête vint la colonisation, et les Espagnols procédèrent d'une manière toute particulière. Leur système de colonisation n'a aucun rapport avec celui que les autres peuples de l'Europe ont suivi.

Au xviie siècle, les Français, les Hollandais, les Suédois et les Anglais arrivèrent dans l'Amérique du Nord et s'établirent dans les solitudes qui depuis sont devenues le Canada et les États-Unis. Après en avoir pris possession, ils y ont fondé de véritables colonies. Dans cette partie du monde, la colonisation a été entreprise à l'instar de la colonisation antique qui emmenait la cité avec elle.

Les colonies de l'Amérique du Nord étaient de petites sociétés qui se détachaient de la grande, se transportaient de toutes pièces sur une terre vierge et s'y constituaient à l'image de la métropole. Le but des premiers colons de l'Amérique du Nord n'était pas la fortune. Ils voulaient simplement, en cultivant la terre, s'assurer l'existence, en un mot trouver *le vivre et le couvert.*

Dans les établissements que les Européens ont fondés dans l'Inde, il ne faut rien chercher de semblable. L'Orient plein de mystères et de richesses, l'Orient d'où venaient les soieries, les pierres précieuses, les parfums et les épices, l'Inde et la Chine surtout exerçaient une véritable fascination sur les imaginations vives et curieuses de nos ancêtres. Trouver une voie plus directe pour atteindre ces contrées privilégiées, faire concurrence aux Vénitiens qui avaient le monopole d'un commerce lucratif, tel était le but d'une foule d'esprits aventureux. Mais, en allant aux Indes, l'on ne pensait pas à coloniser ou à faire des conquêtes territoriales. Le climat du pays, ses nombreux habitants qui jouissaient d'une civilisation assez avancée n'étaient pas de nature à attirer l'émigration.

Du reste, au commencement de leurs expéditions maritimes, les Européens n'ont jamais eu cette intention. Ils ne cherchaient pas une nouvelle patrie, ne voulaient pas s'établir dans l'Inde avec leurs familles et y fonder des colonies. Encore moins prétendaient-ils à la domination du pays. Ils conservaient l'esprit de retour, désiraient seulement faire du trafic et ne songeaient qu'à s'enrichir. Venus en petit nombre et se trouvant en présence d'une nombreuse population, ils se bornaient à occuper sur la route des stations maritimes, des escales où ils pouvaient se ravitailler. Dans l'Inde leur seule ambition était de posséder quelques ports qui puissent devenir des centres commerciaux et obtenir le droit d'avoir des factoreries, c'est-à-dire des comptoirs où leurs négociants fixaient leur résidence et étaient à même d'entretenir des rapports avec les habitants du pays.

La manière dont se faisait le commerce dans le *Haut-Orient* et son organisation toute particulière plaçaient forcément les Européens dans la dépendance des indigènes.

Les étoffes tissées de l'Inde, qui jouissent d'une célébrité méritée, formaient l'objet d'un trafic considérable. Lorsqu'il s'agissait d'acheter un certain nombre de pièces, le marchand européen avait recours aux Banians qui lui servaient d'intermédiaires avec les tisserands, que leur position misérable mettait dans la dépendance de ceux qui les employaient. Dans les autres transanctions, l'on agissait de même et il fallait toujours avoir recours aux Banians.

La situation des Européens dans l'Inde avait beaucoup d'analogie avec celle qu'ils ont aujourd'hui dans les villes de la Chine ouvertes à leur commerce. Quelquefois ils obtenaient une aldée du prince sur le territoire duquel ils avaient une factorerie. Une aldée consistait en un village et une certaine quantité de terre que l'on faisait cultiver par les indigènes, afin de se procurer plus facilement les produits propres à l'exportation. L'on pouvait acquérir une aldée en l'achetant, ou l'affermer moyennant un prix convenu. Mais il ne faut pas oublier que l'acquisition d'une aldée n'entraînait avec elle aucun droit souverain. C'est ainsi que nous verrons les Hollandais, les Anglais et les Français solliciter du Grand Mogol l'autorisation de battre monnaie et lui demander la permission de fortifier leurs établissements pour résister à l'invasion des Mahrattes. Du reste, les territoires possédés à l'origine par les Européens étaient assez restreints, et il arrivait parfois que des marchands, appartenant à des nationalités différentes, s'établissaient les uns à côté des autres, afin de pouvoir, le cas échéant, se prêter assistance contre les indigènes.

Telle a été la manière d'agir des Portugais qui ont possédé de nombreuses stations sur la route des Indes, mais n'y ont jamais occupé un vaste territoire. Ainsi ont fait les Hollandais dans leurs premières expéditions. Ils n'avaient qu'un but, ouvrir de nouveaux débouchés à leur commerce. Ce n'est que plus tard que les Européens furent amenés à s'immiscer dans les querelles des états indigènes. Ils se disputaient entre eux l'influence et la suprématie. Les idées de conquête se firent jour et l'on pensa que, pour posséder le commerce des Indes, il fallait non seulement y avoir des comptoirs, y nouer des relations, mais encore y devenir une puissance territoriale. Les expéditions qui, au début, étaient commerciales et avaient pour mobile les épices et les pierres précieuses, devinrent désormais militaires. Elles eurent pour but la fondation d'un empire indo-européen et c'est l'Angleterre qui a obtenu ce résultat.

Toutes les grandes nations maritimes de l'Europe ont fait des expéditions dans les Indes. Le Portugal, la Hollande, le Danemark, l'Angleterre et la France y sont successivement paru. L'Espagne seule, absorbée par l'Amérique, a négligé de porter ses efforts du côté de l'Asie et s'est contentée d'occuper les îles Philippines, dans la Malaisie. Venise qui, au moyen âge, avait été sur mer une puissance redoutable, était en pleine décadence et ne pensait qu'à défendre contre les Turcs ses dernières possessions de l'archipel. Quant aux villes Hanséatiques qui, aux XIIIe et XIVe siècles, avaient joué un rôle important, la découverte du cap de Bonne-Espérance, en changeant les routes commerciales, leur avait porté un coup terrible. Elles restèrent en dehors du mouvement colonial qui se produisit en Europe à partir du XVe siècle.

L'Inde, par ses richesses, était faite pour exciter les convoitises des Européens. Ce pays est l'un des plus favorisés du globe. Plusieurs de ses cours d'eau contiennent des sables aurifères. Ses mines d'or, d'argent, ses pierres précieuses, ses diamants ont été célèbres dès la plus haute antiquité. Le sol contient du cuivre, du plomb et de l'étain. Le fer se trouve dans toutes les provinces, la houille au Bengale, et l'on pêche les perles sur les côtes de Ceylan.

Le règne végétal répond au règne minéral. L'Inde offre de riches pâturages, des champs couverts de belles moissons et des vallées fertiles. Le riz abonde dans tout le pays. En fait de productions, l'on trouve également les grains de l'Europe, le froment, l'orge, le maïs, ainsi que le sagou, la patate, l'igname et le sorgho, tous nos légumes et bien d'autres que notre climat ne connaît pas. Parmi les fruits, bornons-nous à citer la banane, le coco, la mangue, l'ananas et l'orange. Tous nos arbres fruitiers tels que le pommier, l'amandier, le pêcher, le poirier, l'abricotier, le noyer viennent bien et rappellent à l'Européen sa patrie absente. Nos arbres de haute futaie se trouvent dans les forêts et s'y marient avec des arbres particuliers à cette riche contrée. Pour les autres productions contentons-nous d'une énumération rapide. Le sucre, le café, le thé, le lin, le safran, l'indigo, le poivre, la cannelle, l'opium et le coton donnent lieu à une exportation considérable.

L'Inde possède tous les animaux domestiques de l'Europe, plus le chameau et l'éléphant. Les fauves y sont nombreux et les plus redoutés sont le tigre, le léopard et la panthère. Les lions ont à peu près disparu et, à en juger par les anciens livres indiens, ils devaient être forts communs autrefois. Les éléphants errent par troupes dans les bois ; les singes, protégés par la superstition, pullulent et exercent de grands ravages sur les plantations. On y trouve les oiseaux aux espèces les plus variées et les insectes y brillent d'un éclat inconnu à nos climats tempérés.

Après cet aperçu rapide, il ne faut pas s'étonner si l'Inde qui, pendant longtemps, ne fut connue que par les récits de quelques voyageurs, évoquait l'idée de richesse et si, au moyen âge, grâce aux descriptions exagérées des Musulmans, elle passait pour être le pays des merveilles.

Si l'Inde, par son sol et ses productions, a dû frapper l'imagination des Européens, sa population n'est pas moins curieuse à étudier. C'est à elle surtout qu'il faut réserver l'épithète d'immobile. Ce que les Indiens sont aujourd'hui, ils l'étaient à l'époque de la conquête d'Alexandre, au moment de l'invasion arabe et au xve siècle, à l'arrivée des Portugais. Ils n'ont pas changé depuis et nul ne sait quand ils sortiront de leur torpeur.

L'histoire de l'Inde jusqu'au vi^e siècle avant Jésus-Christ est fort obscure. Les peuples de l'antiquité n'ont connu l'Inde qu'à une époque assez rapprochée de nous et encore l'ont-ils connue à travers les légendes plus ou moins trompeuses. Les chroniques indiennes sont restées enveloppées de mystères impénétrables. Ce sont des poèmes mêlés à quelques récits historiques. Cependant il est acquis aujourd'hui que les Indiens ne forment pas une race unique et qu'ils n'ont de commun entre eux que la comunauté de religion.

Les premiers occupants du sol de l'Inde dans les siècles primitifs de l'humanité furent des tribus aux cheveux plats, mais non laineux et ayant une certaine analogie avec les noirs de l'Australie. Les débris de cette race subsistent encore et on les trouve principalement dans les montagnes du Deccan. A ces peuplades aborigènes succédèrent des gens de race jaune venus probablement du Thibet et qui créèrent les peuples Dravidiens. Puis parurent les Kouschites, population à la peau d'un brun rouge et qui sortait de la Gédrosie. Les Kouschites s'établirent principalement dans les bassins de l'Indus et du Gange et de là se répandaient dans le pays en qualité de castes dominantes. A leur tour, ces divers conquérants furent soumis par des envahisseurs blancs, les Ayras qui, vers l'an 2000 avant Jésus-Christ, imposèrent le joug aux papulations et apportèrent avec eux le régime des castes. La société Brahmanique ne tarda pas à se constituer et le code de Manou l'a consacrée en lui imprimant le cachet de l'autorité religieuse.

Le code de Manou, qui date probablement au xᵉ siècle, n'a fait que constater et rédiger ce qui existait. Il formule les préceptes religieux, les règles du gouvernement et récapitule les lois civiles et criminelles ; sa cosmogonie est basée sur le régime des castes. Les Parias n'appartiennent à aucune caste et ont été probablement formés par les races vaincues et asservies. L'organisation politique est longuement traitée par Manou. Le gouvernement, comme dans toute l'Asie, est monarchique et absolu, excepté dans ses rapports avec la religion. Le mode d'administration est également prescrit ; mille villes ou bourgs forment la plus haute circonscription administrative, au-dessous de laquelle il y a une échelle hiérarchique de districts comprenant cent, vingt et dix localités.

La famille est constituée comme elle l'est généralement en Asie. La femme est tenue dans une dépendance absolue. La polygamie est en usage, mais nécessairement réservée aux grands et aux riches. La propriété telle que nous la comprenons n'existe pas dans l'Inde et, comme dans tous les pays d'Orient, le gouvernement, représenté par le souverain, est le propriétaire réel du sol.

Les cultivateurs ont toutefois un droit de culture héréditaire et même transmissible aussi longtemps qu'ils paient la part du produit de la terre qui leur est demandée. Les impôts se prélèvent en nature, car, au moment de la rédaction du code de Manou, l'on ne connaissait pas l'usage de la monnaie, qui fut seulement introduite par les Grecs à la suite de l'expédition d'Alexandre. Telle était la société Brahmanique que les Européens ont trouvée dans l'Inde, et encore aujourd'hui son organisation est restée la même et ne s'est pas modifiée. Autrefois, l'Inde paraît avoir formé un seul empire. Plus tard, elle se divisa en plusieurs royaumes qui se déchirèrent par de nombreuses guerres.

Le grand fait historique de cette longue période est l'apparition du Boudhisme vers le VIIIe siècle et contre lequel le Brahmanisme, appuyé par la tradition, lutte victorieusement. Au VIe siècle, Darius Ier, roi des Perses, soumet le pays entre la Paropamise et l'Indus et en forme une satrapie. Par son expédition, Alexandre ouvre cette riche contrée à l'occident. Les Macédoniens trouvèrent sur l'Indus un grand nombre de principautés dont les principales étaient celles de Porus et de Taxille. Alexandre avait de vastes projets sur la péninsule et se proposait de pénétrer jusqu'à Palibothra (Patna), la capitale des Prasiens.

A sa mort, les provinces soumises se soulèvent, et le roi de Syrie fait une expédition et pénètre jusqu'au Gange. A partir de ce moment, des relations s'établissent entre l'Inde et l'Occident, particulièrement avec l'Égypte.

Les Grecs connurent les épices, le vin de riz, le sucre de canne, la soie, les animaux et les plantes de l'Inde. Plus tard, les Romains entrent en rapport avec l'Extrême Orient et des ambassadeurs indiens viennent visiter Rome sous Auguste et sous Claude. Strabon, Pline et Ptolémée donnent quelques détails sur la péninsule. Au IIe siècle après Jésus-Christ, le principal état était le royaume de Cachemire. Après Ptolémée, l'histoire de l'Inde redevient obscure et ce pays est pour ainsi dire inconnu à l'Occident.

Les Européens trouvèrent dans l'Inde des Juifs et des Chrétiens. Les Juifs font remonter leur arrivée dans le pays à l'époque de la conquête de la Palestine par les Romains. Quant aux Chrétiens, il est assez difficile de connaître leur origine. Une tradition raconte que saint Thomas serait venu lui-même prêcher l'évangile dans ces contrées lointaines et aurait converti, sur la côte de Coromandel, le roi de Meliapour et une partie de son peuple. Les nouveaux néophytes auraient pris son nom et se seraient appelés chrétiens de saint Thomas; à Méliapour qui reçut la désignation de San-Thomé, en l'honneur du saint, les indigènes montrèrent aux Portugais une croix, qui aurait été plantée par l'apôtre et était l'objet d'une grande vénération. D'après les Chrétiens de l'Inde, saint Thomas serait mort martyr dans cette ville et aurait été lapidé par les Brahmes.

Si nous ne pouvons accorder qu'une médiocre confiance à ce récit, il n'en est pas moins vrai que l'apparition du christianisme dans cette partie de l'Asie, remonte à une époque assez reculée. En 317, saint Patène, qui fit un voyage dans l'Inde, était fort surpris de trouver dans les mains des Indiens l'évangile de saint Mathieu, écrit en hébreu et, au concile de Nicée, figurait un prélat qui prenait le titre d'évêque de Perse et des Indes. Sur la côte de Coromandel, les Chrétiens furent assez nombreux pour former un royaume indépendant, et leur premier roi s'appelait Baliarte. Plus tard, ils passèrent sous la domination du roi de Cochin; ils se rattachaient au Nestorianisme et avaient adopté plusieurs coutumes païennes [1].

Pendant le moyen âge, l'Europe avait perdu la route de l'Inde et, à part le moine Cosmos Indicopleustes d'Alexandrie qui, au vi° siècle, visita la péninsule et en rapporta les vers à soie et donne de curieux détails dans le récit de son voyage, il faut attendre l'invasion des Musulmans pour entrer de nouveau en rapport avec l'Inde. Tout ce qu'on sait, c'est que les Sassanides avaient fait plusieurs expéditions dans le nord de la péninsule, et il est probable que le territoire situé à l'ouest de l'Indus reconnaissait leur autorité au moins nominalement.

Au milieu du vii° siècle, les Musulmans s'emparent de la Perse. En 707 Kotaïbah, lieutenant du Khalif Abdul-

---

[1] Les chrétiens de saint Thomas n'admettaient que trois sacrements, le Baptême, l'Ordre et l'Eucharistie. Leurs prêtres se mariaient. Une de leurs principales fêtes était le 3 juillet qui, suivant eux, était le jour où saint Thomas était arrivé dans l'Inde.

Meleck, soumet les bords de l'Indus et commence à propager l'Islamisme. A la fin du xe siècle, les Ghaznévides qui sortent de la province de Kandahar, envahissent l'Inde sous la conduite de leur chef Mahmoud, détruisent les idoles, déciment les populations et imposent le Koran. C'est en vain que de nombreux rajahs essaient de résister et, entre autres, celui de Delhy. Ils sont obligés de reconnaître la suprématie de Mahmoud qui résidait dans l'Afghanistan et faisait gouverner ses conquêtes par un vice-roi. Mahmoud mourut en 1028.

L'empire qu'il avait fondé ne devait pas durer. En 1158, il se divisa, et quelques années plus tard, les Gourides qui sortaient du Khoraçan substituaient leur domination à celle des Ghaznévides. Avec eux, l'Islamisme s'établit d'une manière définitive dans l'Inde et y recrute de nombreux adhérents. Les Gourides prennent possession du Pendjab, envahissent le Bengale et ravagent le Deccan, sans cependant l'occuper d'une manière définitive. Leur capitale était Delhy. Leur conquête dura jusqu'à la fin du xviiie siècle. A cette époque, des tribus tartares du Kharism viennent faire des incursions dans l'Inde et, à la faveur des troubles, les gouverneurs des provinces se déclarent indépendants. Partout règnent le désordre et l'anarchie ; la domination des Gourides ne devait pas tarder à être renversée.

L'on était alors au temps des croisades et l'Occident commençait de nouveau à entrer en rapport avec l'Inde. Le Vénitien Marco-Polo [1] se rend en 1271 à la cour du grand Khan des Mongols et visite l'Inde ainsi qu'une grande partie de l'Asie. Le récit qu'il donne de ses voyages est accueilli par ses contemporains avec une entière incrédulité, mais, depuis, les progrès de la science sont venus confirmer son témoignage et sa sincérité.

[1] Marco-Polo était né à Venise en 1252. Il traversa toute l'Asie, depuis l'Arménie jusqu'au Japon et revint en Europe par les îles de la Sonde, la Perse et Trébizonde. Il mourut vers 1325.

Parmi les voyageurs qui pénètrent dans l'Inde au moyen âge, citons le prince arménien Haïton qui se retira en France où il prit l'habit de Prémontré, le médecin Jean de Mandeville [1] et le Franciscain Oderic de Frioul [2] dont le récit contient à la fois des détails exacts sur les mœurs des Indiens et des descriptions fantastiques.

A partir de la chute de la dynastie des Gourides et pendant le XIVe siècle, l'Inde est un champ de bataille. Elle est envahie par les Afghans qui y fondent plusieurs principautés, puis par les Gengiskhanides et les Mongols qui s'y font une guerre acharnée. En 1398, la terrible Tamerlan s'empare de Delhy et domine l'Inde qu'il couvre de ruines. A sa mort, arrivée en 1405, le vaste empire qu'il a fondé disparaît. Ses successeurs, Miracha et Abou-Chaïd, tombent dans la mollesse et l'Inde n'appartient plus à un seul maître. Elle se fractionne en plusieurs états sans cesse en lutte les uns contre les autres. Sur ces entrefaites paraît un descendant de Tamerlan qui ne tarde pas à jeter les bases de la puissance mogole.

Babour était à la fois le petit-fils de Tamerlan et le descendant de Gengis-Khan ; il naquit en 1483. Il abandonna la Tartarie où des chefs ambitieux lui disputaient l'héritage de ses pères et avec quinze mille hommes, pénétra dans l'Inde, alors en grande partie sous la domination des Afghans. Il s'empare de Delhy, y fixe sa capitale et rallie à sa cause un grand nombre de Musulmans. L'empire du Grand Mogol était fondé.

Il fallut cependant près d'un demi-siècle à la domination tartare pour s'asseoir avec solidité des rives de l'Inde à celles du Gange. Babour meurt en 1530 et a pour suc-

---

[1] Jean de Mandeville, né à Saint-Albans, en Angleterre, vers 1300, visita de 1322–1356 la Syrie, l'Egypte, la Chine et presque toute l'Asie, et mourut en 1371.

[2] Oderic de Frioul raconte qu'il a vu aux îles Nicobar des hommes ayant un visage de chien, à Ceylan, des oiseaux à deux têtes et qu'il traversa un pays habité par des nains sujets du Prêtre Jean.

cesseur Houmaïoum. Les Afghans cherchent à plusieurs reprises à ressaisir le pouvoir et avec Sheer-Khan redeviennent un instant les maîtres. C'en était fait des Mogols sans l'assistance du roi de Perse, Thomasp Ier, qui fournit des troupes à Houmaïoum et l'aida à reconquérir son trône. Houmaïoum mourut en 1565. Akbar Ier qui régna de 1555 à 1605 consolide son autorité, agrandit l'empire, fixe sa résidence à Agrah et y bâtit une magnifique mosquée en l'honneur de Mahomet. Le successeur d'Akbar, Géangir, continue la même politique et emploie son règne à faire la guerre. Il meurt en 1629. Chah-Djilan Ier (1627-1657) réunit une armée considérable et s'empare de plus de cinquante villes et forteresses. La plus grande partie de l'Inde lui était soumise et sous son successeur, Aureng-Zeyb, l'empire parvint à son apogée.

Aureng-Zeyb était né en 1619. Il s'empara du trône en faisant enfermer son père et périr ses deux frères. Son règne qui dura de 1659 à 1707, fut marqué par la conquête du Thibet, du Deccan, du riche royaume de Golconde et celui de Vizapour. A l'intérieur, le commerce et l'agriculture sont protégés. Sa puissance et les richesses du Grand Mogol deviennent proverbiales dans tout l'Orient. Il commandait à quarante royaumes et l'on estimait ses revenus à près d'un milliard. Tavernier nous décrit longuement le faste et le luxe qui étaient déployés à sa cour. Dans toute l'Asie on parlait de son trésor, de ses pierres précieuses, de son palais qui avait quatre lieues de tour, de son trône resplendissant d'or et d'argent, de ses écuries où étaient entretenus de nombreux chevaux qui étaient nourris, disait-on, avec des galettes faites de beurre et de froment. Mais cette grandeur était factice et l'empire Mogol révélait de grandes causes de faiblesse et de décadence.

Dans l'empire, deux races se trouvaient en présence l'une de l'autre: les Mulsulmans qui étaient les conquérants et les vaincus qui appartenaient au culte de Brahma. Les Musulmans, bien moins nombreux que les Hindous, habitaient la capitale, les grandes villes et les places de commerce. Ils occupaient la plupart des fonctions publiques et composaient la plus grande partie de l'armée. Leur situation offrait beaucoup d'analogie avec celles que les Turcs ont dans l'empire ottoman. L'empire Mogol comprenait vingt-deux provinces ou vice-royautés qui étaient administrés par des soubabs. Chaque vice-royauté se subdivisait en un certain nombre de gouvernements qui avaient à leur tête des nababs ; à l'origine, les soubabs et les nababs étaient des fonctionnaires révocables. Peu à peu, ils surent se rendre indépendants et héréditaires.

Les Hindous qui n'étaient pas Musulmans formaient la race vaincue, les *raïas*, et ne prenaient aucune part au gouvernement. Les Musulmans avaient respecté une institution qui, dans l'Inde, remonte à une époque bien reculée. Nous voulons parler du village indien. Un village comprend une certaine étendue de terres labourables et en friche. Il forme un bloc compact habité par une seule communauté, et ses limites en sont clairement définies et gardées avec un soin jaloux. Le territoire est divisé en parcelles délimitées avec la même exactitude que le canton lui-même. Les noms des pièces de terre et des propriétaires, l'étendue des parcelles, tout cela est minutieusement conservé dans les registres de la communauté. Tous les membres de cette unité territoriale sont réunis dans un village situé au centre du territoire.

Si l'on considère le village au point de vue pratique, il ressemble à une corporation ou à une municipalité. Chaque communauté régit elle-même ses affaires locales et possède un véritable gouvernement. Un conseil (Panchaet) présidé par le chef du village (Patel), répartit entre les habitants l'impôt dû à l'état et demeure collectivement responsable pour le recouvrement intégral. Il fait lui-même la police, administre la justice, vote les taxes pour les dépenses particulières et a ses employés spéciaux pour ses services locaux. Les fonctionnaires qui composent le conseil sont : le *Kurnoum*, qui tient le registre des frais de culture ; le *Talari*, qui est chargé de rechercher les crimes et les délits, et de protéger les voyageurs ; le garde des moissons ; le gardien des limites, qui est chargé de la tenue du cadastre ; le commissaire des eaux et des étangs, qui distribue l'irrigation suivant les besoins de l'agriculture ; le brahme ; l'astronome qui annonce l'époque favorable pour les semailles ; le maître d'école. Puis viennent ensuite le forgeron, le charpentier, le potier, le barbier, le porteur d'eau, le médecin et le gardien du bétail. Dans certains villages, il existe une sorte de communauté de biens et de travaux qui permet à chacun de profiter de l'assistance des autres. L'impôt dû par le village est d'abord prélevé et les habitants se partagent le reste de la moisson en proportion de la quantité de terres que chaque tenancier a défrichées et cultivées.

C'est sous ce régime que la population indienne a toujours vécu dans les campagnes. Cette organisation singulière fait de chaque village une sorte de petite république dont les habitants ne se mettent pas en peine des révolutions de l'empire. Tant que le village subsiste, peu leur importe le souverain dont ils dépendent. Cet état de choses explique en partie l'indifférence que les Indiens ont la plupart du temps témoignée pour les envahisseurs qui venaient de s'emparer de leur pays. Ainsi qu'on peut le voir, l'empire Mogol n'avait pas de bases solides et les guerres qu'il soutiendra contre les Mahrattes seront le signal de sa ruine. Au moment de l'arrivée des Européens il commençait à se fonder. L'Inde était divisée en plusieurs états et aucun d'entre eux n'était capable d'opposer une résistance sérieuse.

Du reste, l'Inde a toujours été une proie facile. Sa population indigène n'est pas belliqueuse et, en dehors des Musulmans, les Mahrattes sont le seul peuple qui ait montré des instincts guerriers. En outre, la multiplicité des principautés indiennes favorisait singulièrement l'établissement des Européens et, en racontant leurs luttes, nous verrons combien cet état de choses les aidera à prendre pied dans le pays et à y fonder leur domination. C'est surtout au XVIIIᵉ siècle, lorsque la France et l'Angleterre se disputèrent la suprématie dans la mer des Indes, que les différents princes indigènes furent mêlés à nos guerres et à prendre part, soit pour nous, soit pour nos ennemis. La politique des Français et des Anglais consista principalement à se créer des alliances parmi les nombreux souverains de la péninsule.

Les Portugais parurent les premiers dans l'Inde. Le Portugal était devenu de bonne heure une puissance maritime, et l'on est étonné de voir tout ce que ce pays a accompli, eu égard à son territoire et à sa population. A partir de 1415, ses navigateurs redoublent d'audace et étendent sans cesse le cercle de leurs expéditions. Les côtes d'Afrique sont explorées, le cap de Bonne-Espérance est reconnu ; sous le règne d'Emmanuel le Fortuné, Vasco de Gama se lance à la poursuite de l'Inde et, en abordant, en 1498 à Calicut, il donne le signal d'une révolution économique. Ses successeurs continuent son œuvre en étendant l'influence de leur pays. Enfin, paraît Albuquerque et avec lui le Portugal se fait redouter.

Albuquerque fonde l'empire colonial du Portugal. Après avoir affermi sa domination sur la côte orientale d'Afrique il s'empare des stations qui commandent la route des Indes, de Socotora, de Maskate et d'Ormuz. Le Portugal devient puissance territoriale et acquiert, en 1510, Goa, la capitale de ses possessions dans l'Extrême-Orient. Albuquerque force les souverains de la côte de Malabar à reconnaître la suprématie de son pays et fait la conquête

de Malacca. L'Indo-Chine subit l'influence de la cour de
Lisbonne. Les Moluques connues sous le nom *d'îles aux
épices*, sont occupées, ainsi que Timor, et les Portugais
dominent seuls dans la mer des Indes.

Les vieilles routes commerciales sont fermées et les
riches produits que l'Europe recevait par l'intermédiaire
des Arabes et des Vénitiens prennent désormais le chemin
de Lisbonne. Pour accomplir de si grandes choses, pour
obtenir de si brillants résultats, Albuquerque n'avait que
de faibles ressources. Il n'avait que vingt mille hommes
dispersés sur la côte d'Afrique et les rivages indiens. C'est
par son énergie et son génie qu'il fonde l'empire portugais.
Goa, choisi comme capitale et placé au centre des possessions portugaises, semblait consolider pour jamais la
puissance du Portugal dans les Indes,

La mort d'Albuquerque ne ralentit pas ces nombreux
succès qui sont continués par ses successeur Lopez, Soarez
et Siqueria. En 1518, les Portugais dirigent leur efforts du
côté de l'île de Ceylan. Ils en occupent le littoral et forti-
fient Colombo. Le reste de l'île conserve ses princes
indigènes dont les principaux et entre autres le roi de
Candy, reconnaissent leur suprématie. Ils rayonnent dans
les îles de la Sonde, consolident leur domination aux
Moluques dont les habitants embrassent le catholicisme et,
par leurs missionnaires, entrent en relation avec la Chine et
le Japon. Ils sont ainsi les premiers Européens à avoir des
rapports avec ce dernier empire. Partout, ils se mettent en
communication avec les indigènes, établissent un commerce
avantageux dans ces riches contrées et organisent dans les
Indes un immense trafic régulier.

Le Portugal se ressent de cette révolution commerciale.
Lisbonne devient un entrepôt général, son port avait peine
à contenir les nombreux navires qui y affluaient. C'est là
que les autres peuples de l'Europe venaient chercher les
riches produits que l'Inde déversait sur le Portugal, et

Lisbonne qui, aujourd'hui, est une cité sans animation, était alors regardée comme la plus belle ville de l'occident. Plus de dix mille maisons y abritaient cent mille habitants et cent cinquante mille esclaves[1]. L'on y admirait de beaux quartiers, de somptueux monuments. Ainsi, un proverbe du temps disait : « Quiconque n'a pas vu Lisbonne, n'a rien vu de beau. »

La manière dont les Portugais faisaient le commerce dans l'Inde n'a rien de commun avec le système qui a été suivi par les Hollandais, les Anglais et les Français. Le Portugal avait la prétention de se réserver le trafic avec l'Inde, à l'exclusion de toute autre nation, et il soutenait ce principe par des forteresses et des garnisons disséminées sur les côtes d'Afrique et d'Asie. Le commerce n'avait pas été donné à une compagnie privilégiée ; il restait tout entier entre les mains de la couronne et, pour faire le négoce aux Indes, il fallait avoir l'autorisation du gouvernement qui, en outre, s'était réservé plusieurs branches importantes du commerce.

Le trafic se faisait avec des vaisseaux énormes connus sous le nom de *carraques*, armés pour la guerre et chargés d'un nombreux équipage de marins et de soldats. Ces grands navires répandaient la terreur dans tout l'Orient, mais ils excitaient les convoitises des autres nations et souvent étaient attaqués par les corsaires anglais et hollandais. Ce système présentait en outre de graves inconvénients. Il concentrait le commerce dans quelques mains et faisait succéder à la stagnation un mouvement de fièvre générale. De plus, ces lourds convois entraînaient

[1] A partir du xv° siècle, au temps de l'expansion portugaise, Lisbonne était remplie d'esclaves noirs que la traite introduisait dans le pays à raison de dix à douze mille par an. Chaque famille en possédait et le premier des luxes était d'en compter un grand nombre. Tous les métiers serviles étaient entre les mains des nègres. Aussi Lisbonne devait plutôt ressembler à une ville américaine qu'à une cité européenne et présenter quelque analogie avec Rio-de-Janeiro.

de grandes dépenses pour le gouvernement portugais et l'obligeaient à supporter des charges considérables sans jamais en retirer de sérieux bénéfices. D'ailleurs, la prétention que les Portugais avaient de considérer les Indes comme leur domaine particulier, d'en exclure les autres peuples et de les forcer à venir s'approvisionner chez eux et d'être les commissionnaires de l'Europe, éveillèrent les jalousies et bientôt ils eurent des rivaux.

Du reste, la domination portugaise si brillante et si prospère en Asie n'était pas appelée à durer et, malgré ses apparences de solidité, elle cachait de grands vices. Les richesses que l'Inde versait chaque année sur le Portugal amenèrent une démoralisation dans toutes les classes de la société et répandaient des besoins nouveaux, des habitudes de violence et de rapine qui donnèrent lieu à de grands scandales. L'Inde était regardée comme un moyen de faire fortune. L'administration coloniale était changée tous les trois ans et les fonctionaires n'avaient qu'un but, s'enrichir rapidement. Tous les employés civils et militaires avaient la faculté de faire le commerce pour leur propre compte, ce qui était la source de nombreux abus. Les officiers, amollis par leur séjour en Asie, ne marchaient plus qu'en palanquin au milieu du luxe oriental. Chacun ne pensait qu'à jouir : les populations étaient pressurées et ne paraissaient être pour les Pourtugais qu'une proie destinée à satisfaire leur désirs.

Ainsi, sous le règne du successeur d'Emmanuel le Fortuné, sous Jean III, on pouvait déjà prévoir la chute du Portugal dans les Indes. Des vice-rois comme Nuno da Cunha et Jean Castro purent retarder ce funeste moment, obtenir encore des succès, s'emparer de Diu, mais, malgré d'énergiques efforts, l'heure de la décadence avait sonné. Le Portugal conservait toujours le monopole du trafic avec l'Inde. Il allait bientôt le perdre et il était facile de voir que les beaux jours de l'Inde portugaise étaient passés.

Des circonstances extérieures et particulières à l'Europe vinrent précipiter la ruine.

Quand la fortune du Portugal vint s'anéantir avec le roi Don Sebastien, dans les plaines d'Alcazar-Kebir au Maroc, la domination portugaise dans l'Inde était finie. Le Portugal fut réuni à l'Espagne et son union avec ce pays eut pour lui les conséquences les plus funestes. Tous les ennemis de la Castille devinrent ceux du Portugal, capturèrent ses vaisseaux et détruisirent ses établissements. Les Hollandais ne tardèrent pas à supplanter les Portugais dans leur rôle de commisionaires de l'Europe. Le Portugal eut beau recouvrer son indépendance en 1640 et reprendre une partie de ses colonies, son rôle dans l'Inde était terminé et les Français n'eurent jamais à redouter sa rivalité. Cependant, cette petite nation a laissé de nombreuses traces de son passage dans la péninsule et, aujourd'hui, cinq cent mille descendants des Portugais et des femmes du pays, connus sous le nom de *topasi*, témoignent de l'ancienne puissance coloniale du Portugal.

Après le Portugal, ce fut la Hollande qui parut aux Indes et essaya d'exploiter à son profit les richesses de cette contrée. Les Hollandais ont suivi un système tout différent de celui des Portugais et, pendant deux siècles, ils ont gardé la prépondérance. Quand la France entra en lice, ce fut d'abord contre eux qu'elle eut à lutter.

De tout temps, les Hollandais se sont fait remarquer par leur caractère industrieux et économe. Leur territoire est restreint et la mer, qui les entoure presque de tous les côtes, était le champ où ils devaient porter leur activité. La pêche du hareng[1], les avait habitués aux expéditions lointaines et la navigation était devenue pour eux l'industrie nationale. Avant d'aller aux Indes, ils en connaissaient les

---

[1] Au xvii° siècle, la pêche du hareng occupait en Hollande 2,000 bateaux, 37.000 marins, et l'on évaluait les sommes qu'elle rapportait au pays à cinquante millions.

richesses et les productions par les récits qu'ils avaient entendu faire aux Portugais. Depuis que Lisbonne était devenue l'entrepôt de l'Europe, c'étaient eux qui allaient chercher les marchandises dans cette ville, et les distribuaient au reste de l'Europe.

Ils eurent bientôt l'idée d'aller eux-mêmes les chercher dans l'Inde. Plusieurs marins hollandais qui y étaient allés avec les Portugais, encouragèrent leurs compatriotes dans ce dessein. Des tentatives furent faites, mais inutilement, pour découvrir un passage au nord, qui menât à la Chine et au Japon[1]. Sur les conseils de Corneille Houtmann, qui a habité Lisbonne et s'est longuement renseigné, plusieurs marchands d'Amsterdam forment, en 1594, la compagnie *des pays lointains* et envoient dans l'Inde quatre navires, qui reviennent après deux ans et quatre mois et donnent quelques profits aux intéressés.

Ce succès est connu de toute la Hollande. La compagnie *des pays lointains* fait une nouvelle expédition, et bientôt d'autres compagnies se forment, à l'instar de la première, à Rotterdaam et dans la Zélande. De tous les ports bataves partent des vaisseaux qui prennent la route de l'Inde et un trafic considérable commence à s'organiser. Bientôt l'on craignit que toutes ces compagnies ne finissent par se nuir réciproquement et l'on pensa que ce commerce serait plus sûr et plus avantageux, si une grande compagnie concentrait tous les efforts et réunissait toutes les ressources. Aussi, sur les conseils de Barnevelt, la célèbre compagnie des Indes ne tarda pas à être fondée, en 1602.

La compagnie des Indes-Orientales était fondée pour vingt-et-un ans. Son capital social consistait en deux mille cent cinquante trois actions de trois mille florins chacune. Elle avait à sa tête une assemblée générale, composée de

---

[1] Les tentatives faites de nos jours ont été plus heureuses et, par son voyage d'exploration, M. Nordenskiold a relevé l'existence du passage du Nord que l'on avait relégué dans le domaine de l'utopie.

dix-sept directeurs, dont huit devaient être d'Amsterdam. La compagnie hollandaise était plutôt une réunion de sociétés similaires qu'un corps parfaitement uni et homogène. Les petites sociétés qui, par leur agrégation, avaient formé la compagnie des Indes, restèrent distinctes sous le nom de *chambres*. La conduite des affaires communes était confiée aux directeurs qui étaient nommés par les États-Généraux, sur une liste de candidats présentés par les différentes chambres. La compagnie pouvait signer des traités, bâtir des forts, construire des vaisseaux et entretenir des troupes. Elle payait à l'État trois pour cent, pour tout ce qu'elle envoyait dans l'Inde, sauf les matières d'argent. Les marchandises qu'elle importait en Hollande étaient exemptées de tout droit.

Les débuts de la compagnie furent pénibles et, pendant treize ans, de 1611 à 1624, les actionnaires ne touchèrent pas de dividende; mais la ténacité hollandaise triompha des obstacles qu'elle rencontra sur sa route. Le premier gouverneur des Indes Néerlandaises, Pierre Both, prend pied dans l'île de Java et y fonde un établissement, en 1611. Quelques années plus tard, en 1619, Batavia était bâti et devenait la capitale des possessions hollandaises. Les Hollandais multiplient leurs expéditions. Les Moluques sont enlevées aux Portugais dès 1607, et les indigènes, de catholiques qu'ils étaient, deviennent calvinistes. En 1625, des comptoirs sont fondés à Sumatra. Le gouverneur général, Gérard Reynst, qui administre les colonies de 1613 à 1616, tourne son attention du côté de l'Inde et se met en rapport avec plusieurs princes du pays. Il organise une factorerie à Surate; puis, désireux d'avoir une station sur la route de l'Europe, il occupe Moka, dans la mer Rouge. En 1622, le privilège de la compagnie expire; il est renouvelé pour vingt et un ans. L'influence hollandaise s'étend de plus en plus et les gouverneurs-généraux Antoine Van Diémen (1636-1645), Corneille Van der Lyn (1645-1650), et Jean

Maat-Zuiker, assurent à leur pays la suprématie dans l'Extrême-Orient.

Dans l'Inde, les Hollandais se trouvaient en présence des Portugais. Ils songent à les supplanter et à les chasser de l'île de Ceylan. C'est en 1638 que la première bataille au sujet de la suprématie dans l'océan indien eut lieu entre Européens, entre l'*Armada* portugaise et la flotte hollandaise qui était l'alliée du roi de Candy. Les Hollandais sont victorieux et s'emparent de Trinquemaly. En 1656, ils expulsent définitivement les Portugais en prenant Colombo. Ils ne cherchent pas à assujettir l'île toute entière. Ils se contentent d'occuper quelques places, font alliance avec le roi de Candy et se bornent à se réserver le monopole du commerce. En 1641, ils enlèvent Malacca aux Portugais, fondent un comptoir au Tonkin, envoient une ambassade au Laos et entrent en relations avec le Japon, qui reste fermé aux autres Européens. Du reste, ils n'ont que le droit d'envoyer chaque année deux navires à Nangasaki. Ils nouent aussi des relations avec la Chine et, dans le but d'avoir une station sur ses côtes, ils s'établissent à l'île Formose où ils bâtissent le fort de Zélande en 1625; mais ils sont obligés d'abandonner cette possession en 1661.

Aux Indes et dans les îles de la Sonde, leurs succès ne se ralentissent pas. Ils arrivent à Bornéo en 1643, et fondent des établissements à Célèbes, en 1665. Dans l'Inde, ils s'emparent successivement de Tutucorin (1658), de Negapatam (1660) de Cochin (1663) et gagnent la confiance du Grand-Mogol. En 1650, ils avaient mis la main sur le Cap de Bonne-Espérance qui commande la route de l'Europe. Partout ils se substituent aux Portugais et, en cela ils sont aidés par les populations indigènes. Ils ne se présentent jamais en conquérants ou en missionnaires comme les Espagnols et les Portugais, mais en commerçants qui n'ont qu'un but, faire du trafic. Dans l'Inde, les Hollandais n'ont jamais eu l'intention de fonder une colonie à plantations. Ils ne désirent que nouer des relations commerciales et ont toujours conservé l'esprit de retour.

Les Hollandais se montrent partout réservés, pleins de calme et de modération avec les indigènes et sont fidèles à leur parole. Avant tout, ce sont des marchands. Ils ne cherchent pas à imposer leur langue et leurs usages et, aujourd'hui encore, le malais est en quelque sorte la langue officielle de leurs possessions d'Océanie. Leur intention n'a jamais été de transformer ou de modifier les peuples qu'ils rencontrent ; ils ont pour principe de respecter leurs mœurs et leurs habitudes. Ils ne sont pas conduits par l'idée de gloire ou de propagande religieuse ; leur politique est toute commerciale. Ils évitent avec soin tout établissement important sur le continent et n'y occupent que quelques ports pour y abriter leurs vaisseaux. Trafiquer, servir d'intermédiaire entre l'Europe et l'Asie afin de réaliser des bénéfices, voilà leur seule ambition.

Mais si les Hollandais sont tolérants en politique et en religion, ils ne le sont pas lorsqu'il s'agit de leur convenance. Ils veulent conserver leur monopole surtout pour les épices, qu'ils regardent comme la principale source de leurs revenus. Ils vont jusqu'à en défendre la production dans certaines îles et, chaque année, des inspecteurs sont chargés de détruire les arbustes qui sont prohibés. La culture des épices est restreinte et le but des Hollandais, en agissant ainsi, est d'élever le prix de cette précieuse denrée. Naturellement ils ne veulent pas de rivaux et sont hostiles aux autres nations européennes. Ils ont contribué à abattre la puissance portugaise et seront opposés à notre établissement dans l'Inde.

Les Hollandais avaient la suprématie en Orient, et étaient à la tête d'un commerce considérable, qu'ils faisaient depuis le Japon jusqu'en Perse et dans les îles de la Sonde. La compagnie de Hollande possédait environ cinquante gros vaisseaux, sans compter une quantité de petits bâtiments pour la navigaton des côtes. Il partait ordinairement de Batavia tous les ans douze ou quatorze navires qui se rendaient en Europe, sept ou huit de Colombo qui était le principal marché de la cannelle. Amboine était ensuite le centre le plus important. Les Hollandais avaient principalement concentré leurs efforts dans les îles de la Sonde. De Batavia, ils n'avaient pas tardé à étendre leur domination sur une partie de l'île de Java. Les forces militaires qu'ils entretenaient dans les Indes étaient importantes. A Java, ils avaient une armée composée de douze cents Européens, de dix mille Malais, et de deux mille Chinois; à Ceylan, deux mille Européens et six mille Cipayes.

En devenant une puissance territoriale, la compagnie n'avait pas abandonné sa ligne de conduite et était restée avant tout une société de commerce, cherchant à réaliser des bénéfices. Aussi, son administration était économe. Elle faisait construire la plupart de ses bâtiments dans les îles de la Sonde, où les matériaux et la main d'œuvre lui revenaient à meilleur compte qu'en Europe, et recrutait une partie de ses équipages parmi les gens du pays qui se contentaient d'une solde inférieure à celle des matelots hollandais. L'autorité était exercée par le gouverneur général, qui résidait à Batavia et était assisté par le conseil de régence. Les possessions hollandaises formaient sept gouvernements : Java, Amboine, Banda et Macassar dans les îles de la Sonde, Malacca et Ceylan dans l'Inde, et le cap de Bonne-Espérance en Afrique. Chaque comptoir était administré par un directeur qui était obligé de renseigner le gouverneur sur les avantages que l'on pouvait tirer de son département, au point de vue du commerce. A côté de chaque directeur, il y avait un agent appelé *fiscal*, dont la mission était de surveiller sa gestion et de le dénoncer en cas de malversations ou d'injustice. Notons que dans toutes les colonies hollandaises l'élément militaire était subordonné à l'élément civil.

La politique coloniale suivie par les Hollandais à l'égard des indigènes différait complètement de celle des autres Européens. Dans les îles de la Sonde, le régime de la propriété était celui des Musulmans. Le sultan était le propriétaire du sol, et ceux qui le cultivaient n'en étaient que les tenanciers. En s'emparant du pays, les Hollandais se substituèrent aux anciens souverains. Le territoire qui appartenait à la Compagnie était divisé en arrondissements. Chaque arrondissement avait à sa tête un indigène de haute naissance appelé *Tomogou*. Plusieurs arrondissements formaient une résidence, gouvernée par un résident qui était toujours hollandais. Le *Tomogou* était considéré comme le fermier de la Compagnie et devait verser chaque année, dans les magasins du gouvernement, une part de la récolte déterminée d'avance, suivant la fertilité du sol. La Compagnie était omnipotente, et obligeait tout planteur européen à vendre ses produits au prix fixé par elle. Ce système était contraire à la colonisation, et avait des résultats funestes. La plupart des Européens qui possédaient des plantations s'empressaient de les affermer aux Chinois, qui commençaient à émigrer en grand nombre à Java.

En exploitant les populations soumises à sa domination, la Compagnie subvenait non seulement à ses dépenses, mais réalisait encore des bénéfices considérables. Les Hollandais n'apportaient que très peu de marchandises d'Europe dans l'Inde et leurs envois d'argent ne dépassaient guère annuellement deux millions. Ils n'achetaient au comptant que dans le Bengale; partout ailleurs, ils pratiquaient la troque avec leurs épices. Le commerce de l'Extrême-Orient leur appartenait. Tel était l'état de la puissance des Hollandais à notre arrivée dans l'Inde. Ils possédaient la supériorité et la faisaient accepter. Ils étaient alors la première nation maritime [1].

---

[1] Au xviie siècle les Hollandais possédaient une marine militaire qui comprenait cent soixante vaisseaux et frégates.

Les bénéfices réalisés par les Portugais et les Hollandais avaient attiré de bonne heure l'attention des Danois. Les expéditions du Groënland et de l'Islande avaient depuis longtemps fait de ce petit peuple un état maritime assez important. Aussi le Danemark devait bientôt songer à aller aux Indes recueillir sa part des produits de ce riche pays et, dès le xviie siècle, ses vaisseaux paraissaient dans l'océan indien. En 1616, une compagnie se formait et achetait du rajah de Tandjaour, à l'embouchure du Cavery, le village de Tranquebar, qui bientôt devenait une ville importante et le siège d'un commerce actif. Plus tard, les Danois établirent deux factoreries, l'une sur le Gange et l'autre sur la côte de Malabar. Cette compagnie fit de mauvaises affaires et, à sa dissolution, en 1634, les dettes absorbaient l'actif. Une nouvelle compagnie fut fondée en 1634, une troisième en 1686, et une quatrième en 1732. Ces différentes compagnies ne songèrent jamais à faire des conquêtes, et restèrent exclusivement commerciales. Du reste, le Danemarck eut un rôle très effacé aux Indes et, pendant les luttes de la France avec la Hollande et l'Angleterre, il garda toujours la neutralité.

Au xviie siècle, la Suède essaya aussi de devenir une puissance coloniale. Le roi Gustave-Adolphe avait le projet de coloniser un coin de l'Amérique du Nord. Le territoire qui forme aujourd'hui l'état de Delaware fut occupé et reçut le nom de Nouvelle-Suède. La reine Christine tourna son attention du côté de l'orient, et organisa une compagnie des Indes, bien persuadée que son royaume en retirerait de grands bénéfices. Cette compagnie fut dissoute en 1671. Au xviiie siècle, de nouvelles tentatives eurent lieu, mais sans résultat, et la Suède est restée un état purement européen.

L'Angleterre, aujourd'hui la maîtresse des Indes, ne vint qu'en troisième ligne et son importance date seulement du xviiie siècle. Au xvie siècle, son commerce commen-

çait à se développer et ses relations s'étaient étendues.
Plusieurs compagnies avaient été fondées : la compagnie de
Hambourg en 1406, la compagnie de Moskovie en 1566, la
compagnie du Nord en 1579. Les corsaires anglais
commençaient à sillonner les mers, et les colonies espa-
gnoles en Amérique avaient déjà eu à subir les ravages de
Drake. Les riches convois qui revenaient de l'Inde excitaient les convoitises des marins anglais, qui souvent les
attaquaient. En 1693, Walter Raleigh, qui faisait route
pour l'Amérique, rencontra près des Açores une carraque
portugaise et s'en empara. C'était un grand navire de seize
cents tonneaux, qui portait sept cents hommes d'équipage
et trente-six canons. Il était chargé d'épices, de poudre
d'or, de porcelaine et d'ivoire. C'était le plus grand navire
que l'Angleterre eût encore vu.

Il n'en fallait pas tant pour décider les Anglais à prendre
la route des Indes. En 1599, des négociants de Londres
s'associaient et fondaient une compagnie, qui devait être
l'origine de cette fameuse compagnie qui a eu à sa solde
des armées nombreuses et a possédé un territoire égal à
celui d'un empire. La reine Élisabeth s'empressa de
reconnaître la nouvelle association par des lettres-patentes.
Son privilège devait durer quinze ans, mais il était renou-
velable. Le capital social était de 80,133 livres sterling.
Les successeurs d'Élisabeth augmentèrent les droits de la
compagnie et Charles II alla jusqu'à lui concéder quatre
chartes, qui renchérissaient les unes sur les autres.

Au début, les Anglais avaient le même mobile que les
Hollandais. Jamais ils n'avaient pensé à fonder une
colonie à plantations et encore moins à s'emparer d'un
territoire pour y émigrer. A l'origine, la Compagnie
anglaise ne voyait dans ces entreprises que le moyen
d'ouvrir des débouchés à son commerce, et elle ne cherchait
qu'à faire du trafic; ce n'est que plus tard qu'elle fut avide
de conquêtes, devint politique et se transforma en une

puissance territoriale. Ses débuts furent modestes; rien ne pouvait annoncer ou faire prévoir sa grandeur future. Sa première expédition mit à la voile le 2 mai 1601. Les opérations se bornaient à envoyer des vaisseaux dans l'Inde, pour en rapporter de riches cargaisons. En 1602, une factorerie était fondée à Surate, et c'est ainsi que les Anglais ont pris pied sur le territoire indien. Les relations commerciales s'étendent et se multiplient, et la Compagnie réalise des bénéfices. Elle prend de l'importance et, en 1619, son capital est porté à 1,600,000 livres sterling, somme considérable pour l'époque et qui bientôt est insuffisante. En 1631, une nouvelle souscription est ouverte, et atteint près de cinq cent mille livres sterling.

En même temps que l'Angleterre développait son commerce, elle cherchait déjà à étendre son influence, se mettait en rapport avec le roi de Sumatra et fondait dans cette île plusieurs factoreries. En 1616, une ambassade était envoyée au Grand-Mogol, et son chef, sir Thomas Roe, qui représentait la Compagnie, nous donne une relation curieuse de sa mission. Il se prononce énergiquement contre la politique de conquête, et dit qu'il est inutile d'avoir des places fortes, d'entretenir des garnisons et de posséder des stations navales. Pour lui, *il faut se borner à tenir la mer et à mener pacifiquement son commerce.* Il s'étonne de voir les Européens chercher à se supplanter les uns les autres, *lorsqu'il y a place pour tous.* Il conseille avant tout d'user de modération, d'envoyer dans l'Inde des gens probes et honnêtes, et alors les indigènes s'empresseront de nouer des relations avec les Européens. Ces conseils devaient, dans la suite, avoir peu d'influence sur la manière d'agir des Anglais, et nous les verrons bientôt suivre une politique de guerres et d'envahissements.

Jusqu'à présent, l'Angleterre n'avait que des factoreries, et ne possédait aucun territoire. Ce n'est qu'en 1639 que

nous la voyons acquérir sa première possession dans
l'Inde en achetant au rajah de Bidjanagor la ville de
Madras, qui maintenant a plus de cinq cent mille habitants et est la capitale d'une présidence. Madras laissait à
désirer comme situation; mal placée par rapport au golfe
où il se trouve, ses abords ne sont possibles de ce côté que
par une rade ouverte et sur des allèges difficiles à gouverner. Mais une des raisons qui décidèrent les Anglais à
s'y établir fut le voisinage de San-Thomé, alors la capitale
des possessions portugaises sur la côte de Coromandel. En
cas d'attaque de la part des indigènes, les deux villes pouvaient se prêter assistance.

En 1644, les Anglais étaient arrivés dans le Bengale et,
en 1652, ils avaient obtenu le droit de trafiquer dans cette
province. Ils n'avaient pas tardé à fonder une factorerie à
Hougly, sur le Gange inférieur. Leur deuxième acquisition
n'eut lieu qu'en 1662. A cette date, Charles II épousa une
infante de Portugal, dona Catherine de Bragance, qui lui
apportait en dot la ville de Tanger [1] et l'îlot de Bombay.
Les Anglais s'y établirent en 1664, et la couronne d'Angleterre en fit l'abandon à la compagnie. Aujourd'hui c'est
une ville de plus de sept cent mille habitants, le centre
d'un commerce considérable et la grande voie de communication entre les Indes et l'Europe.

Les Anglais avaient suivi le même système que les
Hollandais. Le commerce appartenait à une compagnie
privilégiée, mais l'organisation de cette Compagnie différait
de celle qui avait été adoptée par les États-Généraux. Au
début, elle était fort simple. Les possesseurs de fonds
engagés dans le commerce de l'Inde se réunissaient de
temps en temps pour s'occuper de leurs intérêts et nom-
maient un conseil chargé d'expédier les affaires courantes.
La moindre somme donnait à son propriétaire le droit de

---

[1] Tanger ne fut pas conservé et fut évacué en 1684.

prendre part aux délibérations. En 1698, le privilège expira et il se forma une nouvelle compagnie. Dès lors, il y eut deux compagnies anglaises rivales l'une de l'autre qui cherchèrent à se nuire réciproquement. Au bout de quelques années, les deux associations, voyant que leurs dissensions profitaient aux autres nations, se réunirent et formèrent une troisième compagnie qui prit le nom de *Compagnie des marchands unis pour faire le commerce des Indes Orientales.* En 1708, la fusion était un fait accompli et le commerce de l'Angleterre commença à recevoir une vive impulsion.

A notre arrivée dans l'Inde, les possessions des Anglais se réduisaient à Madras, à Bombay et à quelques comptoirs ou factoreries. Calcutta n'existait pas encore. Madras et Bombay formaient deux présidences indépendantes l'une de l'autre. Chacune d'elles était souveraine absolue dans l'étendue de son territoire. Un gouverneur ou président exerçait le pouvoir avec l'assistance d'un conseil. Il était l'organe des relations dans chacune des présidences avec les états indigènes et la cour des directeurs qui siégeait à Londres. Le président nommait à tous les emplois. L'élément militaire était subordonné à l'élément civil. A partir de la réunion des deux sociétés, l'organisation de la compagnie fut légèrement modifiée. Pour prendre part aux délibérations de la cour des propriétaires, il fallut avoir cinq cents livres sterling, et deux mille pour entrer au comité. Les actionnaires avaient quatre assemblées par an. La cour des directeurs, composée de vingt-quatre membres, se réunissait quand elle le jugeait à propos et était le pouvoir exécutif. La Compagnie d'Angleterre n'était pas soumise à l'ingérance continuelle de l'État, comme le sera celle de France. Elle était indépendante et, dans sa constitution comme dans l'organisation de ses possessions, nous retrouvons le *Self-Governement* qui caractérise le peuple anglais à un haut degré.

La compagnie anglaise avait le monopole du commerce,

mais elle dérogeait parfois à son principe en accordant à des marchands étrangers à l'association l'autorisation de faire du trafic aux Indes. C'est ce qu'on appelait les *libres marchands*. Le *libre marchand* s'engageait par serment à habiter, lui, sa femme et ses enfants, à l'endroit que lui assignait la compagnie, à ne pas s'en éloigner et à ne pas revenir en Angleterre avant l'expiration du terme qu'on lui avait fixé d'avance. Quand il retournait en Europe, il prenait passage sur les vaisseaux de la compagnie et devait réaliser sa fortune en marchandises qui lui étaient indiquées. Telle était l'institution des *libres marchands* qui, au siècle dernier, a joui d'une grande réputation et a puissamment contribué à développer le commerce anglais et à lui donner un avantage marqué sur le nôtre.

Telle était la situation de l'Angleterre au moment où les Français allaient débarquer dans l'Inde. Rien ne pouvait faire prévoir que, plus tard, elle deviendrait la première puissance coloniale et la maîtresse de la péninsule. Toutes ses possessions ne comprenaient encore que deux villes, Bombay et Madras, et, loin de s'arroger la domination des mers, les Anglais étaient incapables d'entrer en lutte avec la Hollande, dont ils acceptaient la suprématie. Cependant, il était déjà permis de prévoir l'importance que l'Angleterre allait prendre. Ses expéditions en Amérique, ses audacieux corsaires, qui jetaient partout la terreur, l'énergie qu'elle avait déployée en résistant à Philippe II, la conquête qu'elle venait de faire de la Jamaïque, tout annonçait chez elle une grande vitalité qu'elle devait montrer dans la lutte engagée contre la France, en Europe, en Amérique et aux Indes, lutte qui s'est terminée à l'avantage de notre rivale, a fait d'elle la première puissance maritime et coloniale et lui a donné un empire de deux cent cinquante millions de sujets.

CHAPITRE DEUXIÈME

La France fut la puissance maritime qui parut la dernière aux Indes, et cependant elle y a joué un rôle important, ainsi que dans l'histoire de la colonisation. Lorsqu'on étudie les expéditions des Français au xviie et au xviiie siècles, l'on voit combien est erronée l'opinion qui soutient que, de tout temps, les Français ont été incapables de coloniser. Nulle nation n'a, au contraire, fourni au monde des hommes plus audacieux et plus énergiques que nos voyageurs et nos commerçants. Les Français se sont fait constamment remarquer par l'intrépidité qu'ils ont montrée dans toutes leurs entreprises. En outre, il n'est pas de peuple qui ait su mieux se plier à tous les climats et à toutes les conditions d'existence, et se soit rendu plus sympathique aux populations indigènes qu'il parvenait à s'assimiler. Les faits sont là pour témoigner qu'autrefois la France a failli devenir la première puissance coloniale, et toutes les chances étaient alors pour nous.

Les premières expéditions maritimes des Français remontent au xive siècle, mais les origines de notre marine sont plus anciennes. Dès le xiie siècle, le commerce d'*outre-mer* avait pris une grande extension, et déjà les Normands

3

et les Bretons entreprenaient de longs voyages. Saint-Malo, Morlaix et Nantes faisaient un trafic considérable de blés, de vins, de sel et de poissons avec l'Angleterre et l'Espagne ; Rouen, Dieppe, Honfleur et Harfleur avaient établi des communications régulières avec Londres , La Rochelle et Bayonne, et étaient devenus des centres où l'on se livrait à un négoce important. Au XIVe siècle, la France faisait déjà une grande consommation des denrées de l'Orient, telles que le sucre de Chypre, le poivre, le gingembre, la cannelle, le girofle, les muscades, l'encens, les figues et les dattes. Le coton nous était apporté en laine et filé ; l'on s'en servait pour fabriquer des mèches de chandelle, des gants et des bonnets. Les draps de Rouen étaient déjà en grand honneur en Arménie.

Les ports de Normandie prirent une large part aux expéditions lointaines. Sous le règne de Charles V, en 1364, les Dieppois allaient à Sierra-Leone et échangeaient de la poudre d'or et de l'ivoire avec les indigènes. L'on fondait des comptoirs et des escales sur la côte d'Afrique, afin d'y faire la troque, et c'est à partir de cette époque que la sculpture en ivoire devint une industrie particulière à la ville de Dieppe. Le règne malheureux de Charles VI et la guerre de cent ans viennent entraver les expéditions maritimes, et, pour les voir renaître, il faut franchir une période de quatre-vingts ans.

En 1488, le capitaine Cousin renoue les relations avec le Sénégal et la Guinée. Peu à peu l'on s'enhardit et nos marins se dirigent vers des mers inconnues ou encore peu visitées. L'on songe à prendre la route des Indes ; en 1529, les frères Raoul et Jean Parmentier quittaient Dieppe avec deux vaisseaux, le *Sacre* et la *Pensée*, qui appartenaient au célèbre armateur Ango, visitaient Sumatra, les Moluques, les Maldives, Madagascar et revenaient dans leur ville avec une riche cargaison d'épices. L'année suivante, ils entreprenaient un second voyage qui était loin d'avoir le même succès que le premier [1]. Les expéditions se multiplient et de Dieppe, de Honfleur, de Rouen partent fréquemment des navires qui vont trafiquer en Amérique, en Guinée et en Asie. La ville de Rouen était alors le grand comptoir où nos marins venaient s'approvisionner de vivres, de munitions et de marchandises.

Toutes ces expéditions étaient dues à l'initiative privée et en dehors de toute action du pouvoir royal et des grandes compagnies. Avec François Ier, la couronne entre résolûment dans la voie des découvertes. En 1537 et en 1543, le roi engage, par des déclarations, ses sujets à entreprendre des voyages au long cours et leur expose les avantages pécuniaires qu'ils pourraient en retirer. Le 15 septembre 1578, Henry III rendait un édit dans le même sens. Malheureusement la France, épuisée par les guerres d'Italie et absorbée par ses dissensions, ne pouvait songer aux entreprises coloniales. Aussi ces appels demeurèrent sans résultat.

Cependant le commerce maritime n'était pas délaissé. Rouen continuait de faire des armements et, en 1600, nous voyons qu'un marchand de cette ville, Pierre Vampenne, était propriétaire de dix-sept navires qui allaient aux Indes. Le négoce rouennais se modifie et s'étend sur une foule d'objets dont il avait été à peine fait mention jusqu'à présent. La mercerie et la quincaillerie prennent une importance extrême. Une raffinerie de sucre est établie à Rouen, et l'on essaie de cultiver le tabac. En même temps, la concurrence commence à troubler la quiétude des fabricants, et, sur la demande des corporations, des lettres-patentes du 3 août 1601 défendent l'introduction en France et l'usage par les teinturiers « de la drogue venant des Indes appelée

---

[1] Les deux Parmentier succombèrent, ainsi qu'un grand nombre de leurs compagnons atteints du scorbut ou de fièvres pernicieuses. Les deux navires revinrent à leur port d'attache avec des chargements incomplets.

linde et *aint*, employée au lieu de pastel et de guelde. »
Cette prohibition montre que l'importation des produits de
l'Inde dans notre pays devait être déjà considérable.

Saint-Malo est entraîné par l'exemple des Normands ;
en 1601, une société se forme dans cette ville et fait partir
deux navires pour l'Inde. L'un de ces vaisseaux, le *Croissant*, était commandé par le capitaine Grou, de Closneuf,
et avait à son bord François Martin, de Vitré, qui nous
a donné une relation de son voyage. Le *Croissant* quittait
Saint-Malo au mois de mai 1601, touchait à Madagascar et
arrivait aux Maldives en juillet 1602. Il reconnaissait
ensuite Ceylan, les îles Nicobar, et abordait à Sumatra. De
Vitré nous donne une longue description de cette île. De
retour en France, il publia ses aventures sous le titre :
« Description du premier voyage fait aux Indes Orientales. »
Ce récit est fort curieux et contient des détails intéressants.
De Vitré décrit avec exactitude les animaux et les plantes
qu'il a été à même d'observer et nous parle longuement des
oiseaux de paradis. Il est le premier à soutenir, contrairement à l'opinion reçue, que ces oiseaux ont des pattes,
comme il a pu s'en assurer par lui-même. Il écrivait, en
même temps que son voyage, un traité du scorbut et
les moyens qu'il indique pour s'en garantir montrent
que ses connaissances médicales laissaient beaucoup à
désirer.

L'autre vaisseau, le *Corbin*, partait de Saint-Malo en
même temps que le *Croissant*. C'était un bâtiment de deux
cents tonneaux. Pyrard, de Laval, qui s'y était embarqué,
n'avait qu'un seul but : « voir des choses nouvelles et
acquérir du bien. » Il expia cruellement ce désir. Dès
qu'il eut doublé le cap de Bonne-Espérance, une tempête le
jeta à Madagascar, d'où il alla visiter les îles Comores. Il
fit ensuite naufrage aux Maldives, dont il nous donne une
longue description, parcourut successivement le Bengale,
la côte de Coromandel, le Malabar, fut longtemps retenu

prisonnier à Goa, visita le Deccan, Ceylan, Malacca, Sumatra, Java, les Moluques, revint dans l'Inde en passant par Surate et rentra en France, après s'être arrêté à Sainte-Hélène et au Brésil. Ce ne fut qu'après dix ans d'infortune et de misère qu'il eut le bonheur de revoir Laval, « sa chère patrie », c'est-à-dire en 1611. La même année, Pyrard publiait le récit de ses aventures qu'il intitulait : « Histoire du Voyage des Français aux Indes. »

Henry IV, avec son esprit supérieur, avait compris l'importance des expéditions maritimes, et ce fut lui qui jeta les bases de la colonisation française. Il entrait dans ses vues que la France possédât des colonies ; aussi voulait-il avoir une compagnie des Indes pour lutter avec celle qui commençait à faire la fortune de la Hollande. Une compagnie fut instituée par lettres patentes du 1er juin 1604. Le roi lui accordait le privilège exclusif du commerce dans l'Inde pendant quinze ans et lui faisait présent de deux pièces d'artillerie.

L'on s'était assuré le concours du Flamand Gérard Leroy, navigateur qui avait déjà fait plusieurs voyages aux Indes pour le compte des Hollandais. La mésintelligence qui se mit entre les associés et le manque de fonds entravèrent l'action de la Compagnie et l'on n'obtint aucun résultat.

En 1611, le même Gérard Leroy faisait une démarche près du gouvernement avec Godefroy, trésorier à Limoges, et le 12 mars de la même année, une nouvelle compagnie était formée. On lui accordait le privilège du commerce dans l'Inde pendant douze ans. Quatre ans se passent et la Compagnie ne fait aucune entreprise.

En 1615, deux marchands de Rouen, Muisson et Canis, indignés de cette inaction, demandent au roi le transfert du monopole et proposent de se charger d'une expédition. La compagnie proteste et dit que si elle n'a pas encore

envoyé de navires, c'est par suite de circonstances indépendantes de sa volonté. Le roi entend les deux partie et se
décide à associer les marchands de Rouen à la compagnie
par lettres-patentes du 2 juillet 1615. La nouvelle association prend le nom de *Compagnie des Moluques* et est
définitivement formée [1].

Cet arrangement conclu, l'on se met à l'œuvre et, dans
le courant de 1616, partent deux navires. Le plus grand
était commandé par de Nets, ancien officier de marine, et
le second par le capitaine Antoine Beaulieu qui avait déjà
fait un voyage sur la côte d'Afrique. Les équipages étaient
en grande partie composés de Hollandais. Après une
navigation assez heureuse, l'expédition arrive à Java où
elle rencontre une grande opposition de la part des auto-
rités hollandaises. Le gouverneur général ordonne à tous
les sujets de la république des Provinces-Unies de quitter
les vaisseaux français, ce qui jeta les commandants dans
un grand embarras. Le capitaine Beaulieu fut obligé de
vendre son navire et passa avec le reste de son équipage
à bord de celui que commandait de Nets. L'expédition reprit
la route de l'Europe après avoir assez bien réussi dans ses
transactions pour que le voyage fût regardé comme un
succès plus positif qu'il ne l'était en réalité.

La compagnie prépare une nouvelle expédition et envoie
trois navires sous les ordres de Beaulieu qui avait été
nommé chef d'escadre. Ces trois vaisseaux étaient le
Montmorency, de quatre cent cinquante tonneaux avec
cent soixante-deux hommes et vingt-deux canons;
l'*Espérance*, de quatre cents tonneaux, avec cent dix-sept
hommes et vingt-six canons; l'*Ermitage*, aviso de
soixante-quinze tonneaux, qui portait trente hommes et
huit canons. Beaulieu nous fait lui-même le récit de son
voyage qui est fort intéressant. Il part de Honfleur le

---

[1] Au nombre des associés figuraient Cavelier, le père de Cavelier
de la Salle, Champlain, etc.

2 octobre 1619 avec des vivres pour deux ans et demi, longe la côte d'Afrique et se plaint souvent des herbes flottantes qui entravaient la marche de ses vaisseaux. Il double le cap de Bonne-Espérance, reconnaît Madagascar et relâche à la grande Comore, après avoir visité Mayotte, qu'il déclare *être abondante en victuailles et en fruitages*; il remonte ensuite jusqu'au cap Guardafui, suit la côte d'Arabie, prend la route des Indes et aborde à Sumatra.

Beaulieu nous décrit avec détail l'île de Sumatra; il vante la fertilité de son sol, mais regarde le climat comme meurtrier pour les Européens. Les marchands anglais et hollandais y venaient en assez grand nombre. Le prince le plus puissant était alors le roi d'Achem. L'expédition arrive ensuite à Java; là, Beaulieu a le malheur de perdre un de ses vaisseaux, l'*Espérance*, et il soupçonne les Hollandais de l'avoir fait couler. La cargaison de l'*Espérance* était évaluée à deux millions de livres, et le bâtiment avait sombré au sortir du port.

Après cette perte, Beaulieu reprend la route de l'Europe; il a soin de nous dire que, par crainte des tempêtes, il fit mettre une partie de ses canons à fond de cale. Il perd quelques hommes par suite de maladies, et entre autres le capitaine Gédéon Soyer, de Dieppe, qui meurt en arrivant au cap de Bonne-Espérance. Il continue son voyage, relâche à Sainte-Hélène, alors inhabitée, qu'il dit être *un bel endroit pour raffraîchir les hommes*, et après avoir essuyé une violente tempête, il arrive au Havre le 1er décembre 1620 avec les deux navires qui lui restaient. Beaulieu avait été heureux dans le trafic qu'il avait fait et rapportait une riche cargaison. Aussi, malgré la perte de l'*Espérance*, la compagnie réalisa des bénéfices assez importants.

L'expédition de Beaulieu n'était pas un fait isolé, et d'autres navigateurs prenaient également la route de l'Inde. En 1616, le capitaine Lelièvre était parti de Honfleur avec trois navires, s'était rendu à Java et à Sumatra, et en était revenu avec un chargement d'épices. En 1617, le capitaine Abraham Duquesne faisait un voyage au cap de Bonne-Espérance. En 1619, le capitaine André Nyvereq quittait Rouen avec un vaisseau de quatre-vingts tonneaux et allait dans les Indes Orientales. Dans les archives du parlement de Normandie, se trouve une requête du 16 avril 1622, qui est un long récit de toutes les vexations que les *Associés de la Navigation aux Indes Orientales* avaient à subir de la part des Hollandais. D'où il résulte que la compagnie ne cessa jamais ses expéditions et que la route des Indes était loin d'être oubliée.

Quand Richelieu fut devenu tout puissant en France, il songea à reprendre les projets de Henry IV et à développer nos relations commerciales. En 1642, une compagnie se forma sous ses auspices. Elle avait pour but le trafic avec les Indes et comprenait ving-quatre associés. La compagnie s'intitulait *Société de l'Orient ou de Madagascar*, et des letttres-patentes du 24 juin 1642 lui reconnaissaient pour vingt ans le monopole du commerce avec l'Inde. A peine constituée, la nouvelle compagnie, voulant répondre aux espérances qu'elle inspirait, prenait la résolution de consacrer toute son énergie à l'occupation et à la colonisation de Madagascar.

On a souvent critiqué l'établissement à Madagascar et presque tous ceux qui ont écrit sur les questions coloniales ont été à peu près unanimes pour blâmer les nombreuses tentatives que nous avons faites dans le but de coloniser cette grande terre. Cependant, lorsqu'on considère les événements et qu'on veut les juger avec impartialité, l'on voit que le projet d'occupation de Madagascar était dicté par des raisons pleines de sagesse. Le but que l'on se proposait était l'Inde. Ne fallait-il pas posséder sur la route des stations pour se ravitailler et des ports pour s'y réfugier en cas de guerre. Les Portugais, les Hollandais avaient saisi tous les postes importants situés sur la route des Indes et, de nos jours, ne voyons-nous pas les Anglais agir de même. Les Français devaient suivre les mêmes errements et Madagascar leur parut réunir tous les avantages voulus pour y créer un établissement.

Madagascar paraissait, tant par sa situation que par ses productions, réunir tous les avantages que l'on désirait trouver pour fonder une colonie qui fût en même temps une escale sur la route des Indes. En France l'on ne connaissait Madagascar que d'après les récits enthousiastes des voyageurs qui y avaient abordé et les descriptions qu'ils en faisaient avaient séduit la compagnie, qui considérait cette terre comme un pays en quelque sorte privilégié. Elle résolut d'agir sans délai. Le premier vaisseau qui fut expédié était le *Saint-Louis*, commandé par la capitaine Coquet. Ce bâtiment conduisait à Madagascar douze Français, qui devaient former le noyau de la colonie, et deux agents de la Compagnie, Pronis et Foucquembourg. Un plan de colonisation avait été arrêté et l'on était décidé à consacrer à son exécution les ressources dont on pouvait disposer.

Le *Saint-Louis* partit au mois de mars 1642 et il arrivait à Madagascar au mois de septembre de la même année. Pendant son trajet, Coquet s'était arrêté à l'île Mascareigne [1], alors inhabitée, et en avait pris possession au nom du roi de France. Pronis et Foucquembourg s'établirent dans la baie de Sainte-Luce, qui était assez rapprochée de l'extrémité sud de l'île. Ils y trouvèrent huit Français qui étaient les survivants d'un équipage d'un vaisseau de Dieppe qui avait fait naufrage sur la côte. Sur ces entrefaites le cardinal de Richelieu vint à mourir. Cet événement ne changea en rien la situation de la Compagnie

[1] Ainsi nommée du Portugais Mascarenhas qui la découvrit en 1545.

dont les privilèges furent de nouveau confirmés par Louis XIV, le 20 septembre 1643.

La Compagnie ne tarda pas à envoyer un autre vaisseau, le *Saint-Laurent*, avec soixante-dix colons destinés à renforcer l'établissement. Malheureusement les nouveaux venus furent décimés par les maladies. Pronis voyant que l'insalubrité de Sainte-Luce compromettait l'avenir de la colonie, résolut de changer de résidence et, à la fin de 1643, il se transportait dans la presqu'île de Tolangar, située dans le pays d'Anos; il y construisit un fort qui reçut le nom de Fort-Dauphin. Les colons s'occupaient principalement de préparer des cuirs et de la cire en vue de l'exportation et réunissaient des troupeaux de bœufs, tant pour approvisionner l'établissement que pour ravitailler les vaisseaux qui suivaient la route des Indes. Au mois de septembre 1644, un navire de Dieppe, le *Royal*, arrivait à Madagascar avec un renfort de quatre-vingt-dix émigrants. Il resta jusqu'en janvier 1646. A cette époque il revint en Europe avec un chargement d'ébène et de cuirs. Foucquembourg en profita pour rentrer en France; mais, en se rendant de Saint-Malo à Paris, il fut assassiné dans la forêt de Dreux par son compagnon de voyage qui croyait trouver sur lui des bijoux et autres objets précieux.

Pronis resta seul à Madagascar et son administration fut déplorable. Il traitait durement les colons et dissipait dans le désordre les ressources et les approvisionnements. Vivant en concubinage avec une négresse, fille d'un chef du pays, il sacrifiait tout pour les parents de cette femme et volait les marchandises à leur profit. De plus, il intervenait dans les querelles des tribus indigènes pour leur vendre son appui. Pour mille têtes de bétail, on le vit un jour brûler cinquante villages et aider une peuplade à en massacrer une autre. L'on se trouva bientôt en face des difficultés les plus grandes. Lorsque les Français commencèrent à pratiquer des routes dans l'intérieur, ils furent en contact avec une race nombreuse et guerrière qui détestait les blancs, surtout depuis qu'elle les avait vus se mêler à ses guerres. L'hostilité des habitants se changea bientôt en haine profonde à la suite d'un acte odieux de Pronis. Le gouverneur de l'île Maurice, qui était alors occupée par les Hollandais, vint à Fort-Dauphin avec un vaisseau et demanda à acheter des esclaves. Pronis s'empara par surprise de soixante-treize Malgaches qui étaient venus faire la troque et les vendit aux Hollandais.

Les indigènes irrités se soulèvent et, non contents de repousser les efforts des Français pour pénétrer dans l'intérieur et de massacrer des colons isolés, ils prennent l'offensive et viennent attaquer les forts qui n'étaient que des terrains enclos de palissades. Les Français, obligés d'être constamment en armes et de se défendre contre les Malgaches qui ne leur laissaient pas de répit, ne pouvaient se livrer à la culture de la terre. La famine ne tarda pas à se déclarer. D'un autre côté, les colons fatigués de l'arbitraire et de la tyrannie de Pronis, se révoltent contre lui, s'emparent de sa personne, le retiennent prisonnier pendant six mois et donnent le gouvernement à un officier nommé Leroy qui commandait en second. Rendu à la liberté, Pronis n'en continua pas moins ses exactions ; une nouvelle révolte éclate et il ne peut la réprimer qu'avec le secours du capitaine Roger du Bourg, qui arrivait de France avec un vaisseau, le *Saint-Laurent*. Pronis fit déporter douze des mutins à l'île Mascareigne ; vingt-trois autres Français se réfugièrent de l'autre côté de l'île, dans la baie de Saint-Augustin. Le désordre était à son comble.

En apprenant ce qui se passait, la compagnie comprit que ses intérêts périclitaient à Madagascar et confia la direction de son établissement à l'un de ses associés nommé de Flacourt. L'expédition partit sans délai et elle arrivait à Fort-Dauphin au mois de décembre 1648. De Flacourt emmenait avec lui plusieurs colons et deux mis-

sionnaires, le P. Macquart et le P. Gondrée, qui appartenaient à la congrégation des Lazaristes. L'idée d'évangéliser cette terre encore barbare avait transporté de joie
saint Vincent de Paul qui, dans son enthousiasme, s'était
écrié : « Voilà un beau champ que le ciel nous ouvre. »

En arrivant à Madagascar, de Flacourt trouva la colonie
dans un triste état. Les vivres manquaient et la plupart
des cases de Fort-Dauphin étaient découvertes. Il commença
par rappeler les Français que Pronis avait exilés à l'île
Mascareigne qu'il visita. Il nous en donne une description
enchanteresse, l'appelle un paradis terrestre ; il en prit de
nouveau possession, en lui imposant le nom de Bourbon.
L'île resta inhabitée jusqu'en 1654. A cette époque, huit
Français et six nègres s'établirent près de l'anse où s'est
élevée depuis la ville de Saint-Paul, et c'est ainsi que
commença notre établissement de Bourbon.

De Flacourt montrait une grande activité ; il se mit en
rapport avec plusieurs chefs indigènes, mais il put se convaincre que tous étaient avides de vengeance. Leur hostilité se traduisait à chaque instant par des actes, et nos
plantations avaient à subir des dévastations en quelque
sorte périodiques. De Flacourt s'efforçait de tirer parti des
ressources qu'offrait Madagascar ; c'est ainsi que nous le
voyons faire recueillir le bois d'aloès en but de l'exportation et encourager la culture du riz. Il explora une partie
des côtes et visita, en 1651, l'île Sainte-Marie, où s'étaient
fixés quelques Français ; le sol de cette île lui parut propre à
la culture du tabac et de la canne à sucre. Partout de Flacourt
se distinguait par son entente des affaires coloniales.
Malheureusement il ne recevait aucun secours. La situation
devint bientôt critique, et le gouverneur, malgré son désir de
vivre en paix avec les indigènes, avait été obligé de leur
livrer plusieurs batailles en 1650. Fort-Dauphin avait été
un instant assiégé et les colons, qui mouraient de misère
et de maladies, demandaient assistance aux Hollandais de
l'île Maurice.

Malgré les difficultés qu'il éprouvait, de Flacourt n'était pas découragé et pensait au contraire que l'on devait continuer la colonisation de Madagascar. Dans un livre intéressant qu'il publia, il expose ses projets et propose de fonder une colonie agricole et industrielle. Des boucaniers y auraient été envoyés pour élever des troupeaux de bœufs. La culture aurait reçu une grande extension. Des ouvriers venus de France auraient fondé des usines et la matière première aurait été fournie par le fer que l'on trouvait dans la plus grande partie de l'île. Enfin l'émigration devait être sérieusement encouragée. Pour de Flacourt, le succès n'était pas douteux.

Madagascar était en quelque sorte oublié en France. Aussi de Flacourt résolut de revenir en Europe et il arrivait à Nantes au mois de juin 1655. La colonie venait de trouver un appui inespéré dans le duc de la Meilleraie, qui, pour être agréable au cardinal de Mazarin, avait fait équiper cinq navires à ses frais en 1656. L'un d'eux se perdit à l'embouchure de la Loire; les quatre autres arrivèrent à Madagascar. Le duc de la Meilleraie s'occupa activement de notre établissement, et, d'accord avec la compagnie, il employa tous ses revenus à expédier chaque année de nouveaux vaisseaux.

De Flacourt s'était décidé à retourner à Madagascar; en 1660, il partait de Dieppe avec deux cents marins ou passagers sur le navire *la Vierge*. Il fut rencontré à la hauteur de Lisbonne par des pirates algériens. Le bâtiment français fut incendié et de Flacourt périt avec la plupart de ceux qui le montaient. Cette catastrophe fut terrible pour Madagascar qui fut en quelque sorte abandonné. En 1664, mourait le duc de la Meilleraie, avant d'avoir pu donner suite à son projet, qui consistait à s'associer plusieurs personnes considérables. Son dernier vaisseau était parti en 1663. Quant à la compagnie, elle n'avait pas d'avenir et son privilège expirait. Elle avait consacré toutes ses ressources à Madagascar et n'en avait retiré aucun avantage.

Le départ de Flacourt avait laissé la colonie dans une situation précaire. Les indigènes étaient plus hostiles que jamais, et le nouveau gouverneur, de Chammargou, eut bientôt à résister à leurs attaques. Deux chefs, Dian Manangue et Dian Ramoussaye étaient surtout redoutables. Dian Manangue avait d'abord recherché l'alliance des Français dans le but de se rendre puissant, et il avait embrassé le Christianisme afin de mieux dissimuler ses intentions. Mais il jeta bientôt le masque, attira dans un guet-apens un missionnaire et l'assassina avec son escorte. Quelques jours après, il surprenait quarante Français qui étaient venus sur son territoire sans crainte et en toute sécurité. Il les attaqua au moment où ils étaient dispersés dans un champ et occupés à couper des cannes à sucre. Tous furent égorgés, à l'exception d'un Portugais qui parvint à s'échapper.

De Chammargou résolut de tirer vengeance de la mort de ses compatriotes et se mit en campagne avec trente soldats. Mais quand il apprit que Dian Manangue l'attendait avec quatre mille hommes, il se replia sur le Fort-Dauphin. Dian Manangue parut bientôt dans les environs ; toutes les plantations furent ravagées, six cents têtes de bétail furent enlevées et quatre-vingts nègres, qui étaient au service des colons, furent massacrés. Aussi quand, en 1664, une nouvelle compagnie succéda à l'ancienne, la colonie était dans une triste situation. Elle comptait une centaine de Français, dont quatre-vingt-huit habitaient Fort-Dauphin. Les indigènes étaient menaçants, les cultures abandonnées, et la population diminuait. Cependant, malgré les obstacles que l'on avait rencontrés, malgré les sommes considérables qui avaient été dépensées, nous verrons encore les Français faire de nouvelles tentatives de colonisation à Madagascar, tant il leur était nécessaire de posséder une partie du pays pour en faire un lieu de repos et de refuge dans le long voyage des Indes.

Mazarin mourut en 1661, et, pendant quelque temps, l'on paraissait avoir renoncé à faire de nouvelles expéditions. Du reste, les troubles de la Fronde n'avaient pas été de nature à tourner l'attention du côté des entreprises maritimes. Avec Colbert, le mouvement d'*outre-mer* ne tarda pas à prendre un nouvel essor, aussi bien en Amérique que dans la mer des Indes, et tout faisait prévoir que la colonisation allait recevoir une vigoureuse impulsion.

Colbert avait à choisir entre deux partis, livrer les colonies et la grande navigation au commerce libre, ou bien reconstituer de nouvelles compagnies sur de meilleures bases que les anciennes. Quelques esprits supérieurs, devançant leur siècle, s'étaient prononcés contre les compagnies privilégiées, mais le système des monopoles avait prévalu dans les états maritimes. La brillante fortune de la compagnie hollandaise avait fasciné les imaginations. De plus, il y avait un courant en faveur des compagnies privilégiées, que l'on regardait comme indispensables pour faire le commerce hors l'Europe. Aussi c'est le système que Colbert adopta. Ce qui le décida principalement, ce fut la crainte de voir les particuliers hésiter, soit par manque de hardiesse, soit faute de ressources suffisantes, à se risquer dans les entreprises d'outre-mer. Du reste, il y avait une distinction importante à faire. En Amérique, où l'on se trouvait en présence d'une colonisation déjà établie, le monopole ne pouvait avoir que des inconvénients. Dans l'Extrême-Orient, tout était à créer, et l'on allait remonter de puissantes compagnies en possession de nombreux avantages. Aussi, là, le système d'une compagnie privilégiée et soutenue par l'État s'imposait en quelque sorte, et, à cette époque, l'on ne pensait pas qu'il fût possible d'agir autrement.

Colbert ne négligea rien et fit de nombreux efforts pour

gagner l'opinion publique et l'intéresser au trafic des Indes.
Le moment était favorable, il y avait un courant vers
l'Orient. Depuis quelques années, des voyageurs et des missionnaires français prenaient la route de l'Asie. Fouquet
avait précédemment songé à organiser une nouvelle compagnie des Indes. En 1663, des marchands de Nantes, de
Tours et de La Rochelle, qui faisaient le trafic sur la côte
de Guinée, s'étaient adressés au roi et l'avaient prié d'établir une société de commerce destinée à opérer dans le
Haut-Orient. Ainsi, tous les esprits étaient disposés en
faveur d'une entreprise maritime et coloniale.

Colbert voulait faire considérer une expédition aux Indes
comme une entreprise nationale, et, dans ce but, il chargea
l'académicien Charpentier de rédiger un appel au public,
une sorte de manifeste. Ce manifeste parut en avril 1664,
sous le titre de : « Discours d'un fidèle sujet du roi, touchant
l'établissement d'une compagnie française pour le commerce des Indes orientales. » Après avoir parlé de l'utilité
du commerce et des richesses de l'Inde, Charpentier engageait « les bourgeois qui aimaient l'*honneur de leur patrie*
à placer leur argent dans la compagnie, » et ajoutait qu'en
contribuant à la grandeur du pays, ils trouveraient ainsi le
moyen d'augmenter leur fortune.

Cet appel fut entendu, et plusieurs assemblées de marchands eurent lieu à Paris. Une députation se rendit à
Fontainebleau, où se trouvait la cour. Louis XIV assura
les délégués de sa protection. Une nouvelle assemblée est
convoquée; elle comprenait plus de trois cents personnes.
Des lettres sont envoyées aux maires et aux échevins des
bonnes villes, pour les inviter à réunir leurs concitoyens,
les instruire du projet et les engager à prendre part à l'entreprise. On leur expédiait en même temps une copie du
manifeste de Charpentier.

Dans les provinces, le projet reçut un accueil favorable,
et toutes les villes voulaient y prendre part. L'édit consti-

tutif de la compagnie fut promulgué le 27 août 1664. Tout
en établissant le monopole, Louis XIV et Colbert avaient
voulu le supprimer en fait et donner à chacun la possibilité
de participer à l'entreprise. Mais l'association n'eût été
réellement universelle que si l'on avait pu trouver une
combinaison qui lui permît de rester perpétuellement
ouverte aux nouveaux venus, au lieu de l'être seulement
pour quelques mois. Le délai fixé pour entrer dans la compagnie était de six mois, à compter du jour où l'édit avait
été lu et enregistré au parlement de Paris.

L'association était formée de tous les Français qui voulaient y entrer, quelle que fût leur qualité ou leur condition.
Chacun pouvait s'y intéresser sans dérogation de noblesse,
ni perte de privilège. Le minimum des souscriptions était
fixé à mille livres, et leurs augmentations à cinq cents. Le
tiers devait être versé au moment de la souscription, et les
deux tiers en deux années consécutives et par moitié,
en 1665 et en 1666. Un souscripteur, après avoir fait le
premier versement, pouvait négocier son action. Les
étrangers avaient la faculté d'entrer dans la compagnie, et
ceux qui y avaient placé vingt mille livres étaient de droit
régnicoles, sans avoir besoin de lettres de naturalisation.
En souscrivant pour huit mille livres, l'on acquérait le
droit de bourgeoisie dans sa ville, sauf à Paris, Rouen,
Bordeaux et Bayonne.

La compagnie était régie par une chambre de vingt-et-un
directeurs qui siégeait à Paris. Les directeurs étaient élus
pour sept ans ; douze devaient être de Paris, et neuf de la
province. Des chambres particulières pouvaient être créées
en province. La chambre de direction générale était chargée
de prendre les décisions qu'elle jugeait convenables et de
les faire exécuter. Chaque année, le caissier établissait les
comptes de la compagnie et exposait les opérations à la
chambre générale, qui procédait ensuite au partage des
bénéfices. Les actionnaires se réunissaient en assemblée

4

générale pour entendre la lecture du rapport, délibérer sur les affaires importantes et procéder à l'élection des directeurs.

Le roi accordait de nombreux privilèges aux souscripteurs. Il concédait pour cinquante ans à la compagnie le monopole du commerce et de la navigation dans les Indes orientales et dans toutes les mers de l'orient et du sud, depuis le cap de Bonne-Espérance jusqu'au détroit de Magellan, en faisant le tour du globe d'orient en occident. Il lui donnait à perpétuité toutes les terres, places et îles qu'elle pourrait conquérir et occuper, y compris Madagascar et les îles voisines, moyennant foi et hommage et redevance d'une couronne et d'un sceptre d'or du poids de cent marcs à chaque nouveau règne.

La compagnie était obligée d'établir à Madagascar et dans les pays conquis des ecclésiastiques pour instruire les peuples dans la religion catholique, et elle avait la nomination des curés et autres dignitaires ecclésiastiques. Elle avait le droit : 1° d'instituer des juges souverains qui prêtaient serment au roi et rendaient gratuitement la justice, suivant les lois et ordonnances du royaume et la coutume de Paris ; 2° de nommer, pour le commandement des troupes, un lieutenant général qui serait pourvu par le roi, lui prêterait serment, ainsi que tous les officiers inférieurs ; 3° de faire la paix ou la guerre avec les rois de l'Inde, et de leur envoyer des ambassadeurs au nom du roi de France ; 4° de mettre des garnisons dans les places qui seraient conquises ou bâties, de faire fondre des canons et d'entretenir la quantité de troupes jugée nécessaire ; 5° d'arborer sur ses vaisseaux le drapeau blanc avec les armes de France. Ce drapeau était le privilège des vaisseaux de guerre, et les vaisseaux marchands ne portaient que le pavillon bleu avec une croix blanche.

Pour favoriser l'émigration et la colonisation, l'édit de 1664 déclarait non seulement les colons français, mais

encore les habitants des pays soumis qui embrasseraient la
religion catholique, aptes à tous les droits civils. Le fait de
se convertir au catholicisme donnait la qualité de régnicole,
sans qu'il fût besoin d'aucune lettre de naturalisation. De
plus, les artisans qui avaient exercé leur métier pendant
huit ans dans les pays susdits étaient reçus maîtres en
France, sans être obligés de présenter un chef-d'œuvre.
Les prises faites par la compagnie lui appartenaient. Le
roi s'engageait à faire escorter les convois par sa marine,
le retour compris. Pendant la durée de son privilège. la
compagnie était exempte de tout droit d'entrée pour tous
les objets nécessaires à la construction et à l'avitaillement
de ses navires.

Le roi avait promis le cinquième de la valeur des trois
premiers armements. Il accordait en outre à la compagnie
une prime de cinquante livres par tonneau à l'exportation
et de soixante-quinze à l'importation. L'édit se terminait en
promettant des récompenses et des marques d'honneur aux
officiers qui se feraient remarquer dans l'exercice de leurs
fonctions. Le roi donnait pour armes à la compagnie un
écusson de forme ronde, le fond d'azur, chargé d'une fleur
de lys, enfermé de deux branches, l'une de palme, l'autre
d'olivier, jointes en haut et portant une autre fleur de lys
avec la devise : « *Florebo quocumque ferar.* »

Telles étaient les principales dispositions de l'édit du
27 août 1664. Il constituait d'une manière définitive la
compagnie des Indes Orientales. Les directeurs s'occupèrent
de choisir un port d'où ils pussent faire partir leurs expéditions. Bayonne leur parut réunir tous les avantages dési-
rables et différents ouvrages y furent exécutés. Les habitants de cette ville, qui voyaient d'un mauvais œil la
compagnie prendre domicile chez eux et craignaient qu'elle
ne fît surenchérir les vivres, se soulevèrent et commirent
plusieurs excès. L'on abandonna Bayonne pour s'installer
au Havre. Au bout de quelque temps, après avoir songé

sérieusement à Paimbœuf, l'on se détermina à s'établir au havre du Blavet, où le duc de la Meilleraie avait fixé le siège de ses entreprises. Port-Louis paraissait trop exposé aux attaques d'une flotte ennemie. Aussi se fixa-t-on de l'autre côté de la baie, à l'embouchure du Scorff. Les premiers travaux furent commencés en 1665, et, en 1671, des magasins et des chantiers avaient été construits. Telle fut l'origine de Lorient.

De tous côtés, l'on redoublait d'activité. La souscription avait été ouverte et l'on montrait un grand empressement. La cour, la noblesse et les villes rivalisaient entre elles. A Paris, tout bourgeois, tant soit peu important, voulait s'intéresser à l'entreprise. La reine mère, la reine et le Dauphin, souscrivirent chacun pour 60,000 livres, le prince de Condé 30,000, le prince de Conti 20,000, la Cour deux millions, les cours souveraines 1,200,000, le corps des marchands de Paris 650,000, Rouen 550,000, Bordeaux 400,000, Nantes 200,000, Tours 150,000, Saint-Malo 100,000, Rennes 100,000, Toulouse 120,000, Grenoble, 113,000, Dijon 100,000. Les villes de Moulins, Bourges, le Havre, Metz, Marseille, Amiens, Langres, Chalons, avaient pris chacune des parts pour des sommes dépassant 50,000 livres. Tous les grands seigneurs, dans le but d'être agréables au roi, s'étaient fait un devoir de souscrire. La compagnie se vit bientôt assurée d'un capital de onze millions.

Les intéressés tinrent plusieurs réunions. Le 20 mars 1665, une assemblée générale avait lieu au Louvre ; le roi y assistait. L'on procéda à l'élection des directeurs pour la ville de Paris. Colbert fut élu président à vie et le prévôt des marchands vice-président. Furent ensuite nommés : pour les cours souveraines, de Thou, ancien président du parlement ; pour les officiers de finance, Berryer, secrétaire du conseil du roi ; pour le corps des marchands, Poquelin, Cadeau, Langlois, Jabac, Bachelier, Herinx, de Faye, Chanlatte, de Varennes. Pour les directeurs de province, l'on décida que la ville de Lyon en nommerait trois, Rouen deux, Bordeaux un, Nantes un, et que les deux autres seraient élus par les villes qui compteraient le plus d'intéressés après celles que nous venons de citer. L'assemblée procéda ensuite à la création de chambres particulières, à Lyon, à Bordeaux, à Rouen, au Havre et à Nantes. L'on décida que la chambre de direction générale se partagerait en trois collèges ou départements. Le premier collège était chargé des affaires intérieures et de la comptabilité; le second des armements maritimes, et le troisième du commerce avec l'Inde.

La compagnie résolut d'agir immédiatement. Le choix de Madagascar ne fut pas mis en doute. Les établissements que nous y possédions, la description qui en avait été donnée par Charpentier, étaient autant de raisons qui militaient en sa faveur, et l'on résolut d'y fonder une colonie importante. Le duc de Mazarin, fils et héritier du duc de la Meilleraie, abandonnait tous ses droits moyennant la somme de cent mille livres, pour laquelle il fut inscrit sur les registres de la compagnie.

L'assemblée fut un instant divisée pour savoir si elle adopterait le système des engagements qui consistait à conduire des gens à gage et à les employer au service et au profit de la compagnie, ou bien si elle coloniserait en accordant des concessions de terres à des colons qui émigreraient avec leurs familles. L'assemblée, après quelques hésitations, se prononça pour ce dernier système.

Le 26 octobre 1664 le roi concédait Madagascar à la compagnie et rendait plusieurs règlements sur la police de l'île. Il était défendu à tout Français de se marier avec une femme indigène, à moins qu'elle ne fût catholique. La traite des esclaves était interdite à Madagascar, sous peine de mort, et l'on ordonnait aux colons de traiter avec humanité les naturels qu'ils emploieraient à leur service. Louis XIV et Colbert, tout en acceptant l'esclavage là où

ils le trouvaient, voulaient au moins l'empêcher de s'intro--
duire là où il n'existait pas. Un conseil souverain était
établi à Madagascar, dont le nom avait été changé en celui
d'île Dauphine, pour célébrer la naissance d'un fils né au
roi en 1661.

Afin de ne pas perdre de temps, la Compagnie acheta
des vaisseaux : à Saint-Malo, la *Vierge de Bon-Port* ; à La
Rochelle, le *Taureau* ; au Havre, le *Saint-Paul*, plus une
galiotte de quatre-vingts tonneaux, et l'on réunit tout le
personnel nécessaire à la fondation d'un établissement.
Dans ce but, des agents avaient été envoyés à Lyon et à
Avignon pour y recruter des émigrants et principalement
des ouvriers en soierie. L'on pensait que Madagascar serait
propice à l'élève du vers à soie et pourrait approvisionner
nos manufactures. L'expédition se réunit à Brest; les
quatre navires portaient ensemble 82 canons et 212 hommes
d'équipage commandés par les capitaines Veron d'Oléron,
de Kercadiou, Truchot de la Chesnaye et de la Clocheterie.
Il y avait à bord 279 passagers et sur ce nombre plus de
cent étaient originaires de Lyon. On les avait choisis de
manière à avoir tous les éléments d'une colonie. Le but
que l'on se proposait n'était pas seulement la création d'un
comptoir; l'on voulait se livrer sérieusement à la colonisation. Aussi les passagers comprenaient huit médecins,
trois apothicaires, vingt-huit maçons, quatorze charpen-
tiers, seize menuisiers, dix-sept forgerons, dix-huit labou-
reurs et vignerons, douze ouvriers pour travailler la soie,
huit charrons, neuf tonneliers, quinze boulangers, huit bou-
chers, cinq cordonniers, trois tanneurs, etc., etc. La flotte
emportait des provisions, des munitions, du linge, des
ustensiles de ménage et tout ce qui est nécessaire à la
fondation d'une colonie. On n'avait rien négligé, si bien
que les contemporains disaient que beaucoup de villes
n'étaient pas si bien fournies.

Le chef de l'expédition était un intéressé de l'ancienne

compagnie, de Beausse. Il était président du conseil et dépositaire des sceaux du roi dont le plus grand portait pour légende : « *Ludovici XIV, Franciæ et Navaræ regis, sigillum ad usum supremi Consilii Galliæ orientalis.* » Souchu de Rennefort était secrétaire du conseil, et un juge du présidial d'Angers, de Montaubon, avait le titre de lieutenant civil et était chargé de rendre la justice. La flotte quittait Brest le 7 mars 1665 et elle arrivait à Madagascar le 10 juillet suivant. Le 16 juillet, de Beausse, après avoir fait connaître à de Chammargou, qui commandait toujours au nom du duc de la Meilleraie, la mort du maréchal et la cession de ses droits à la compagnie des Indes, faisait de nouveau reconnaître dans l'île l'autorité du roi de France. De Chammargou devenait major des troupes et membre du conseil.

Dès que l'on fut installé, l'on s'occupa de coloniser. Fort-Dauphin était alors dans un triste état; ses fortifications ne comprenaient que deux petits bastions et le port ne pouvait abriter que quatre vaisseaux. La ville avait pour défense une palissade qui renfermait une chapelle en bois, une douzaine de cases, la maison du gouverneur et quelques magasins. Tout annonçait le dénuement le plus complet. Malheureusement le chef de l'expédition était incapable et, de plus, il n'avait qu'un but, s'enrichir. De Beausse avait soixante-neuf ans lorsqu'il partit pour Madagascar. Il avait passé sa vie à lire les ouvrages de Raymond Lulle et à rechercher la pierre philosophale. Il n'était allé dans l'Inde que pour tâcher de s'y procurer ce que lui refusaient les mystères de l'alchimie. Son administration fut déplorable et partout il montra une cupidité sans bornes. Il s'entendait avec de Chammargou pour ne pas convoquer le conseil, forçait Souchu de Rennefort à donner sa démission et dilapidait les ressources de la compagnie. Il mourut le 14 décembre 1665, en demandant pardon à *Dieu de tout le mal qu'il avait fait.*

Son successeur fut de Montaubon. Le nouveau gouverneur n'avait rien de ce qu'il fallait pour diriger une colonie, surtout dans la situation où elle se trouvait. Les Français avaient à lutter contre l'hostilité des indigènes qui ne cessaient de les harceler et de les tenir continuellement sur le qui vive. Heureusement un secours inespéré arriva à notre établissement. Un aventurier, natif de la Rochelle, nommé Le Vacher et surnommé La Case, était venu à Madagascar en 1656 sur un navire du duc de la Meilleraie; il s'était mis au service d'un prince indigène, avait gagné sa confiance et épousé sa fille. Il soutint énergiquement la cause de la France et sut nous ménager plusieurs milliers d'auxiliaires et de vassaux. Non seulement l'établissement de Fort-Dauphin résista aux attaques des Malgaches, mais l'on fit plusieurs expéditions. La Case aida de Montaubon à porter la guerre à l'intérieur et à s'emparer du pays d'Anos. Souchu de Rennefort nous parle longuement de cet aventurier héroïque et lui rend justice. De Montaubon avait le projet de soumettre l'île tout entière, mais il ne put résister au climat et mourut en septembre 1666. Le gouvernement revint alors à de Chammargou.

L'on chercha alors à étendre nos possessions. Le fort Saint-Louis fut bâti dans la baie d'Antongil, et l'on commença à coloniser l'île Bourbon. Nous avions déjà occcupé cette île; Pronis y avait déporté plusieurs colons; de Flacourt les avait fait revenir, mais ils exprimèrent de si vifs regrets d'avoir quitté ce lieu où la vie était plus facile qu'à Madagascar, que ce même gouverneur les y renvoya. En 1665, deux vaisseaux de la compagnie avaient touché à Bourbon, et y avaient trouvé deux Français et une dizaine de nègres qui cultivaient le tabac et les plantes potagères. Des navires y débarquèrent le marchand Baudy, le commis Renaud et une vingtaine d'ouvriers qui commencèrent des travaux de défrichement. Trois habitations furent construites à Saint-Denis, à Saint-Paul et à Sainte-

Suzanne, des noirs et des bestiaux furent importés de la côte d'Afrique, et la colonisation se développa. Tels furent les commencements de Bourbon qui ne prit de l'importance qu'au siècle suivant, lorsqu'on y introduisit la culture du café.

A Madagascar, malgré l'appui que l'on avait trouvé dans La Case, la situation était précaire et nous n'avions obtenu aucun résultat sérieux. En France, la compagnie n'avait aucune notion exacte de son établissement et, en 1665, elle avait expédié deux navires, l'*Aigle d'or* et la *Force*, avec des marchandises dont on n'avait pu trouver l'emploi et qui ne convenaient pas au trafic que l'on faisait avec les indigènes. Aussi, le secrétaire du conseil, Souchu de Rennefort, résolut de revenir en Europe afin d'instruire les directeurs. En 1666, il s'embarquait sur la *Vierge de Bon Port* qui était commandée par le capitaine de la Chesnaye et relâchait en route à Sainte-Hélène, qui depuis six ans était occupée par les Anglais. La France et l'Angleterre étaient alors en guerre. Après avoir échappé à une frégate ennemie, Souchu de Rennefort fit naufrage sur les côtes de Guernesey ; il fut fait prisonnier et conduit à Londres, où il demeura jusqu'à la conclusion de la paix, en 1667.

Pendant que la colonie de l'île Dauphine était aux prises avec les difficultés, la Compagnie des Indes préparait une grande expédition et ne négligeait rien pour y intéresser l'opinion publique et la rendre favorable. Au moyen d'affiches répandues dans Paris, l'on faisait appel à l'émigration. La Compagnie vantait les ressources que présentait Madagascar, la facilité que l'on y avait d'y fonder un établissement florissant et promettait des avantages sérieux à ceux qui voudraient s'y transporter. Dans l'une de ces affiches qui sont une peinture curieuse des mœurs du temps, on lisait : « Le climat de cette île est fort tempéré ; « les personnes vivent jusqu'à cent ans et cent vingt ans.

« Les fruits y sont fort bons ; les légumes, les pois et
« toutes sortes de racines sont bonnes et fort saines. Le riz
« s'y recueille trois fois par an. Les graines de l'Europe
« s'y produisent mieux qu'en France. Il y a de la vigne
« qui, étant cultivée, produira de fort bon vin. Les vers à
« soie sont communs sur les arbres et produisent une soie
« fine et facile à filer. Il y a une grande quantité de bœufs,
« de vaches, de moutons, de chèvres, de cochons. Il y a
« des mines d'or, de fer, de plomb, du coton, de la cire,
« du sucre, du poivre blanc et noir, du tabac, de l'in-
« digo, etc. » On voit que, sous le rappport de la publicité
et de la réclame, la compagnie des Indes ne laissait rien
à désirer, et il est curieux de comparer les procédés dont
on se servait alors avec ceux qui sont employés actuelle-
lement par les sociétés ou agences d'émigration.

Dans le but d'attirer des émigrants, la compagnie
promettait à tous ceux qui voudraient aller à Madagascar
le passage gratuit, des vivres pour trois mois et des terres
qui seraient données en fiefs, moyennant une redevance
insignifiante. Dans une autre affiche, la compagnie s'adressait aux personnes de qualité, les engageait à se rendre à
Madagascar, à y conduire des colons et leur promettait des
concessions avec des titres d'honneur, haute, basse et
moyenne justice, et la permission d'y bâtir des châteaux
forts. L'on espérait que des gentilshommes émigreraient
avec leurs vassaux, fonderaient des seigneuries, que la
colonisation prendrait un nouvel essor et que l'île Dauphine
ne tarderait pas à se transformer en une nouvelle France.

L'expédition était prête ; elle était commandée par le
marquis de Mondevergue. Le baron de Barles, marquis de
Mondevergue, gouverneur de Château-Regnault et de
Clinchamps avait été nommé par le roi, gouverneur des
îles Dauphine et Bourbon et amiral. La flotte qui devait
partir était l'armement le plus considérable que la France
eût encore envoyé dans la mer des Indes. Elle comprenait

quatre vaisseaux de guerre chargés d'escorter le convoi, le *Rubis*, le *Beaufort*, le *Mercœur* et l'*Infante*, et dix autres bâtiments appartenant à la compagnie. Deux de ces navires portaient chacun six cents tonneaux et trente-six canons. Les navires les moins importants étaient quatre houcres de quatre-vingts tonneaux [1]. Le chef d'escadre était de la Roche Saint-André, les principaux officiers, les capitaines d'Hunière, de Rurelle, de Kervins, de Boispéan, de Favet, Gournay, de la Giraudière. La flotte transportait quatre compagnies d'infanterie, des marchands, des sous-marchands, des chefs de colonies, des colons, des ouvriers, en tout 1688 personnes y compris les équipages. Parmi les marchands se trouvait François Martin, le futur fondateur de Pondichéry. La compagnie était représentée par deux directeurs, de Faye et Caron. Colbert voulait que l'on créât des établissements importants à l'île Dauphine et à Bourbon, afin d'en faire des entrepôts pour les marchandises venant de l'Inde. Le but principal de l'expédition était Madagascar.

La flotte partait de la rade de Chef-de-Bois, près La Rochelle, le 14 mars 1666, et après avoir relâché à Teneriffe et à Pernambouc, elle arrivait à Fort-Dauphin en mars 1667, après onze mois de navigation. La déception fut grande chez les directeurs de la compagnie, à la vue de ce pauvre établissement qui comprenait une cinquantaine de maisons en bois et avait pour toute défense neuf canons sans affût. Le marquis de Mondevergue assembla les colons et se fit reconnaître en qualité de gouverneur. Il ne voulut pas loger dans la ville et ordonna de construire pour lui et ses troupes des cases dans une petite plaine qui était voisine de Fort-Dauphin. De Mondevergue était complètement étranger aux affaires coloniales et il croyait

---

[1] Le houcre était un navire à varangues plates, à gros ventre et à cul rond. Sa capacité variait de soixante à deux cents tonneaux. Le houcre servait principalement pour naviguer le long des côtes, à cause de son peu de tirant d'eau.

que pour administrer une colonie, il était nécessaire de rendre une série de décrets ou d'ordonnances. A peine était-il installé qu'il instituait des conseils de commerce, de colonisation, de subsistance, de milice et de marine. C'était la bureaucratie qui prenait possession de Madagascar. Ces conseils furent bientôt plus nuisibles qu'utiles ; ils devinrent rivaux et toute action était paralysée. L'on ne s'entendait que pour dilapider les ressources de la compagnie.

Les directeurs, de Faye et Caron seuls, cherchèrent à améliorer la situation. Grâce à eux, des magasins étaient construits et un chemin ouvert à travers le roc, pour les mettre en communication avec la mer. Malheureusement ces efforts n'étaient pas secondés. Les approvisionnements s'épuisèrent bientôt, les maladies survinrent et eu égard au climat, il fallait renoncer à l'idée d'employer les Européens à la culture de la terre. Les vivres étaient devenus rares [1] et l'on était obligé de faire la guerre pour se procurer des ressources et assurer la subsistance des colons et des soldats ; aussi de Faye n'était pas favorable à la colonisation de Madagascar et il écrivait aux directeurs, à Paris : « L'île Dauphine est peu peuplée et actuellement « il n'y a aucun commerce à faire avec ses habitants ; « l'île ne produit rien que l'on puisse porter en France. » Aussi était-il d'avis d'évacuer complètement Madagascar et disait que si l'on voulait y conserver un établissement, il fallait le transporter à la baie d'Antongil, où l'on trouverait du riz, ou à celle de Saint-Augustin, dans le canal de Mozambique, sur la route des vaisseaux qui allaient dans l'Inde. Mais, pour cela, il demandait des vivres, des colons, des ouvriers et estimait la dépense à deux millions de livres.

La situation paraissait désespérée ; aussi le décourage-

[1] Le bœuf se vendait à Fort-Dauphin jusqu'à cinq sols la livre.

ment fut bientôt général, et tous les colons demandaient à
retourner en France. Sur ces entrefaites, Caron, voyant
qu'il n'y avait rien à faire à Madagascar, partait pour
Surate, et de Faye ne tardait pas à le rejoindre. De Mondevergue envoya un navire en France afin d'instruire le roi
et la compagnie et de leur apprendre la vérité. Au mois
d'octobre 1669, une frégate, le *Saint-Paul*, arrivait à Fort-
Dauphin, et son capitaine était porteur d'instructions. De
Mondevergue était libre ou de rester à Madagascar, ou de
revenir en Europe. Dans le cas où il prendrait ce dernier
parti, de Chammargou devait le remplacer. De Mondevergue
s'embarqua au mois d'octobre 1670, mais une tempête
l'empêcha de doubler le cap de Bonne-Espérance, et il fut
obligé de revenir à Madagascar.

En France, l'on se préoccupait de la situation de la
colonie. Une assemblée générale des actionnaires avait eu
lieu au Louvre, le 15 décembre 1668, et les directeurs de la
chambre générale y avaient exposé l'état des affaires de la
compagnie. Pour eux, l'expédition de Madagascar était une
faute. Les deux flottes que l'on y avait envoyées avaient
donné lieu à des dépenses considérables sans aucun résultat.
La compagnie ne voulait plus rien tenter pour Madagascar
qui fut rétrocédé au roi. Louis XIV voulut néanmoins conserver cette île à la couronne. Il pensait que l'insuccès était
dû à l'incapacité des chefs de la colonie. Quant au marquis
de Mondevergue, il était attaqué avec violence; il n'avait
pas réussi et on le rendait responsable des souffrances de
Fort-Dauphin. Dès que l'amiral de La Haye fut arrivé avec
sa flotte, il lui remit le gouvernement et s'embarqua, le
12 février 1671, sur le vaisseau la *Marie*. En abordant à
Port-Louis, il fut arrêté par un commissaire du roi. La
cour lui reprochait son administration; la compagnie l'accusait de s'être livré au commerce dans un intérêt purement personnel. Il n'y avait rien de fondé et aucun grief
n'était sérieux. Les directeurs de la compagnie obtinrent

néanmoins un arrêt contre lui, et de Mondevergue fut enfermé au château de Saumur, où il mourut en 1672, pendant que l'on instruisait son procès.

L'échec de Madagascar ne découragea pas Colbert, et, dès 1668, l'envoi d'une flotte dans la mer des Indes était chose décidée en son esprit. Pour lui, cette expédition avait un double but : elle devait protéger le comptoir que nous venions de fonder à Surate et faciliter à la compagnie la création de nouveaux établissements. En même temps, il fallait montrer aux Hollandais que nous n'étions pas disposés à reconnaître la suprématie qu'ils s'arrogeaient dans l'Extrême-Orient.

Colbert savait que les directeurs de Caron et de Faye étaient à Surate, et il attendait de leurs nouvelles pour faire partir une flotte. Le 11 mai 1669, il écrivait à l'intendant général de Terron : « Il faut penser tout de bon à for-« mer l'escadre des vaisseaux que le roi a résolu d'envoyer « aux Indes orientales. » Cet intendant proposait de composer l'escadre de six vaisseaux et de deux flûtes. Colbert l'engageait, dans sa réponse, à consulter les officiers et les pilotes qui étaient allés dans l'Inde « pour savoir, » disait-il, « de quel port et de quel gabarit il faut que soient les vais-« seaux qui vont dans ce pays-là, pour pouvoir entrer dans « les ports et dans les rivières, » et il ajoutait : il « me « semble que le principal vaisseau devrait être de 60 pièces « de canon, et les autres, cinq, de 40 à 50 pièces, et tous « propres à échouer; qu'ils fussent les plus forts et les « mieux faits que le roi ait à présent dans les ports, afin « que, s'ils n'étaient remarquables par leur grandeur, ils « le fussent au moins par leurs forces, par leur beauté, par « leur bonté. » A ce moment, nous venions de nous établir à Surate. Colbert voulait que l'expédition fît ressortir le prestige de la France, et, le 20 juin 1669, il écrivait de nouveau à de Terron : « Observez que, pour un voyage de « cette qualité, où il faut que la grandeur du roi paraisse,

« il est nécéssaire que les vaisseaux soient excellents, et
« même qu'ils soient beaux et ornés. »

La flotte fut armée à Rochefort. Elle était prête en 1670,
et avait reçu le nom d'*escadre de Perse*. Elle comprenait
cinq vaisseaux, la *Navarre*, de 56 canons, le *Triomphe*,
de 38, le *Julle*, de 36, le *Flamand*, de 36, le *Bayonnais*,
de 34, commandés par les capitaines de Turelle-Thiballier,
Forand, de Luchet, Gabaret des Marets et du Mayne, et une
frégate de 8 canons, la *Diligente*, sous les ordres du capitaine de la Houssaye. Trois flûtes, l'*Europe*, de 12 canons,
la *Sultane*, de 16 canons, l'*Indienne*, de 12 canons, com-
mandées par les capitaines Dupré, Beaulieu-Vernay et de
la Clide de l'Estrille, devaient se joindre aux vaisseaux.

Les équipages s'élevaient à près de seize cents hommes [1].
Le capitaine de Turelle avait le commandement de la flotte,
et il reçut à cet effet le titre de chef d'escadre. Le lieutenant-général, Jacob Blanquet de la Haye, fut nommé au
commandement supérieur dans toutes les Indes orientales.
Il devait s'embarquer sur la *Navarre*.

De la Haye était capitaine dans un régiment de cavalerie,
lorsqu'en 1644, il avait été nommé mestre de camps second
du régiment de la Fère, c'est-à-dire à la création de ce
régiment. En 1656, il avait obtenu le commandement du
château d'Aimeries. En 1661, il avait été fait mestre de
camps en chef du régiment de la Fère, et en était devenu le
colonel la même année. Il fut créé lieutenant-général des
armées du roi, le 3 janvier 1670, pour aller commander
dans l'Inde. De la Haye était un officier intelligent, fort
connu pour sa bravoure et son habileté à jouer aux échecs.
L'ingénieur Sainte-Colombe, qui le fréquentait et faisait
souvent sa partie avec lui, l'estimait beaucoup et disait en
parlant de lui : « C'est un homme de grande compréhension

---

[1] La *Navarre* avait 360 hommes d'équipage, le *Triomphe*, 250, le
Julle, 230, le *Flamand*, 230, le *Bayonnais*, 190, la *Diligente*, 50, la
Sultane, 60, l'*Indienne*, 60, l'*Europe*, 60.

« et qui entend bien le mestier. » Les équipages de l'escadre étaient en grande partie tirés des ports de Normandie et de Bretagne. Quatre compagnies du régiment Royal-Marine, qui venait d'être créé, avaient été en outre embarquées sur les vaisseaux.

Il ne s'agissait pas seulement de montrer le pavillon français. C'était une véritable expédition; ainsi Colbert n'avait rien négligé et était entré lui-même dans les plus petits détails. La flotte était approvisionnée avec soin et son armement ne laissait rien à désirer. Elle portait en outre une assez grande quantité de pelles, de pioches, de haches, de scies, des brouettes et autres instruments de travail. En un mot, l'escadre avait été pourvue de tout ce qui est nécessaire à la construction d'une forteresse et à la fondation d'une colonie. L'on s'était aussi occupé de la partie scientifique. L'ingénieur Sainte-Colombe, à qui l'on avait proposé d'accompagner de la Haye, avait refusé en disant : « que la petite taille de l'amiral ne lui semblait guère « propre à la réprésentation d'ambassadeur envers les « princes d'Orient. » Le mathématicien Michel reçut une commission pour aller aux Indes et se rendit à Rochefort. De la Haye considérait la mission de ce savant comme une bagatelle, et souriait à l'idée « que l'Académie Royale l'en-« voyait pour essayer des pendules. » Aussi il lui refusa jusqu'à l'espace nécessaire pour loger ses instruments. Michel ne partit pas sur l'escadre de Perse, et prit passage sur un vaisseau qui se rendait en Acadie.

L'intention de Colbert était de faire partir l'escadre au mois de février, afin que de la Haye pût profiter de la mousson pour aller dans l'Inde; mais elle ne fut prête qu'à la fin de mars. Des instructions, datées du 15 décembre 1869, avaient été remises en janvier au commandant de l'expédition. Le ministre avait arrêté le plan de la campagne. De la Haye devait d'abord se rendre à Madagascar en visitant les points qui se trouvaient sur son passage, les lieux où la

Compagnie pouvait fonder des stations, des escales. Le cap de Bonne-Espérance et la baie de Saldaigne lui étaient particulièrement désignés comme devant attirer son attention. Il devait lever des cartes et des plans. A Madagascar, de la Haye était chargé de se rendre compte de la situation et de rechercher les causes de l'insuccès de la colonisation. Il avait ensuite à se rendre à Surate et devait s'entendre avec les directeurs de la compagnie sur les établissements à créer. Il lui était enjoint de n'agir que de concert avec ces directeurs « de suivre leurs sentiments et « d'exécuter tout ce qu'ils jugeront à propos quand même « il connaîtrait qu'il fait mal, à moins que ce fût contraire « au bien de son service et à la sûreté de ses troupes et de « ses vaisseaux. » D'après les lettres de Caron, on pensait qu'il y avait deux établissements à créer, l'un dans l'île de Ceylan, et l'autre dans l'île de Banca.

L'on s'attendait à trouver quelque opposition de la part des Hollandais ou des Anglais, car dans les instructions il était dit : « Sa Majesté estime que les six vaisseaux sont « assez forts pour résister à toute puissance maritime qui « pourrait s'opposer à son dessein. » Colbert avait recommandé à de la Haye de ne pas agir avec trop de précipitation et, quand il serait sur le point de créer un comptoir, de bien se renseigner *sur la nature des eaux et la qualité des terres* et le commerce que l'on pourrait y faire. Le roi pensait qu'en six ou sept mois, de la Haye pourrait se rendre à Surate, que dix-huit mois de séjour seraient suffisants dans l'Inde et que la campagne durerait trois ans.

L'escadre quitta Rochefort le 29 mars 1670, passa à La Rochelle le 30 et alla mouiller à Belle-Ile le 1ᵉʳ avril, pour y rallier plusieurs bâtiments de la compagnie. De la Haye les attendit jusqu'au 11 avril; le mauvais temps le força à lever l'ancre. Il se mit en route par un grand vent du nord et fut séparé de la *Sultane,* dont la marche était inférieure

à celle des autres vaisseaux. L'*Indienne* et le *Triomphe*
firent des avaries assez graves et furent obligés, pour les
réparer, de se rendre à Lisbonne. L'amiral, avec les six
vaisseaux qui lui restaient, relâcha successivement à
Madère, aux îles du Cap-Vert, et le 9 juin, c'est-à-dire
après deux mois et demi de traversée, il atteignait la baie
de Saldaigne [1].

Les équipages avaient beaucoup souffert et un grand
nombre d'hommes étaient malades du scorbut. De la Haye
débarqua les malades et s'installa à terre. Le pays fut
exploré ; il était peu habité et les quelques indigènes que
l'on y rencontra fuyaient à l'approche des Français. L'on
ne put y découvrir aucune source d'eau. L'amiral s'en alla
visiter une baie située un peu plus au nord ; il y trouva un
excellent. mouillage pour ses vaisseaux, à l'entrée d'une
rivière qui coulait dans une vallée délicieuse. Ce lieu lui
parut réunir toutes les conditions nécessaires pour y
fonder une colonie. Les Français l'avaient autrefois occupé
et l'on y trouva la trace d'une habitation qu'ils y avaient
construite. Aussi de la Haye, dans ses correspondances
avec Colbert, proposait d'y créer un établissement et d'en
faire une de nos principales stations sur la route des Indes.

Le 8 octobre, l'escadre levait l'ancre et prenait la route
de Fort-Dauphin où elle arrivait le 23 novembre. Elle avait
mis près de huit mois pour se rendre à Madagascar.

A la vue de notre établissement, de la Haye se rendit
parfaitement compte de la situation. Pour lui la colonie
était perdue et il ne cachait pas son opinion. Mais le roi
tenait à la possession de l'île Dauphine, et cette raison
empêcha l'amiral d'abandonner Fort-Dauphin, qu'il regardait comme un comptoir onéreux et sans avenir. Le
25 novembre, il débarquait avec ses troupes et le marquis

---

[1] La baie de Saldaigne, située sur la côte occidentale d'Afrique, à
peu de distance de la baie de la Table, fait actuellement partie de la
colonie du cap de Bonne-Espérance.

de Mondevergue lui remettait le commandement. De la Haye se fit reconnaître officiellement par les soldats et les habitants. Il se rendit ensuite à l'église où il trouva le clergé qui l'attendait avec la croix et l'eau bénite. Un *Te Deum* fut chanté et plusieurs salves d'artillerie vinrent annoncer que le nouveau gouverneur était entré en fonctions. De la Haye s'en fut ensuite passer la garnison en revue. Quatre ou cinq cents indigènes qui étaient nos alliés se rangèrent en bataille et firent l'exercice avec le javelot et la sagaie. Le gouverneur ordonna de leur distribuer quatre barriques de vin et douze bouteilles d'eau-de-vie pour boire à *la santé du roi*. En même temps, des tables avaient été dressées sur la place publique et nos soldats vinrent s'y asseoir avec les colons et les Malgaches. Pour un instant, Fort-Dauphin oubliait ses mauvais jours et ne pensait qu'à se réjouir. Malheureusement cette joie devait être de courte durée et la colonie, ainsi que nous allons le voir, était bien près de sa ruine.

Au bout de quelques jours, de la Haye s'en fut visiter les environs et les plantations des Français qui s'élevaient seulement au nombre de cinq. Celle de Chammargou était la plus importante. Le pays avait été ravagé par la guerre; les bestiaux, autrefois si nombreux, avaient disparu, et pour s'en procurer il fallait aller à plus de cent lieues. En outre les indigènes nous étaient toujours très opposés, qnoiqu'en présence des forces dont nous disposions leur hostilité fût moins ouverte. Si un chef puissant, Dian Manangue, qui pendant longtemps avait combattu les Français, vint rendre hommage au gouverneur de Fort-Dauphin, un autre chef, Dian Ramoussaye, se déclara ouvertement contre nous et il fallut faire une expédition pour le réduire.

Dian Ramoussaye avait été au service des Français et s'était procuré de la poudre et des armes à feu. Il s'était entouré de tous les brigands et malfaiteurs et avait fixé sa résidence dans une ancienne forteresse des Portugais, située au haut d'un rocher. De là il répandait la terreur dans le pays. De la Haye marcha contre lui avec sept cents Européens et six cents indigènes. Il parvint, au mois de janvier 1671, à s'emparer de son repaire, malgré une résistance énergique, lui tua quarante hommes et fit sept prisonniers. Dian Ramoussaye put néanmoins s'échapper et on le poursuivit longtemps sans jamais pouvoir le saisir. Cette expédition nous coûta trois tués, quatre blessés et un assez grand nombre de malades. Sur ces entrefaites arriva la mauvaise saison et avec elle les fièvres qui décimèrent les équipages. Plusieurs officiers moururent et l'amiral de la Haye fut lui-même gravement malade.

Les navires qui étaient restés en arrière, l'*Indienne*, la *Sultane* et le *Triomphe*, arrivèrent enfin. L'on était aux derniers jours de mars. Plus que jamais, De la Haye persistait dans son opinion; les agressions des indigènes et l'insalubrité du climat lui semblaient des obstacles insurmontables à tout établissement européen. La baie de Saint-Augustin, que nous avions songé à occuper, ne lui paraissait pas présenter des conditions plus favorables. En 1644, les Anglais avaient voulu y fonder une colonie et, en 1647, ils avaient été obligés de se rembarquer après avoir été décimés par les maladies [1]. De la Haye, désirant avoir des données exactes, y envoya deux navires pour explorer la baie et en même temps s'approvisionner de riz. Quant à lui, il résolut de se rendre à l'île Bourbon et de reconnaître la côte orientale de Madagascar. Il laissa le commandement à de Chammargou et le 14 avril 1671, il quittait Fort-Dauphin avec quatre vaisseaux de l'escadre, la *Navarre*, le *Bayonnais*, l'*Indienne* et l'*Europe*, et deux bâtiments de la compagnie, le *Saint-Jacques* et le *Dunkerque*. Le 26 il abordait à l'île Bourbon.

A Bourbon la situation était toute différente. Tandis

[1] Sur cinq cents hommes qui débarquèrent, trois cents moururent de maladies.

qu'au Fort-Dauphin tout annonçait une colonie misérable et sans avenir, Bourbon présentait l'aspect le plus riant. Sous la direction du commis Renaud, la culture s'était développée et les hauteurs de Saint-Gilles s'étaient couvertes de plantations. Le climat de l'île était salubre et la population s'était augmentée de plusieurs colons qui avaient quitté Madagascar. De la Haye fut ravi du nouvel établissement et il pensait avoir trouvé le lieu qui devait servir d'entrepôt à la compagnie des Indes. Il désigna le lieutenant de la Hure comme gouverneur, lui donna quelques soldats pour élever le fort Saint-Denys dont il traça lui-même le plan et ordonna la construction de plusieurs magasins.

Après avoir séjourné deux mois à Bourbon, de la Haye retournait à Madagascar et visitait l'île Sainte-Marie et la baie d'Antongil où l'on avait autrefois bâti le fort Saint-Louis. De la Haye, dorénavant fixé, proposait à Colbert de fonder un établissement à la baie de Saldaigne, qui servirait de première étape aux vaisseaux qui se rendaient dans l'Inde. L'île Bourbon devait être l'entrepôt des marchandises; quant à Madagascar, l'amiral pensait qu'il fallait abandonner Fort-Dauphin et se borner à occuper la baie d'Antongil, qui était située dans un pays fertile d'où l'on pouvait facilement communiquer avec l'île Bourbon et en faire un port de refuge. De la Haye disait que si ses projets étaient agréés, il les mettrait à exécution à son retour de l'Inde où il avait l'intention de se rendre prochainement. Au mois de juillet 1672 l'amiral prenait de nouveau la mer et faisait voile avec son escadre pour Surate où il arriva à la fin de septembre. En partant il avait laissé quarante soldats à Fort-Dauphin.

La colonie se trouva dans une triste situation. La mort de La Case, qui était arrivée quelques mois auparavant, en la privant d'un puissant appui, faisait prévoir sa ruine. De Chammargon qui avait remplacé de la Haye en qualité

de gouverneur, mourut le 6 décembre 1672, et son successeur fut de la Bretesche, qui avait épousé la fille de La Case
et exerçait les fonctions de major des troupes. Aux souffrances endurées par les colons, vint bientôt s'ajouter la
guerre. Les indigènes se soulevèrent en masses, sous la
direction des chefs Dian-Ramoussaye et Dian-Manangue.
Ce dernier avait abandonné notre alliance et s'était déclaré
contre nous. Les vaisseaux anglais, en se rendant dans
l'Inde, avaient vendu aux naturels de la poudre et des
armes. La lutte fut acharnée, et malgré leur bravoure, les
Français qui étaient en petit nombre devaient succomber.
Plusieurs d'entre eux, en voyant que la ruine de la colonie
était prochaine, avaient quitté Fort-Dauphin et s'étaient
rendus à Bourbon.

Nous nous étions emparés du pays d'Anos et nous y
possédions plusieurs habitations. Les Malgaches subor-
nèrent les nègres que nous avions à notre service et, le
29 août 1674, soixante-quinze de nos compatriotes étaient
massacrés. Fort-Dauphin fut bientôt assiégé et l'on pouvait
prévoir le moment où, faute de vivres et de munitions, l'on
serait obligé de capituler. Sur ces entrefaites, arriva un
petit navire nommé le *Blanc-Pignon*. Dans la nuit du 7
au 8 septembre 1674, les Français, qui étaient réduits au
nombre de soixante-trois, s'embarquèrent sur ce bâtiment
après avoir encloué leurs canons et incendié les maisons
et les magasins. Le *Blanc-Pignon* mit sept mois pour
aller de Fort-Dauphin à Mozambique. Vingt-cinq hommes
moururent pendant la traversée. De la Bretesche, avec
vingt-deux de ses compagnons, alla s'établir dans l'Inde, à
Daman.

En 1674, après la prise de San-Thomé, de la Haye, en
revenant en France, s'arrêta à l'île Bourbon, et le 8 décembre il mouillait à Fort-Dauphin. Il n'y trouva que des
ruines, et ce ne fut que plus tard qu'il apprit le malheur de
la colonie. Après ce désastre, toute pensée d'établissement

permanent à Madagascar fut abandonnée par la compagnie. Cette tentative de colonisation nous avait été funeste. La France avait envoyé à l'île Dauphine près de 4,000 soldats et colons. Les deux tiers périrent de maladie, de misère et dans les guerres que nous avions eues à soutenir contre les indigènes; l'autre tiers alla se fixer à l'île Bourbon. Telle fut la fin de cette entreprise sur laquelle l'on avait fondé tant d'espérances. Le climat et la mauvaise direction furent les principales causes de notre insuccès. Malgré notre échec, l'occupation de Madagascar eut toujours des partisans; l'on en conserva la possession nominale et, en 1686 un arrêt du Conseil d'État réunissait l'île Dauphine au domaine de la couronne.

CHAPITRE TROISIÈME

PREMIERS ÉTABLISSEMENTS DES FRANÇAIS DANS L'INDE. —
CARON. — LA FACTORERIE DE SURATE. — L'ESCADRE DE
PERSE. — EXPÉDITION DE CEYLAN. — SIÈGE DE SAN-
THOMÉ.

L'Inde était le but que l'on se proposait, et l'occupation
de Madagascar n'avait qu'une importance secondaire. En
essayant de fonder une colonie à Fort-Dauphin, nous
avions voulu nous assurer une base d'opérations et posséder une station et une escale. La Compagnie n'avait pas
oublié l'ancienne route que les caravanes avaient suivie
au moyen âge et, dès 1664, c'est-à-dire l'année même
de sa fondation, elle avait envoyé des émissaires en
Perse, afin de rendre la cour d'Ispahan favorable à ses
desseins.

Cette idée n'était pas nouvelle. Sous le gouvernement du
cardinal de Richelieu, le P. Joseph, de l'ordre des
Capucins, voulait refouler les Turcs en Asie, arracher
l'Orient à la barbarie, et naturellement il assignait ce
beau rôle à la France. La Perse et l'Inde se seraient
ouvertes à notre commerce et auraient subi notre
influence. Dans ce but, le P. Joseph créa de nombreuses
missions et chargea un religieux de son ordre, le
P. Pacifique de Provins, de nous frayer la route de
l'Hindoustan.

Le P. Pacifique unissait une grande habileté diplomatique à une profonde connaissance des affaires de l'Orient.
En 1622, il partait pour le Levant, visitait l'Égypte et
la Syrie et élevait des couvents dans l'île de Chypre et à
Alep, la route des caravanes. En 1628, il se rendait à la
cour de Perse et obtenait du roi Chah-Abbas l'autorisation
de fonder des monastères à Ispahan et à Bagdad. C'était
autant d'étapes sur le chemin des Indes. Les Capucins
cherchaient bientôt à pénétrer dans ce pays; ils y réussissaient et, en 1639, ils avaient à Surate une maison qui fut
l'origine de leurs missions dans cette partie de l'Asie.
D'autres ordres religieux, les Jésuites, les Carmes et les
Dominicains, se donnèrent également rendez-vous dans ces
contrées encore peu connues et vinrent y étendre les
frontières de la chrétienté.

La route était frayée et les voyageurs commencèrent à
être nombreux. Bornons-nous à indiquer les principaux.
De 1643 à 1649, La Boullaye le Gouz parcourait la Turquie,
la Perse, et se rendait dans l'Inde où il explorait le
Radjépoutanah. En 1666, Jean Thevenot, le neveu de
l'auteur du *Recueil des Voyages*, arrivait à Surate, visitait
le Guzzerate, le Cambaye, Mazulipatam, Aurengabad, le
royaume de Golconde, et mourait près de Tauris en revenant en Europe. Un joaillier de Paris, Chardin, venait
faire le commerce de diamants dans l'Extrême-Orient et
séjournait plusieurs années à Ispahan en qualité de marchand du roi. François Bernier, devenu médecin du
Grand Mogol, portait les œuvres de Descartes et de
Gassendi à la cour d'Aureng-Zeyb, et devait plus tard fournir de précieux renseignements. Enfin terminons cette énumération en citant le plus infatigable de tous les voyageurs,
Tavernier, qui passa sa vie à courir le monde et mourut,
pour ainsi dire sur la grande route, à l'âge de quatre-
vingts ans.

De ces différentes explorations, il résultait que deux

routes existaient pour pénétrer dans l'Inde, celle du cap de
Bonne-Espérance et une autre qui traversait la Perse et
était suivie par les caravanes. Cette dernière, quoique plus
directe, présentait de nombreuses difficultés. La Compagnie
ne voulut pas cependant la négliger et chercha à y établir
des communications régulières. En 1664, elle envoyait à
Ispahan trois marchands, Beber, Mariage et Dupont.
De Lionne leur avait adjoint, en les chargeant d'une
mission, deux gentilshommes, de Lalin et de la Boullaye
le Gouz. Ce dernier avait saisi avec empressement l'occasion de retourner en Asie. Louis XIV écrivait en même
temps au roi de Perse, pour lui rappeler *l'ancienne amitié*
qui avait toujours existé entre les deux royaumes et le
priait de bien accueillir les Français qui étaient désireux
de voir *Sa Hautesse*.

Les députés français arrivèrent à Ispahan au mois de
juillet 1665. Ils devaient étudier la situation commerciale
du pays et essayer d'y nouer des relations diplomatiques.
Grâce à l'appui d'un marchand français, de l'Estoile, et du
supérieur des Capucins d'Ispahan, le Père Raphaël du
Mans, ils furent favorablement accueillis par le roi de
Perse qui se montrait tout disposé à entrer en rapports avec
la France. Il promettait de grands avantages à nos négociants, principalement en ce qui concernait l'exportation
des vins de Schiraz, renommés dans tout l'Orient. Sur ces
entrefaites, de Lalin mourut au moment où il se préparait
à passer dans l'Inde. Mariage et Dupont restèrent à
Schiraz. Quant à de la Boullaye, il s'était rendu avec
Beber à Bender-Abassy, y avait trouvé un navire arménien, s'y était embarqué avec son compagnon et tous les
deux étaient arrivés à Surate au mois de mars 1666.

Les députés de la Compagnie trouvèrent dans cette ville
les voyageurs Thévenot et Tavernier. Les habitants se
montraient sympathiques et, grâce à l'appui du supérieur
des Capucins, le Père Ambroise de Preuilly, qui depuis

1630 était dans l'Inde et avait acquis une profonde connaissance des mœurs et des usages du pays, le gouvernement fit bon accueil aux Français. De la Boullaye le Gouz avait reçu la visite du directeur de la factorerie anglaise, ainsi que celle du commandant hollandais, et n'avait eu que de bons rapports avec eux. Cependant, il ne se laissait pas tromper par les apparences et, dans une lettre datée du 1er avril 1666, qu'il adressait à Colbert, il se rendait compte de la situation et exposait ses vues sur le commerce que nous pouvions faire dans l'Inde et l'attitude que nous devions y prendre.

Les Hollandais dominaient complètement dans l'Extrême-Orient ; ils ne voulaient pas souffrir d'autre influence que la leur et avaient fait accepter leur suprématie par les Anglais et les Danois. Bien persuadés qu'ils étaient que la France n'accepterait pas, vis-à-vis d'eux, une situation inférieure, ils voyaient avec jalousie que nous allions fonder une Compagnie des Indes et cherchaient à nous nuire, en répandant partout que nous étions des pirates. Aussi de la Boullaye conseillait d'envoyer une escadre et « de n'épargner ni poudre, ni boulets, pour abattre l'orgueil des Hollandais. » Selon lui, notre politique devait entretenir la rivalité de la Hollande et de l'Angleterre afin de les affaiblir réciproquement ; il engageait à envoyer des ambassadeurs aux princes indigènes, à se créer des alliances et à donner une grande idée de notre pays. Il invitait à se défier des Musulmans, des Arméniens et des Banians qui seraient, pour notre commerce, des rivaux redoutables. Les facteurs de la Compagnie devaient vivre simplement et ne fonder aucun établissement durable dans l'Inde. Par conséquent, il fallait leur défendre de s'y marier et d'y amener leurs femmes et leurs enfants. Pour de la Boullaye le Gouz, la véritable route des Indes était la mer Rouge, et pour s'en assurer la possession, il proposait d'établir une correspondance directe par Suez et le

Caire, de s'allier avec le roi d'Éthiopie et de monopoliser le trafic de la Perse.

A Surate, les députés français avaient annoncé l'arrivée de sept ou huit vaisseaux de la Compagnie. Cette nouvelle avait été favorablement accueillie par les marchands de la ville. Sans perdre de temps, de la Boullaye le Gouz et Beber se rendaient en ambassade à Agrah, près du grand Mogol. Un médecin français, Jacques de la Palisse, les servit utilement en les mettant en rapports avec le grand vizir. Malheureusement la simplicité avec laquelle voyageaient les représentants de la France ne répondait pas à l'idée que l'on se faisait de notre pays. Aussi l'empereur Aureng-Zeyb se contenta de dire qu'il attendait l'arrivée de l'escadre dont on lui avait parlé. Notre démarche avait été à peu près inutile. Beber revint à Surate. De la Boullaye le Gouz gagna le Bengale ; son intention était de passer en Chine et, dans cette pensée, il quittait Patna avec plusieurs Persans qui allaient à Dacca. Il fut assassiné en route. Sur ces entrefaites, le directeur de la Compagnie, Caron, débarquait à Surate.

Caron était d'origine française. Il était né à Bruxelles et appartenait à la religion protestante. Pendant vingt-deux ans, il avait été au service de la Compagnie hollandaise. Ses débuts avaient été des plus modestes. Dans sa jeunesse, il avait servi à bord d'un vaisseau hollandais, en qualité de cuisinier et était ensuite devenu commis aux vivres. Il avait consacré à l'étude des mathématiques, les loisirs que lui laissaient ses occupations et s'était fait remarquer par son intelligence. Dans un voyage au Japon, il avait appris la langue du pays et s'était mis au courant des mœurs des habitants ; aussi fut-il bientôt en état de traiter lui-même les affaires de la Compagnie. Caron était membre du conseil général et directeur du commerce, quand il demanda un poste plus important à Java. On le lui refusa. Mécontent et n'écoutant que sa colère, Caron donne sa démission et vient en France, où il était attiré par le bruit de la fondation de la Compagnie des Indes. Il offre ses services à Colbert et lui présente, en 1665, un mémoire dans lequel il montrait une grande connaissance des affaires de l'Inde. Il sut plaire au ministre, gagner sa confiance et fut naturalisé par lettres-patentes du roi ; il entra au service de la Compagnie avec le titre de directeur aux Indes.

En 1666, le marquis de Mondevergue était parti avec une escadre. L'expédition ne devait pas seulement avoir pour but Madagascar ; l'on devait tenter quelque chose du côté de l'Asie. La Compagnie voyant tout l'intérêt que l'entreprise pouvait avoir pour elle, avait eu soin de s'y faire représenter par deux directeurs, Caron et de Faye. A Madagascar, Caron avait fait preuve d'une grande activité et s'était montré plein de zèle pour les affaires de la Compagnie. Aussi, quand le conseil de l'île songea à étendre ses opérations dans l'Inde, il y envoya Caron en lui donnant pour mission d'aller acheter à Surate des marchandises que l'on put expédier en France et des vivres pour ravitailler la colonie de Fort-Dauphin. Parmi les marchands et sous-marchands qui accompagnaient Caron se trouvait un aventurier nommé Marcara.

Marcara était un Arménien qu'un négociant persan employait en qualité de facteur et avait envoyé à Venise avec des marchandises. Après en avoir effectué la vente, Marcara en avait dissipé le prix. Craignant d'être poursuivi, il avait quitté Venise et s'était enfui en France. L'on venait de fonder la Compagnie des Indes et il n'était question que de voyages d'outre-mer. Marcara vint offrir ses services à Colbert qui l'envoya à Madagascar et là il sut si bien se conduire qu'il fut nommé membre du Conseil souverain. Comme, en sa qualité d'Asiatique, il prétendait connaître l'Inde, on l'adjoignit à Caron en pensant qu'il lui serait d'un grand secours. Le 15 actobre 1667, Caron quittait Fort-Dauphin avec un vaisseau, le *Saint-Jean-Baptiste* et un houcre. Le 24 septembre de la même année, il abordait à Cochin où il avait des relations amicales avec les Hollandais. Au commencement de 1668, il arrivait à Surate et y fondait la première factorerie française dans l'Inde.

Surate était, au xvii° siècle, la ville la plus importante de la côte occidentale de l'Inde. C'était le grand centre commercial, le débouché de l'empire Mogol. Les Hollandais et les Anglais y possédaient des comptoirs bien avant l'arrivée des Français. Les gens de toute nation, Persans, Turcs, Arabes, Juifs, Arméniens, Banians, Maures et Gentils y affluaient, attirés par le riche négoce que l'on pouvait y faire. L'on y parlait toutes les langues, l'on y voyait les costumes de tous les pays.

Les vaisseaux se pressaient dans son port. Les principales branches du commerce étaient les perles, les diamants, l'ambre, le musc, l'or, les soieries, les étoffes, les épices et l'indigo. Surate avec son enceinte épaisse de douze pieds, percée de nombreuses portes et flanquée de grosses tours, ses maisons dont un grand nombre avaient des terrasses transformées en jardins, devaient naturellement exciter l'admiration des Européens. Aussi Souchu de Rennefort la compare-t-il pour l'étendue à la ville de Rouen et l'appelle-t-il « le Magasin des Indes et de l'Asie et la première ville de l'univers pour son commerce [1]. »

Surate dépendait de l'Empire Mogol, qui était alors la première puissance de l'Inde, et pour notre commerce il était indispensable d'entretenir de bons rapports avec la cour de Delhy. Nous nous rappelons qu'en 1667, de

---

[1] La végétation des environs de Surate, si différente de notre pays, était un sujet d'étonnement pour les Européens. En 1668, le médecin Delton écrivait : « Il y a des arbres qui fleurissent tous les jours au soleil levant et tombent quand il se couche. D'autres dont les fleurs naissent le soir et meurent le matin. »

la Boullaye le Gouz avait été envoyé en ambassade pour nouer des relations diplomatiques avec l'empereur Aureng-Zeyb. Quand la Compagnie avait songé à fonder des factoreries dans l'Inde, Louis XIV avait écrit au Grand-Mogol. Il lui disait qu'il avait saisi avec empressement l'occasion d'entrer en communication avec lui et le priait de protéger nos marchands et d'encourager un commerce qui ne pouvait qu'être avantageux aux deux pays [1]. Dès que Caron fut arrivé à Surate, le roi de France s'adressa de nouveau à Aureng-Zeyb. Dans une seconde lettre, il lui annonçait que la compagnie envoyait un directeur et il lui demandait que les Français fussent traités aussi favorablement que les autres Européens.

Les débuts de notre factorerie de Surate furent heureux. Les transactions avaient été assez actives et l'on ne tarda pas à expédier, à Madagascar, le vaisseau le *Saint-Jean-Baptiste* avec une cargaison de toiles, de sucre, de poivre et d'indigo. Caron envoyait en même temps Marcara, qu'il avait fait arrêter, pour y être jugé par le Conseil souverain

[1] Lettre de Louis XIV au Grand-Mogol.
Très haut, très excellent, très puissant, très magnanime et invincible prince, le grand empereur des Indes orientales, notre très et bon ami, Dieu veuille vous augmenter votre grandeur avec fin heureuse. La gloire de votre empire nous étant bien connue, nous avons pris plaisir d'embrasser une occasion favorable de vous offrir notre amitié, de vous demander la vôtre et même d'établir des moyens assurés pour la pouvoir cultiver réciproquement à l'avenir tant par l'envoi de nos vaisseaux et de ceux de nos sujets dans les états de votre Grandeur. C'est ce qui nous a obligé d'accorder notre royale protection à une puissante compagnie qui s'est formée dans notre empire pour porter le commerce dans vos mêmes états, ne doutant point que, comme cette communication entre nos sujets leur apportera de très grands avantages, vous ne soyez bien aise d'accorder à ladite compagnie les grâces et bons traitements dont elle fera les instances à votre Grandeur par ses députés auxquels se sont joints quelques gentilshommes français envieux de voir les splendeurs de votre cour qui vous rendront cette lettre. Nous attendrons avec impatience les marques de la bonne disposition de votre Grandeur à correspondre aux offres que nous lui faisons, priant Dieu, très haut, très excellent, très puissant, très magnanime et invincible prince, qu'il veuille augmenter votre grandeur avec fin très heureuse.

de l'île. Des difficultés s'étaient bientôt élevées entre eux deux. Marcara qui aspirait à jouer le premier rôle avait eu à Cochin une violente altercation avec Caron au sujet de la prééminence, en présence des officiers hollandais. Caron écrivait que Marcara avait voulu organiser un complot pour l'assassiner, qu'il s'était vu obligé de s'entourer de gardes et qu'il l'avait fait arrêter pour sa sûreté personnelle.

Marcara répondait à cette accusation en soutenant qu'à Surate Caron avait fait venir à son bord un Banian [1] nommé Sanson et s'était entendu avec lui au sujet de l'achat des marchandises pour le compte de la Compagnie. Il avait averti le directeur que ce Banian était un fripon, et que se servir de lui c'était léser les intérêts de la Compagnie. Caron n'avait pas voulu l'écouter. De là était venue leur querelle. Or, il se trouva qu'une partie de la cargaison du *Saint-Jean-Baptiste* était de mauvaise qualité. Quoique plus tard Caron dût jouer un rôle plus qu'équivoque, il est difficile d'admettre qu'en cette circonstance il se soit rendu complice du Banian. Marcara ne peut inspirer une grande confiance, et son passé est plus que suffisant pour rendre suspect son témoignage. Il parvint néanmoins à se faire écouter ; il avait trouvé un appui dans de Faye, le directeur de la Compagnie qui était resté à Madagascar. Aussi fut-il acquitté par le Conseil souverain.

De Faye s'ennuyait à Madagascar ; il voyait qu'il n'y avait rien à faire dans cette colonie et que tout l'intérêt se portait aux Indes. Aussi résolut-il d'aller rejoindre Caron et, le 19 octobre 1668, il quittait Fort-Dauphin avec trois navires, la *Marie*, l'*Aigle d'or* et la *Force;* il emmenait Marcara avec lui. Le 24 décembre, il abordait à Pontugal, dans l'île de Ceylan, et était bien reçu par les

---

[1] Les Banians sont une caste des Hindous ; ils croient à la métempsycose et s'abstiennent de manger quoi que ce soit qui ait eu vie. Ils s'adonnent principalement au commerce.

Hollandais qui l'assuraient que partout leurs compatriotes feraient bon accueil aux Français. De Faye continua sa route en suivant les côtes où il trouva un certain nombre de chrétiens indigènes, descendants des anciens chrétiens de saint Thomas et des missionnaires catholiques qui lui fournirent de précieux renseignements. Dans les premiers jours de 1669, il arrivait à Cochin, qui appartenait aux Hollandais depuis 1662. Quoique déchue, c'était encore une belle ville ; ses rues étaient larges et bien entretenues ; ses maisons bâties en pierres blanches, couvertes de tuiles, ayant pour la plupart des balcons garnis de jalousies, rappelaient la domination portugaise. Les Hollandais avaient fortifié cette place avec soin ; ils y avaient cent canons sur leurs affûts, deux cents prêts à y monter et y entretenaient une garnison de trois cents soldats européens. De Faye put constater que les métis portugais et les chrétiens indigènes, qui regrettaient leurs églises [1], ne demandaient pas mieux que de secouer le joug des Hollandais.

Après s'être ravitaillé à Cochin, de Faye reprit la mer et arriva à Calicut. Cette ville avait perdu de son importance ; Goa lui avait porté un coup terrible. Ce n'était plus le puissant état qui, au moment de l'arrivée des Portugais commandait à toute la côte de Malabar. Le Zamorin [2] ne possédait plus qu'un rivage de soixante lieues. Calicut était encore le siège d'un commerce actif de toiles de coton, de mousselines et de poivre. Presque tout le trafic était aux mains des Banians. Le gouverneur de la ville dit que l'on était fatigué de la suprématie des Hollandais et offrit l'alliance de son maître aux Français, si ces derniers voulaient l'assurer de leur appui. De Faye répondit qu'il ne pouvait rien faire avant d'en avoir référé à Surate. L'on

[1] Au temps de la domination portugaise, Cochin possédait trente-trois églises ; les Hollandais n'en avaient laissé qu'une seule aux Catholiques.

[2] C'était le nom que l'on donnait au sultan de Calicut.

trouva à Calicut des facteurs que Caron y avait envoyés pour acheter du poivre. Le 26 janvier, nos vaisseaux levaient l'ancre et partaient avec deux navires maures, dont l'un appartenait au banian Sanson qui était au service de la Compagnie en qualité de courtier. Le 11 mars, l'expédition arrivait à Sually, près de Surate. Caron se montra d'abord exaspéré de la décision du conseil de Madagascar. De Faye parvint cependant à le calmer et à le réconcilier avec Marcara.

En chargeant Caron de fonder une factorerie, la Compagnie n'avait voulu rien négliger pour conduire son entreprise à bonne fin. Nous avons vu que les Capucins s'étaient établis à Surate et qu'ils y possédaient une maison importante. Leurs bons offices pouvaient nous être d'une grande utilité. Aussi les directeurs de la chambre générale avaient-ils décidé que le Père Supérieur serait admis au conseil de Surate avec voix consultative.

Le supérieur était alors le Père Ambroise de Preuilly, qui avait déjà reçu La Boulaye le Gouz. Caron s'était mis en rapports avec lui. Des difficultés ne tardèrent pas à s'élever entre eux. Caron, avec son caractère fier et altier, ne voulait pas admettre d'autre volonté que la sienne. De son côté, le Père Ambroise qui avait conscience de sa valeur, n'était pas disposé à devenir un instrument docile entre les mains du directeur de la Compagnie.

Aussi Caron se plaint-il à plusieurs reprises du Père Ambroise en écrivant que, pour avoir son concours, il faut toujours agir suivant son sentiment. Il le représente comme un agent de la Hollande et de l'Angleterre et demande que, dans l'intérêt de la Compagnie, il soit éloigné des comptoirs français. Cette accusation est fausse et, en la formulant, Caron voulait se débarrasser du Père Ambroise qui lui portait ombrage. Cependant Colbert, malgré la sympathie qu'il avait pour Caron, ne pouvait ajouter foi à ses paroles ; il lui répondit que le roi ordonnerait aux Capucins de lui obéir en ce qui concernait les affaires de la Compagnie et en même temps il ajoutait : « Sa Majesté serait bien aise d'apprendre que leur zèle fît « produire votre conversion. » Du reste cette rivalité n'eut pas pour nos établissements les conséquences que l'on eût pu craindre. Le Père Ambroise servit utilement les intérêts de la Compagnie et ceux de notre pays, conformément aux traditions des ordres religieux qui, en Orient, ont constamment défendu et soutenu la cause de la France.

Quand de Faye arriva à Surate, il se rendit avec Caron saluer le gouverneur de la ville. Le Père Ambroise les accompagnait en qualité d'interprète. Le gouverneur leur fit bon accueil, les assura de la protection du Grand Mogol et leur offrit le bétel en signe d'amitié. Les directeurs français allèrent ensuite rendre visite aux résidents anglais et hollandais. De Faye ne devait que passer aux Indes ; il mourut à Surate au mois d'avril 1669. Tous les Français qui se trouvaient dans la ville soupçonnèrent Caron de l'avoir fait empoisonner afin de pouvoir exercer seul l'autorité sans avoir à craindre le contrôle d'un collègue [1].

Caron avait de grands projets ; il jouissait alors de la confiance de la Compagnie et le roi, pour le récompenser d'avoir fondé une factorerie à Surate, l'avait nommé chevalier de l'ordre de Saint-Michel. Pour Caron, ce comptoir n'était qu'un début. Il voulait étendre les transactions de la Compagnie, nouer des relations avec les indigènes et créer de nombreux établissements. Le médecin Bernier, dont nous avons précédemment parlé, venait de quitter la cour d'Aureng-Zeyb et se trouvait alors à Surate où il attendait l'occasion de s'embarquer pour l'Europe. Caron s'était empressé de se mettre en rapports avec lui pour en obtenir des renseignements. Bernier lui avait

---

[1] Souchu de Rennefort raconte que quand de Faye tomba malade, Caron lui envoya un médecin banian qui lui avait fait prendre un breuvage et que de Faye mourut quelques jours après.

remis un mémoire, où il recommandait d'agir avec prudence, de ne pas choquer les usages du pays et d'éviter toute propagande religieuse. Les Français devaient se présenter partout comme des marchands qui désirent faire du trafic et imiter la réserve des Hollandais; il leur conseillait d'établir des factoreries à Golconde, à Mazulipatam, et à Kassimbazar, au Bengale. « Si l'on est patient, » disait-il, « l'on réussira, attendu que la nation « française est un bois dont on peut faire toute sorte « d'ouvrage [1]. »

Caron ne perdait pas de temps; il avait fait prendre de nouveau la mer aux vaisseaux la *Marie*, la *Force* et l'*Aigle d'Or*, et les avait envoyés en Perse, en Arabie et à Achem. Dans le but d'élargir le cercle de ses opérations, il avait chargé le sous-marchand Bounot d'aller à Ceïtapour et le marchand Flaccourt à Balepatan, près de Cananor. Bourreau-Deslandes, le futur fondateur de Chandernagor était parti pour le Bengale avec l'ordre de remonter le Gange. Marcara avait reçu la mission de fonder un comptoir à Mazulipatam et s'était rendu avec le marchand Roussel à la cour du roi de Golconde. Il y rencontra non seulement les difficultés que l'on trouve dans toutes les cours d'Orient, mais il eut encore à lutter contre l'opposition sourde des Anglais et des Hollandais qui voyaient en nous des rivaux redoutables. Marcara réussit néanmoins à vaincre tous les obstacles et, le 9 décembre 1669, un firman du roi de Golconde permettait à la Compagnie française de faire le commerce dans tout le royaume sans payer les droits d'exportation ou d'importation et l'autorisait à établir une factorerie à Mazulipatam. Les conditions que nous avions obtenues nous plaçaient dans une position meilleure que celle des Anglais et des Hollandais. Mazulipatam était merveilleusement placé pour s'emparer du trafic du Bengale et Marcara conseillait de s'appliquer principalement

[1] Lettre du 10 mars 1668.

au cabotage et de se servir à cet effet de navires de deux cents à deux cent cinquante tonneaux.

Marcara se rendit à Mazulipatam, mais il ne devait pas longtemps occuper ce poste ; il fut remplacé par Martin. Suivant Souchu de Rennefort, il n'aurait pu rendre compte de deux cent mille roupies qui lui auraient été remises à son départ pour Golconde. Caron avait alors donné l'ordre de l'arrêter et de le renvoyer en France. Dans une lettre adressée à Colbert, Marcara prétend que cet argent avait été employé à acheter des marchandises et que, malgré la décision du conseil de Surate, Caron s'opposait à ce qu'on en prît livraison. Quoi qu'il en soit, cet aventurier disparaît pour le moment et nous n'entendons parler de lui que trois ans plus tard lorsqu'un ordre du roi ordonna de s'emparer de sa personne. Il fut arrêté et enfermé dans la citadelle de Port-Louis. Rendu à la liberté il intentera un procès à la Compagnie.

Les vaisseaux que Caron avait envoyés en Arabie et en Perse n'avaient pas tardé à revenir. La *Force* était allée à Bassorah ; elle y avait trouvé un marchand de la compagnie nommé Frocter qui assurait que la route de cette ville à Bagdad, naguère infestée par les Arabes, était libre et qu'on pouvait la fréquenter sans crainte. Le pacha avait accordé un firman qui dispensait nos marchandises de tout droit de douane et nous donnait l'autorisation d'exporter des chevaux. Le roi de Perse était disposé à nouer des relations avec les Français. La lettre que Louis XIV lui avait écrite en 1669 l'avait rendu favorable ; aussi assurait-il de sa protection les marchands de la compagnie des Indes. Il en résultait que nous pouvions établir, par la voie de terre, des communications avec Surate, et un Capucin, le Père Honoré d'Auxerre, qui avait longtemps résidé en Orient, proposait de faire passer nos caravanes par Alep, Diarbekir, Mossoul et Bagdad et d'établir un entrepôt à Smyrne.

La Compagnie ne voulait pas se borner au commerce de l'Inde et cherchait à se rendre en rapports avec les autres pays de l'Extrême-Orient. Sur le conseil du Hollandais d'Hogenhouck qui était à son service, elle songeait à établir une factorerie à Nanking. La maison des Missions étrangères nous était d'un grand secours et nous trouvions des auxiliaires dévoués dans les prêtres qu'elle envoyait en Asie. Grâce à eux l'Indo-Chine nous était ouverte.

Le roi de Siam était bien disposé. En 1670, Louis XIV lui avait écrit pour lui recommander nos missionnaires [1]. Il avait été flatté de cette démarche. Aussi il invitait les Français à venir faire du commerce dans ses états et offrait de faire construire une factorerie à ses frais. Le roi de Macassar, alors en guerre avec les Hollandais, demandait notre alliance. De son côté, le Père Ambroise avait ordonné à tous les religieux de son ordre de nous donner leur appui. Partout l'on apprenait avec plaisir l'arrivée des Français et les populations étaient disposées d'avance en notre faveur.

Malgré ces débuts qui paraissaient promettre, la situation de la Compagnie était loin d'être brillante. Madagascar avait absorbé des sommes considérables et l'Inde n'avait encore rien produit. Les caisses étaient vides et fort peu d'intéressés avaient versé le second tiers de leur souscription. Caron, qui croyait au contraire que l'on disposait de ressources sérieuses, demandait des secours d'hommes et d'argent et se plaignait de n'être pas plus avancé faute d'avoir des vaisseaux. Il voulait fonder des établissements sur la côte de Malabar, à Coromandel, à Ceylan, en Chine, au Japon et dans les îles de la Sonde. Il proposait à la Compagnie de créer un comptoir à Bantam afin d'accaparer une partie du commerce des épices et de faire concurrence aux Hollandais. Caron insistait en outre

---

[1] Lettre du 31 janvier 1670.

pour que nous ayons à nous un port qui nous servît de refuge et où nous puissions nous retirer au cas échéant. A Surate, nous étions sur le territoire du Grand Mogol qui pouvait, d'un moment à l'autre, nous retirer l'autorisation qu'il nous avait accordée; l'on pensait que la Compagnie devait avoir un territoire qui lui appartînt.

En 1669, il avait été un instant question d'acquérir la ville danoise de Tranquebar. Caron pensa d'abord à s'emparer de Sandrocar, île située dans la baie de Cambaye, à quatre-vingts lieues de Surate. Mais Ceylan lui parut réunir toutes les conditions nécessaires pour y fonder un établissement.

La position était bien choisie et aujourd'hui Ceylan est une station fort importante. Tous les paquebots qui relient l'Europe à l'Extrême-Orient s'arrêtent à Pointe-de-Galles. Cette île, dont l'étendue est égale à dix ou douze de nos départements, possède un sol fertile et est en grande partie couverte de forêts de cocotiers. Aussi a-t-elle toujours été désirée et conquise par les peuples qui ont eu successivement l'empire de la mer des Indes. Au moment où Caron formait le projet de s'en emparer, les Hollandais occupaient le nord, le sud et l'ouest de l'île; l'est restait à prendre et nous pouvions nous y établir.

Les Portugais avaient autrefois possédé Ceylan. Dès 1518, ils avaient imposé leur domination aux indigènes, mais ils avaient perdu leur possession par leur faute. Ils traitaient durement le roi de Candy qu'ils retenaient prisonnier dans sa ville. Aussi celui-ci avait recherché et obtenu l'appui des Hollandais qui s'engagèrent à chasser les Portugais. Un traité avait été signé. Le roi de Candy devait rentrer en possession de ses forteresses à mesure qu'il paierait les frais de la guerre en produits de l'île, c'est-à-dire en cannelle. La lutte commença et, au bout de vingt ans, les Hollandais étaient parvenus à expulser les Portugais qui marquèrent fortement le pays de leur empreinte. Aujourd'hui encore, les Portugais blancs et noirs sont nombreux dans l'île et, dans certains cantons, l'on parle un portugais corrompu. Le roi de Candy se trouva bientôt avec les Hollandais dans la même situation qu'avec les Portugais. On ne lui rendit pas ses forteresses et il n'avait fait que changer de maîtres. Aussi était-il mécontent et prêt à devenir notre allié.

Caron connaissait Ceylan ; il avait pris part à la conquête de l'île lorsqu'il était au service de la Compagnie hollandaise et, dans une lettre adressée à Colbert, il racontait qu'il s'était emparé de Négombo, le 7 janvier 1644. Il désirait avoir un port et l'est de Ceylan, qui était inoccupé, en offrait deux, Trinquemalé et Battékalo. Caron se prononçait pour Battékalo, qui était d'une défense facile et possédait une baie magnifique. Il avisa aux moyens de mettre son projet à exécution et, dès 1667, il avait cherché à entrer en rapports avec le roi de Candy. « Ce roi est pauvre, » écrivait-il, « et « il sera très heureux de vendre de la cannelle à des con- « ditions telles qu'on pourra le contenter, tout en faisant » de gros bénéfices. » Il n'était pas facile d'avoir des relations avec le roi de Candy. Les Hollandais le surveillaient avec soin. Caron songea à se servir de deux Portugais de Goa qui allaient à Ceylan faire du trafic. Ce moyen ne lui ayant pas réussi, il pensa à employer les Capucins comme agents diplomatiques et obtint d'eux des renseignements sur la situation du pays.

Si l'expédition de Ceylan paraissait présenter des obstacles, les affaires de la Compagnie étaient loin d'être prospères. A Surate, Caron était intraitable et on l'accusait de ne consulter que ses intérêts. Il avait essayé d'entrer en fraude des marchandises, afin de ne pas payer de droits de douane et avait ainsi failli compromettre la situation. Heureusement l'affaire n'avait pas eu de suite, grâce au Père Ambroise qui connaissait particulièrement le gouverneur de Surate. Caron avait en outre soulevé contre lui une opposition générale à la tête de laquelle se trouvaient les marchands Goujon, Joubert, Mariage et le Père Ambroise. Un jour, au conseil, Goujon avait demandé des comptes au sujet de l'emploi des deniers de la Compagnie. Caron s'était emporté et avait menacé de le faire arrêter. Les co-intéressés s'étaient communiqué leurs griefs et avaient décidé d'envoyer l'un d'eux porter plainte en France. En 1670, Joubert était parti pour l'Europe. Du reste, Caron ne devait pas garder seul l'autorité et deux autres directeurs allaient venir les retrouver dans l'Inde.

A l'époque où la Compagnie fut fondée, Baron [1] était consul à Alep, qui, situé en Syrie, était sur le passage des caravanes ; il avait été consulté et avait donné son avis. Pour lui la route de l'Inde était celle de Bassorah. Aussi proposait-il d'y établir une correspondance directe, en ayant recours aux missionnaires ; il y avait alors des carmes déchaussés à Bassorah, des capucins à Bagdad et à Ispahan. L'on pouvait, par leur intermédiaire, avoir des rapports suivis avec l'Inde. Colbert, qui avait remarqué chez Baron une grande connaissance de l'Orient, voulait l'envoyer à Surate, en lui donnant une position importante ; il lui avait fait des offres que Baron avait acceptées.

L'opposition vint de la chambre de la direction générale, qui voulait elle-même choisir ses représentants. On décida alors de nommer trois directeurs dans l'Inde. Caron conserverait la première place, Baron serait le second directeur et le troisième serait élu par la Chambre générale. Le troisième directeur, Barthélemy Blot, homme très intègre, qui était alors négociant à Lyon, avait la réputation d'être fort habile dans le commerce. En plaçant à la tête de nos établissements plusieurs directeurs, la Compagnie commettait une grande faute. Elle divisait le commandement, au lieu de le concentrer dans les mêmes mains, et faisait

---

[1] Baron (Joseph) était né à Marseille, en 1620. En 1661, il avait été nommé consul à Alep.

ainsi naître des rivalités qui devaient être funestes à nos entreprises.

Baron était arrivé à Surate au mois de mai 1671. Cette ville était devenue le siège de notre principal établissement, et un arrêté du 18 janvier 1671 y avait institué un Conseil souverain [1]. Baron trouva les affaires de la Compagnie en fort mauvais état; beaucoup de confusion, pas d'argent dans les caisses, des dettes, un crédit à peu près nul; telle était la situation. Ce qui affligeait le plus Baron, c'était de voir l'esprit de division qui existait chez tous les Français au service de la Compagnie. Il n'y avait ni accord, ni entente, et chacun n'était guidé que par son intérêt personnel.

Au mois d'octobre de la même année, arrivait le troisième directeur, Blot, qui fut effrayé de l'état des affaires. Il n'avait aucune connaissance de l'Inde et croyait que le commerce s'y traitait de la même manière qu'en Europe. Non seulement il était opposé à la création de nouvelles factoreries, mais il demandait encore la suppression de celles qui étaient éloignées. Pour lui, Mazulipatam, dont les exportations consistaient surtout en toiles peintes, n'avait aucune importance, et Bantam était mal placé. Il proposait d'abandonner Surate, d'acquérir la ville de Chaoul et de nous borner à un comptoir que nous y établirions. Blot pensait que nous devions principalement importer dans l'Inde des draps, de la dentelle et des verroteries. Il s'était mis en rapport avec l'évêque de Berythe et, sur son avis, il conseillait à la Compagnie de s'emparer du trafic du Tonkin où nous n'avions pas à craindre la concurrence des Hollandais. L'influence que le Banian Sanson exerçait à Surate l'avait frappé et, dans sa correspondance, il ne cesse de dénoncer ce courtier qu'il considère comme un audacieux fripon. Ainsi qu'on peut le voir, il était en

[1] Le Conseil souverain de Madagascar fut supprimé en novembre 1671.

complet désaccord avec Caron ; pour le moment, ce dernier était absent et se trouvait à Bantam.

Baron était à Surate et attendait le retour de Caron et l'arrivée de Blot, quand l'amiral de la Haye vint avec son escadre, mouiller à Sually. Nous nous rappelons que de la Haye avait quitté Madagascar. Une fois, dans la mer des Indes, il avait pris le titre de vice-roi, comme le faisaient les commandants en chef des autres puissances. Il parla à Baron des projets que l'on avait sur Ceylan. Baron les ignorait, mais il approuvait l'expédition.

La présence d'une flotte française pouvait avoir d'heureuses conséquences pour notre commerce et notre influence. Les princes indiens, habitués comme tous les Orientaux à s'incliner devant la force, auraient, à la vue de nos vaisseaux, facilement accepté notre prépondérance et nous aurions pu profiter de la lassitude que la suprématie de la Hollande avait fait naître chez beaucoup d'indigènes. Pour le moment, l'empereur Aureng-Zeyb était occupé à guerroyer contre les Mahrattes. Un homme supérieur aurait tiré parti de la situation et peut-être exécuté ce que Dupleix tentera au siècle suivant. Mais pour cela, il fallait agir avec promptitude, frapper un grand coup et ne pas perdre de temps. Malheureusement il en fut autrement et l'expédition ne devait donner aucun résultat.

Caron revint à Surate en novembre 1671. La mésintelligence ne tarda pas à éclater entre les directeurs. Caron affectait une grande supériorité vis-à-vis de ses collègues, qui lui témoignaient beaucoup de froideur. Baron était du parti de Blot et l'amiral de la Haye penchait pour Caron. Les décisions devaient êtres prises à la pluralité des voix. Dans la crainte d'un échec, Caron ne voulait pas assembler le Conseil. Deux mois furent perdus. Ainsi, dès notre arrivée dans l'Inde, nous trouvons cette division qui devait nous être si fatale. C'est surtout dans leurs lettres à Colbert que les directeurs montrent leur animosité. Ils se plaignent sans cesse les uns des autres et s'accusent réciproquement. Avec cette rivalité, il était impossible de réussir.

L'amiral de la Haye avait reçu l'ordre d'agir d'accord avec les directeurs et ses instructions disaient textuellement : « Sa majesté estime si nécessaire d'agir, de « concert avec les directeurs et même d'exécuter tout ce « qu'ils jugeront à propos, que quand même ledit sieur de « la Haye connaîtrait qu'il ferait mal, après leur avoir « représenté ses raisons, elle désire qu'il suive ponctuel- « lement leurs sentiments. » A la fin de la Haye se lassa d'attendre. L'on était au mois de septembre et aucune décision n'avait encore été prise. Il convoqua les directeurs à son bord, leur dit qu'il ne pouvait rester plus longtemps dans l'inaction et leur demanda cent mille livres dont il avait besoin pour faire la conquête de Ceylan. Le roi devait leur rembourser cette somme.

Blot s'opposa avec violence à l'expédition, en disant que le principal produit de Ceylan, la cannelle, était une denrée fort peu demandée et que la consommation n'en était pas grande en France. Pour lui, la flotte était inutile ; la Compagnie n'avait que des ressources bornées et ses entreprises étaient avant tout commerciales. L'amiral de la Haye fut inébranlable dans sa résolution et, devant son attitude énergique, Baron ne suivit pas le parti de Blot; aussi quelques jours après, l'expédition de Ceylan était chose décidée. Blot lui-même donnait son consentement, mais en même temps il écrivait à Colbert pour demander son rappel. Caron qui connaissait Ceylan devait accompagner l'amiral et Baron se rendre à la cour du Grand Mogol pour nouer des relations avec lui et l'inviter à envoyer une ambassade en France. Blot restait à Surate et était chargé de diriger les affaires de la Compagnie, en l'absence de ses collègues.

De la Haye se mit en mesure de prendre la mer. Son

escadre qui avait près de deux ans de campagne, avait besoin de nombreuses réparations. Le croira-t-on, au lieu de trouver chez les directeurs un concours empressé, il rencontra un mauvais vouloir inexplicable. Ils ne voulaient rien lui fournir et il fut obligé d'acheter aux Anglais et aux Hollandais son goudron, ses toiles à voiles, ses cordages et tout ce qui était nécessaire à l'armement de ses vaisseaux. Aussi, dans une lettre adressée à Colbert, il se plaint amèrement et dit que si l'on veut réussir, il faut subordonner les directeurs aux chefs de troupes pour tout ce qui n'est pas du commerce. Au 1er janvier, l'escadre était partie. Depuis qu'il avait quitté La Rochelle, l'amiral n'avait reçu qu'une lettre, celle que le roi lui avait écrite le 29 décembre 1670, pour lui annoncer l'envoi d'un vaisseau et de deux houcres. Le roi se proposait d'envoyer chaque année deux navires dans l'Inde.

Le 6 janvier 1672, l'expédition quittait la rade de Sually. Elle comptait quatre vaisseaux appartenant au roi, la *Navarre*, le *Julle*, le *Triomphe* et le *Flamand;* trois flûtes, la *Sultane*, l'*Indienne* et l'*Europe;* une frégate, la *Diligente;* deux bâtiments de la Compagnie, le *Saint-Jean-Baptiste* et le *Phénix;* un houcre, le *Saint-Louis* et deux barques longues pour servir aux reconnaissances. L'on naviguait par petites étapes, en suivant les côtes; l'on allait *d'Inde en Inde*. La flotte s'arrêta successivement à Daman, à Barsaba, à Bombay, à la vieille ville de Chaoul, autrefois florissante et alors en grande partie déserte. Le 27 janvier, elle mouillait à Goa.

L'ancienne capitale de l'Asie portugaise, jadis nommée *la Dorée*, à cause de son opulence, quoique déchue, était encore une ville importante. Son port était l'un des plus beaux du monde et les Français admirèrent ses six châteaux, ses murailles défendues par quatre cents canons, les tours de sa cathédrale, les clochers de ses églises, les campaniles de ses nombreux couvents. A Goa, l'escadre s'accrut du vaisseau *le Breton* et du houcre *le Barbot*. Le *Breton* portait 48 canons et 370 hommes d'équipage ; le *Barbot* n'avait que six canons et trente hommes. Ces deux navires étaient partis de La Rochelle ainsi qu'un second houcre, *le Guillot*, le 16 mars 1671 et devaient naviguer de concert pour rejoindre l'escadre aux Indes. Le commandant du *Breton*, le capitaine Regnier Duclos avait trouvé que les houcres retardaient sa marche et s'était séparé d'eux en leur donnant rendez-vous à Surate. Il avait retrouvé le *Barbot* dans les eaux de Ceylan et les deux bâtiments étaient arrivés à Goa presque en même temps que de la Haye. Les Français furent froidement accueillis et l'on ne voulut leur donner ni pilotes ni interprètes. Les Portugais, qui se rappelaient leur ancienne prépondérance dans l'Inde, y voyaient avec jalousie les autres nations européennes. L'amiral ne séjourna que quelques jours à Goa et, le 12 février, il jetait l'ancre devant Calicut.

Depuis 1650, le Zamorin reconnaissait la suprématie des Hollandais. Il habitait la petite ville de Crancanor, située sur la rivière Paliport, à seize lieues de Calicut. Les Hollandais avaient bâti un fort en face de son palais. En apprenant notre arrivée dans l'Inde, le Zamorin, qui voulait secouer la domination hollandaise, nous avait offert la terre d'Aïcota avec la tour Batacota, à l'embouchure de la rivière. Pour l'empêcher de mettre son projet à exécution, les Hollandais avaient rasé cette forteresse. Le Zamorin ne doutait pas que nous ne venions venger l'insulte faite à notre pavillon. Pour le moment il était à dix lieues de Calicut, à Paniâny où il célébrait une fête religieuse, l'une des plus importantes du pays. Il envoya complimenter l'amiral et lui annonça en même temps la visite du prince héritier. De la Haye vint mouiller dans la baie de Paniâny et deux agents de la Compagnie allèrent trouver le Zamorin et l'assurer de nos intentions amicales.

Le prince héritier et son frère voulurent se rendre immé-

diatement à bord de l'escadre. La relation de cette visite
est rapportée avec détails par un capitaine de la flotte. Le
prince héritier arriva le premier avec sa suite et fut reçu
sur la *Navarre* par le chef d'escadre de Turelle et le
directeur Caron qui l'attendaient au haut de l'échelle. Son
riche costume frappa tous les regards. Il était vêtu d'une
robe de brocart d'or à fleurs et portait sur la tête un turban
de toile peinte aux couleurs éclatantes, au cou un collier
de grains d'or, aux oreilles « une bague d'or en forme de
pyramide, grosse comme un œuf de pigeon, enrichie de
beaucoup de pierreries très exquises, » et deux ou trois
bagues à chacun de ses doigts. Il avait autour des reins
une ceinture d'or « de la grosseur d'un gros chapelet. » Les
gens de son escorte n'avaient pour tous vêtements qu'un
pagne et étaient armés de mousquets et de coutelas. Le
second prince arriva aussitôt après. Il était vêtu d'un jus-
taucorps de couleur écarlate avec des boutons d'or ; il était
également accompagné d'une suite nombreuse. Près de lui
se tenait un petit garçon avec une boîte d'argent remplie
de bétel. Les deux princes avaient avec eux un interprète
portugais ; ils se rendirent dans la grande chambre du
bâtiment. Le vice-roi les y attendait et, pour les recevoir,
il avait réuni tous ses capitaines.

Le prince héritier se plaignit des Hollandais, demanda
notre alliance et offrit soixante mille hommes, en disant
qu'il était prêt à s'embarquer avec nous. De la Haye
répondit que le roi de France n'était pas en guerre avec la
Hollande, mais que néanmoins il acceptait ces propositions.
Un traité fut conclu et le lendemain Caron descendit à
terre pour le faire ratifier par le Zamorin. Il fut reçu avec
un grand cérémonial. Le prince héritier lui remit une
bague d'or en signe d'amitié et lui dit qu'il espérait que
l'alliance qu'ils venaient de conclure « durerait autant que
le soleil et la lune. » Un commis de la Compagnie, Coche,
fut laissé à la cour du Zamorin, en qualité de représentant

de la France, et le drapeau français fut planté à l'embouchure de la rivière Paliport. Quelques jours après, le 18 février, l'amiral levait l'ancre et prenait la route du Cap Comorin.

Le 21, l'on aperçut l'escadre hollandaise forte de douze vaisseaux et commandée par l'amiral Rickloff. De la Haye eut d'abord le projet de lui livrer bataille et, grâce à la supériorité de sa flotte, il était sûr de la victoire. La France, il est vrai, était en paix avec les Provinces-Unies, mais les Hollandais nous avaient provoqués en abattant la tour de Battacota. Ne devions nous pas protéger le Zamorin, notre nouvel allié? C'était l'occasion d'ébranler la domination hollandaise ou, tout au moins, de nous assurer de la conquête de Ceylan. De la Haye allait donner l'ordre d'attaquer, quand Caron s'y opposa et parvint à le persuader du contraire. L'amiral changea de route; il commettait une grande faute et plus tard il se repentit amèrement de n'avoir pas suivi son inspiration. Dans une lettre datée du 20 juin 1671, le roi l'autorisait à commencer les hostilités; malheureusement de la Haye ne reçut cette lettre que le 15 juillet 1672.

La flotte ne tarda pas à arriver dans les eaux de Ceylan; après avoir mouillé à Pointe-de-Galles, elle jetait l'ancre dans la baie de Trinquemalé, le 22 mars 1672. C'est dans ce lieu que de la Haye et Caron avaient décidé de fonder un établissement. Les Hollandais qui avaient eu connaissance de nos projets, nous avaient déjà prévenus et y avaient construit une forteresse. L'amiral envoya deux officiers à Candy négocier un traité avec le roi et, en même temps, il occupait dans la baie de Cotéary située dans le voisinage de celle de Trinquemalé, deux petites îles qui reçurent les noms d'Ile du Soleil et d'Ile Caron. La baie de Cotéary paraissait réunir toutes les conditions que l'on cherchait. Elle avait deux lieues de large sur deux de profondeur. L'île du Soleil, qui était la plus grande, avait six ou sept cents toises de circonférence et présentait de grandes inégalités de

7

terrain. Elle était dominée par l'île Caron. Ces deux îles défendaient l'entrée de la baie. De la Haye donna l'ordre de les fortifier ; différents travaux furent immédiatement exécutés, et l'on y employa les soldats et les matelots. Les Hollandais avaient à Cotéary une forteresse entourée de palissades. Ils l'incendièrent à l'arrivée de nos vaisseaux et prirent la fuite en tirant quelques coups de canon.

Les Hollandais furent surpris quand ils virent que la flotte française, qui était dans les eaux de Ceylan, paraissait avoir l'intention de fonder un établissement permanent. Le 28 mars, ils représentèrent à l'amiral que la baie de Cotéary leur appartenait et lui ordonnèrent de partir dans un délai de huit jours. De la Haye leur répondit fièrement ; une rupture était inévitable.

Si de la Haye avait immédiatement commencé les hostilités, il aurait pu s'emparer de la baie de Trinquemalé et en chasser les Hollandais. Il n'en fit rien et continua de mettre les iles du Soleil et Caron en état de défense. Il expédiait en même temps à Tranquebar, pour y chercher des vivres, le vaisseau *le Phénix* et la flûte *l'Europe*. Le capitaine Dargeret, qu'il avait envoyé à Candy, revint avec quatre eunuques qui étaient chargés d'offrir à l'amiral les services de leur maître. Le 8 mai un traité était signé. Le roi de Candy cédait aux Français les baies de Trinquemalé et de Cotéary, sous la condition que la Compagnie lui acheterait sa cannelle.

Le 15 mai, l'amiral Rickloff entrait dans la baie de Trinquemalé. Les deux escadres restèrent en présence l'une de l'autre et passèrent quelques jours à s'observer et à se provoquer. Les Hollandais capturèrent le *Phénix* et l'*Europe* qui apportaient des vivres, au moment où ils entraient dans la baie. Pendant que nous demeurions dans l'inaction, l'armée du roi de Candy qui était forte de 10,000 hommes attaquait la forteresse hollandaise. Il fallait cependant prendre un parti.

De la Haye songeait à engager l'action. Caron l'en détourna en lui faisant observer qu'il courait à une défaite certaine et que les forces dont disposaient les Hollandais étaient bien supérieures aux nôtres. La plupart des capitaines furent de cet avis. Nous avions peu de vivres ; nos équipages avaient été décimés par les maladies ; l'effectif s'élevait à mille hommes, mais près des deux tiers étaient malades ou convalescents. Les Hollandais avaient huit cents matelots, cinq cents soldats et plus de deux mille noirs disciplinés à l'européenne.

Nous ne pouvions pas trouver un appui sérieux dans les troupes du roi de Candy. Attaquer en de semblables circonstances, c'était aller au-devant d'un désastre. L'amiral de la Haye avait laissé passer le moment favorable. Aussi, résolut-il de partir et, après avoir envoyé le chevalier de la Nérolle, comme ambassadeur près du roi de Candy, il quittait la baie de Trinquemalé le 9 juillet 1672. Il emmenait avec lui la *Navarre*, le *Breton*, le *Julle*, le *Flamand*, le *Triomphe* et la *Sultane*. Le capitaine de Lesbory restait aux îles du Soleil et Caron, avec le vaisseau *le Saint-Jean-Baptiste* et la flûte l'*Indienne*, et une petite garnison de cinquante soldats. Le Père Moret de l'ordre des Cordeliers remplissait les fonctions d'intendant. Dès que la flotte française se fut éloignée, les Hollandais vinrent attaquer les îles du Soleil et Caron. Après une défense de plusieurs jours, de Lesbory était forcé de capituler. On le conduisit prisonnier à Batavia.

De la Haye continua sa route sans être inquiété et, le 10 juillet, il arrivait à Tranquebar, où le bruit courait que la guerre était déjà déclarée entre la France et la Hollande. Caron se montra fort affecté de cette nouvelle ; un de ses fils était au service de la Compagnie hollandaise. L'escadre se dirigea ensuite du côté de San-Thomé. Ce n'était pas le hasard qui lui faisait prendre la route de cette ville. A Surate de la Haye avait souvent entendu parler aux Capucins de l'importance et de la richesse de San-Thomé qui, par sa position, commandait la côte de Coromandel ; il était certain d'y trouver des ressources. Depuis quelque temps, il songeait à y fonder un établissement et, dans ce but, il avait cherché à se procurer divers renseignements. Depuis dix ans, cette ville avait cessé d'appartenir aux Portugais. Les Maures s'en étaient emparé et elle dépendait alors du royaume de Golconde.

Le 20 juillet 1672, l'escadre française était dans la rade de San-Thomé. De la Haye envoie à terre deux officiers pour demander des vivres. Ils sont insultés et obligés de se rembarquer au plus vite. L'occasion était trop belle et l'amiral fut enchanté d'avoir un motif pour s'emparer de la place. Après quelques jours de pourparlers, il débarque avec cinq cents hommes et huit pièces de canon. Il divise sa troupe en trois colonnes, prend le commandement de la plus importante et confie les deux autres aux capitaines de Rébré et de Rochambeau. Le 25 juillet, à six heures du matin, un coup de canon donne le signal de l'attaque et les Français se mettent en marche. Les Maures envoient une vingtaine de boulets qui se perdent dans la mer; l'escadre ouvre le feu sur la ville. Un sergent et six soldats escaladent le rempart; le capitaine de Rébré et sa compagnie les suivent et se saisissent d'une porte. Les Français pénètrent dans la place ; les Maures effrayés prennent la fuite ; l'on en tue un grand nombre. Notre artillerie force à se retirer un corps de troupes qui venait au secours de la place. San-Thomé est en notre pouvoir. Le butin que l'on y fit était assez considérable ; l'on trouva dans les magasins une grande quantité de munitions et vingt-trois canons en fer, que les Portugais y avaient laissés.

Notre conquête était une bonne prise et cependant Colbert et la Compagnie ne furent pas satisfaits. L'expédition de Ceylan, sur laquelle l'on avait fait tant d'espérances avait échoué; Caron qui l'avait conseillée avait été rendu responsable de cet insuccès. Son caractère violent lui avait fait beaucoup d'ennemis et il était devenu suspect. Du reste, il avait complètement changé. Au début, il avait montré un grand zèle et beaucoup de dévouement pour la Compagnie; depuis l'expédition de Trinquemalé, il n'était plus le même. Ses conseils avaient été funestes à l'entreprise et avaient paralysé l'amiral, déjà trop enclin à être irrésolu.

Les relations si intimes qui existaient entre Caron et de la Haye s'étaient refroidies depuis l'expédition de Trinquemalé. De la Haye avait remarqué que Caron était au courant de toutes les affaires des Hollandais et qu'il n'en parlait que lorsqu'elles étaient connues de tout le monde. A Tranquebar, quand nous avions demandé des vivres, le gouverneur danois nous en avait refusé, après avoir eu une entrevue particulière avec Caron. Lorsqu'on résolut d'aller sur la côte de Coromandel, l'amiral demanda les cartes à Caron, qui prétendit les avoir laissées à Surate, et de la Haye savait le contraire. Aussi Caron avait-il perdu la confiance qu'il avait inspirée; l'amiral ne metttait pas en doute qu'il ne servît les intérêts des Hollandais au détriment de ceux de la France.

D'un autre côté, des plaintes avaient été portées contre Caron à la chambre générale; les directeurs demandaient son retour afin de vérifier ses comptes. Colbert se rendit à leurs raisons et, dans la crainte que Caron n'éludât ces ordres, au lieu de lui signifier son rappel, on l'invita à revenir en France, pour être consulté au sujet de nouvelles entreprises. Il obéit, embarqua sur un navire toutes ses richesses et prit la route de Marseille. Il avait déjà passé le détroit de Gibraltar, quand il rencontra un vaisseau qui lui fit connaître les véritables intentions du gouvernement. Il rebroussa chemin et se dirigea vers Lisbonne; il était sur le point d'entrer dans le port de cette ville, quand son navire donna sur un rocher et sombra (24 septembre 1673). Caron, le capitaine du bâtiment et trente hommes périrent dans le naufrage.

Ainsi finit cet homme qui, né obscur, était parvenu, par son intelligence, à s'élever à une haute situation et à jouer un grand rôle dans l'histoire de nos établissements d'outre-mer. Quel fut le mobile de sa conduite? On l'a accusé de trahison et tout paraît confirmer cette accusation. Caron s'était toujours laissé guider par des raisons personnelles. Pour obéir à son ressentiment, il avait quitté le service de la Hollande et était venu offrir son concours à Colbert. En prenant la direction de la Compagnie Française, il espérait exercer une autorité absolue. Quand il vit qu'il était obligé de partager le pouvoir, il cessa d'être dévoué aux intérêts de la France et amena en partie l'échec de Trinquemalé, dans la crainte d'avoir un rival en la personne de l'amiral de la Haye. Il était avant tout désireux d'être le premier et, pour s'assurer de sa fidélité, il eût fallu suivre aveuglément sa volonté. De la Haye l'a parfaitement jugé en écrivant à son sujet : « Monsieur Caron pensait qu'en « formant un établissement de commerce dans l'Inde, il « en serait toujours le maître absolu et qu'il ferait con- « naître aux Hollandais la perte qu'ils avaient faite, en ne « le gardant pas ; mais lorsqu'il vit arriver d'autres direc- « teurs qui lui disputaient l'autorité, il redevint tout-à-fait « Hollandais. Il voyait en outre qu'on ne lui laisserait pas le « commandement des armées et des postes et peut-être « l'argent des Hollandais le déterminèrent à leur être « favorable. »

La nouvelle de notre victoire se répandit dans les Indes et eut un effet considérable. Le Zamorin s'empressa de mettre ses troupes à notre disposition. Partout les Hollandais annonçaient que nos vaisseaux se préparaient à livrer les villes au pillage. A Mazulipatam, il y eut une véritable panique. L'on croyait que les Français allaient venir bombarder la place et beaucoup de marchands s'enfuyaient dans l'intérieur en emportant ce qu'ils avaient de plus précieux. Le plus difficile n'était pas de s'emparer de San-Thomé, mais de conserver notre conquête. Il fallait s'attendre à soutenir la lutte contre le roi de Golconde, désireux de rentrer en possession de sa ville, et les Hollandais, qui ne nous laisseraient pas nous établir tranquillement sur la côte de Coromandel.

L'amiral s'occupa sans délai de mettre la place en état de défense et se prépara à la résistance. Tous les matelots disponibles furent débarqués et formèrent un bataillon commandé par le capitaine de la Maisonneuve. L'on recruta les indigènes qui avaient autrefois servi le Portugal et on les organisa en un corps auxiliaire. L'état de l'escadre laissait beaucoup à désirer. Depuis son départ de France, de la Haye n'avait reçu ni vivres, ni gréements. Pour les vivres, il pouvait s'en procurer ; mais pour ce qui était nécessaire à l'armement des vaisseaux, c'était différent. Les Anglais et les Danois ne voulaient rien nous vendre. Plusieurs de nos navires n'étaient plus en état de reprendre la mer et avaient des voies d'eau. L'on s'efforça de les réparer et l'on employa à ce travail les Maures qui avaient été faits prisonniers.

L'amiral s'appliqua à ramener la confiance et, dans ce but, il fit inviter les habitants à revenir dans leurs maisons. Les Portugais et les Chrétiens indigènes [1] nous étaient favorables. Le bazar fut de nouveau ouvert et les marchands y vinrent trafiquer comme par le passé. Malheureusement l'argent nous manquait et, pour se procurer des ressources, de la Haye fut obligé de frapper les marchandises d'un droit d'entrée, ce qui mécontenta la population.

Nous étions à peine installés que nous étions attaqués et

---

[1] L'on comptait à San-Thomé environ 3,000 Chrétiens indigènes.

qu'il fallait combattre. L'armée du roi de Golconde forte de deux mille fantassins et de cinq cents cavaliers était en marche et, le 6 août, elle se montrait à une lieue de la ville. De la Haye alla à sa rencontre avec deux cents hommes et, grâce à notre audace, l'avantage nous resta. Cet engagement ne nous coûta que cinq morts et dix blessés. L'ennemi avait eu plus de deux cent cinquante hommes mis hors de combat. De la Haye fut un instant entouré et un mousquetaire avait été tué à ses côtés. Ce succès donnait confiance; malheureusement nous n'avions pas encore eu affaire à nos adversaires les plus redoutables.

En 1672, Louis XIV avait déclaré la guerre aux Provinces-Unies; il avait entraîné dans son alliance la Suède et l'Angleterre, notre vieille rivale. En 1673, une coalition avait été formée contre nous par l'Espagne, la maison d'Autriche et les princes de l'empire. Absorbé par la lutte qu'il soutenait contre l'Europe, Louis XIV ne devait accorder qu'une médiocre importance à ce qui se passait dans l'Inde. Quand la guerre fut déclarée à la Hollande, de la Haye en avait été instruit officiellement et, une lettre du 15 février 1672 avait donné à l'amiral les pouvoirs les plus étendus, mais on ne lui avait expédié aucun secours. Les Hollandais, au contraire, s'étaient préparés depuis longtemps à la lutte et avaient armé des vaisseaux à Batavia. Ils prévoyaient une rupture avec la France, mais ils ne s'attendaient pas à voir l'Angleterre embrasser notre parti. Les Anglais, en cette circonstance, ne nous furent d'aucun aide et tinrent au contraire à notre égard une conduite déloyale. Ils voyaient avec envie que nous nous étions emparé de San-Thomé et, quoique leur gouvernement se fût allié avec notre pays, toutes leurs sympathies étaient pour la Hollande.

L'amiral Rickloff avait une escadre de dix-sept vaisseaux. Fier du succès qu'il avait facilement obtenu à Trinquemalé, il ne doutait pas, grâce à la supériorité de ses forces, de nous expulser de l'Inde. Il s'allia avec le roi de Golconde, qui porta à douze mille hommes l'armée qu'il avait laissée en observation près de San-Thomé et la mit sous les ordres de Babassirba, l'un de ses meilleurs généraux. Rickloff savait que les Anglais avaient vu avec déplaisir les Français s'établir dans le voisinage de Madras et occuper une ville qui leur permettrait de s'emparer du commerce de Coromandel. Il sut exploiter des craintes, exciter la vieille haine contre la France, entretenir des relations amicales avec nos alliés et faire si bien qu'il s'assura de leur neutralité. Aussi de la Haye écrivait-il : « Le gouverneur et le conseil de Madras ne veulent pas la « guerre avec les Hollandais, parce qu'ils vivent avec eux « dans une étroite union. »

Dès le début des hostilités, de la Haye s'était occupé d'approvisionner San-Thomé; il avait envoyé deux vaisseaux chercher des vivres et des munitions. Ce n'était pas chose facile. La factorerie de Mazulipatam avait été abandonnée, en présence de l'hostilité de la population, et son personnel s'était réfugié à San-Thomé. L'argent manquait et nous ne pouvions rien nous procurer à Madras. Heureusement pour nous, Baron s'était mis en rapport avec la cour de Visapour, qui possédait une partie de la côte de Coromandel. Le gouverneur était Cerkan-Soudy qui habitait la forteresse de Goudelour ; en fait, il était indépendant. Sur son territoire se trouvait le petit village de Pudichéry, qui devait devenir plus tard Pondichéry. L'alliance de Cerkan-Soudy nous fut fort utile et ce fut lui qui nous fournit tout ce dont nous avions besoin.

Dans le désir de faire la paix, de la Haye était entré en pourparlers avec la cour de Golconde, mais il avait vu ses desseins traversés par les Anglais. Il avait aussi cherché, mais en vain, d'exploiter la haine des Gentils contre les Musulmans, mais quand l'amiral vit que ses négociations étaient inutiles, il se prépara à la lutte. Il avait fait brûler les faubourgs de la ville afin de mieux découvrir la campagne. Les Maures poussaient activement leurs travaux d'attaque : toutes les tranchées qu'ils avaient construites étaient garnies de remparts et de parapets. Les 4, 5, 6 et 7 décembre, une canonnade générale a lieu de part et d'autre. Dans la nuit, la garnison fait une sortie et chasse l'ennemi de ses retranchements en lui faisant éprouver de grandes pertes. Nous n'avions eu que huit blessés. Dès le lendemain, malgré leur échec, les Maures revinrent occuper leurs positions.

A la suite de cette sortie, des pourparlers avaient eu lieu. De la Haye ne voulait rien écouter et pensait qu'un nouveau succès forcerait l'ennemi à accepter nos conditions. Les Maures, de leur côté, désiraient en finir et préparaient un assaut général avec plus de cinq cents échelles. Le 25 décembre, les Français s'emparaient de leurs ouvrages : « Ils furent repoussés, écrit de la Haye, « jusque hors de la queue de leur tranchée, et nous « restâmes six jours, jusqu'à ce que toute leur tranchée « fût rasée. Il y fut soutenu diverses attaques où les « Maures furent toujours battus, et cela avec moins de « cent Français. »

Le 16 janvier 1673, arrivaient à San-Thomé Martin et les marchands du comptoir de Mazulipatam. A ce moment, de la Haye voulait profiter de sa victoire et essayait de traiter avec le général Bassabirba ; mais, faute d'argent, l'on ne put rien faire. Les Maures n'avaient pas perdu leur temps. Ils avaient repris leurs travaux, élevé de nouveaux retranchements et arrivaient jusqu'à cinquante pas des remparts. Le 5 février, nous mettons leurs travailleurs en fuite, et, le 10 mars, de la Haye fait une nouvelle sortie. Toutes les troupes de San-Thomé y prennent part. Nous remportons une victoire complète. De la Haye en rend compte au roi, en ces termes : « Nous attaquâmes une des tranchées et « nous nous emparâmes de leurs trois premiers forts et

« les gardâmes la nuit. Le lendemain, Dieu y mit la ter-
« reur et nous poussâmes le reste de cette attaque et les
« chassâmes entièrement de toute cette tranchée et prîmes
« l'autre par la tête et la queue. Il s'y est fait des choses
« que Dieu seul a conduites. » Les Maures perdirent plus
de cinq cents hommes et se retirèrent à plus de deux lieues
de la place.

De la Haye veut frapper un grand coup avant l'arrivée
de l'escadre hollandaise. Il laisse le commandement au
capitaine de Rébré, quitte San-Thomé avec deux vaisseaux,
le *Breton* et le *Flamand*, et arrive le 14 avril devant
Mazulipatam. Il y attaque six bâtiments maures qui se
trouvaient en rade. Trois sont forcés de se jeter à la côte et
les trois autres incendiés. L'amiral menace de bombarder
la ville; la cour de Golcondë effrayée demande à traiter et
offre de nous céder San-Thomé. Il fallait se hâter d'accepter.
Malheureusement, de la Haye, qui ignorait les usages de
l'Inde, montre un entêtement qui nous est fatal. Il ne veut
pas consentir à se rendre les ministres favorables au moyen
de cadeaux d'argent. Cette manière lui paraît indigne des
gens de guerre. Martin qui est au courant des mœurs du
pays lui représente inutilement qu'en Orient il n'en est pas
comme en Europe. L'amiral refuse de l'écouter et va même
jusqu'à avoir d'indignes soupçons à l'égard de Martin.
Plus tard, il reconnaîtra qu'il s'est trompé, qu'il avait été
injuste et verra combien son erreur nous fut funeste, mais
il ne sera plus temps.

Sur ces entrefaites, les Hollandais paraissent devant San-
Thomé. A cette nouvelle, de la Haye s'empresse de quitter
Mazulipatam pour rentrer dans la place. Le 3 juin, il part
avec ses deux vaisseaux; une tempête le sépare du *Flamand*; le 21 juin, il aperçoit les collines de San-Thomé et
se trouve en présence de l'escadre hollandaise. La France
allait livrer sa première bataille dans la mer des Indes et y
défendre son prestige. Cet honneur incombait au vaisseau

le Breton. Quatre navires hollandais marchent à sa rencontre. L'amiral de la Haye les laisse s'approcher jusqu'à
demi-portée de mousquet; une violente canonnade s'engage
à six heures du soir et dure jusqu'à la nuit. Un bâtiment
hollandais est fort maltraité. Le *Breton* passe et le 5 juillet il arrivait à San-Thomé, après avoir relâché à Pudichéry, dans les états de Cerkan-Soudy. L'honneur national
était sauvé.

De la Haye trouva San-Thomé dans une situation désespérée. Le capitaine de Rébré avait repoussé plusieurs
attaques des Maures et, dans une sortie, leur avait infligé
une défaite complète. Le 4 mai, Baron était arrrivé avec le
vaisseau *le Bayonnais* et les houcres *le Guillot* et *le
Saint-Denis.* Le 16 juin, l'amiral hollandais avait paru
devant la ville. Son escadre, forte de douze vaisseaux, s'était
embossée devant la place et avait commencé le bombardement. De Rébré, qui s'attendait à cette attaque, avait pris
ses dispositions. Notre feu avait été meurtrier; les Hollandais avaient eu beaucoup de morts et de blessés et un de
leurs navires avait été démâté. Au bout de quelques heures
Rickloff s'était retiré et était allé mouiller le long de la
côte. Malgré ce succès, la garnison était découragée; les
vivres manquaient et nos soldats, en ne voyant arriver aucun
secours, se regardaient comme perdus et destinés à
périr.

Pour relever le moral de ses troupes, de la Haye résolut
de faire une sortie générale. Le 12 août, l'on avait appris
que la cour de Golconde s'était alliée avec les Hollandais.
L'amiral se décida à enlever sans délai le camp fortifié de
l'ennemi qui était situé à deux lieues de la place. Il ne disposait que de 300 matelots, 80 soldats et 400 indigènes.
Le 20 août, à onze heures du soir, il sortait de San-Thomé
où il ne laissait que 20 soldats et se mettait en marche.
30 habitants de la ville portaient des brancards pour les
blessés. Les Français attaquèrent vigoureusement les

Maures qui prirent la fuite et, au soleil levé, ils sortaient des retranchements du camp, après y avoir tout brûlé et repoussé une attaque de l'infanterie. Au milieu de la plaine la cavalerie ennemie vint pour nous charger et enfoncer notre petit bataillon. Nos auxiliaires indigènes firent bonne contenance ; quant à nos soldats, « ils firent », dit de la Haye, « tout ce qu'il faut faire en une occasion aussi gaillarde ». Notre victoire était complète, et, dans l'après-midi, l'armée rentra dans la ville où l'on chanta le *Te Deum.* Le 22 août, c'est-à-dire le lendemain, l'amiral Rickloff arrivait devant San-Thomé avec treize vaisseaux et quatre flûtes. Le 29, il débarquait dix-huit cents hommes dont neuf cents Européens qui se joignaient aux Maures.

Baron avait essayé, par ses négociations, d'entraîner quelque prince indigène à prendre fait et cause pour nous, mais il ne put réussir. L'argent, le nerf des intrigues, faisait complètement défaut. L'on avait espéré que les Gentils, par haine des Musulmans dont ils subissaient la domination, se soulèveraient en notre faveur. Mais l'on avait bientôt reconnu que les Gentils n'étaient capables d'aucun effort. En janvier 1674, Martin était parvenu, après de nombreux dangers, à sortir de San-Thomé et à gagner Pudichéry. Il négocia avec Cerkan-Soudy, les rois de Carnate et de Maduré, afin de conclure une alliance avec eux. Malheureusement nous ne pouvions donner les subsides que nous demandaient nos nouveaux alliés. Aussi ces tentatives demeurèrent-elles inutiles.

L'on espérait aussi voir arriver les secours que Louis XIV avait annoncés depuis longtemps. De la Haye écrivait en janvier 1674 : « Il serait facile d'établir la sou- « veraineté de la France aux Indes ; un petit effort suffirait « pour cela. » Aucun renfort ne fut expédié et la bravoure de nos soldats ne servait qu'à prolonger la résistance de San-Thomé. A partir de septembre 1673, la garnison était réduite à six cents Européens.

Les assiégeants avaient une grande supériorité numérique. L'armée de Golconde s'élevait à huit mille hommes et les troupes hollandaises comprenaient trois mille combattants dont le tiers était européen. Ricklof parvint à intercepter les communications de la ville avec l'extérieur et le blocus commença. Dans le courant d'octobre, de la Haye essaya, mais inutilement, de se débloquer par mer. Nos bâtiments ne pouvaient rien contre les vaisseaux hollandais qui étaient meilleurs voiliers que les nôtres. Ce fut le dernier effort de la garnison et de la Haye ne fit plus que harceler les ennemis, « leur tuant des gens dans leurs postes mêmes. » Le blocus se resserra de plus en plus et l'on eut bientôt à souffrir de la famine. Au mois de janvier 1674, Martin parvint à faire entrer dans la place trois barques chargées de riz. Ce secours ne servit qu'à prolonger la résistance. Dans les deux derniers mois, les troupes en étaient réduites à se nourrir d'herbe avec un peu de riz; l'amiral avait vendu sa vaisselle d'argent pour payer ses soldats et acheter des munitions. Le découragement était à son comble. Il fallut capituler le 6 septembre 1674. Le siège avait duré vingt-six mois.

Les conditions étaient honorables. La place était remise avec son artillerie au gouverneur hollandais, Antoine Pavillon. Les troupes sortaient avec armes et bagages et devaient rentrer en France sur deux navires prêtés par les Hollandais. De la Haye, qui était à San-Thomé le 25 septembre 1674, atteignait l'île Bourbon le 19 novembre, pour en repartir le 2 décembre et six jours après, il mouillait aux ruines de Fort-Dauphin. Le 6 mars 1675, il arrivait à Port-Louis. Il avait perdu son escadre et ne ramenait que le quart de son effectif [1]. Quoique malheureux, il fut bien accueilli par Louis XIV. Il prit part à la guerre que nous soutenions contre l'Europe, assista au siège d'Aire, à

---

[1] En quittant San-Thomé, de la Haye n'avait plus que 519 hommes, officiers, soldats ou matelots.

la prise du château de Bouillon et fut nommé ensuite commandant de la place de Thionville. Au mois de mai 1677, il fut tué aux environs de Béfort, en combattant à la tête de son régiment. Il avait trouvé une mort digne de lui.

Ainsi se termina cette expédition qui aurait pu nous donner la suprématie dans l'Inde. L'Angleterre n'était encore qu'une puissance commerciale et ses forces maritimes en Asie se réduisaient à peu de chose. La Hollande, dont nous avions à craindre la rivalité, allait bientôt perdre la domination des mers. Malheureusement cette expédition, sur laquelle Colbert avait fondé de nombreuses espérances, demeura sans résultats et ne fut qu'un glorieux épisode qui vint s'ajouter à nos fastes militaires. On a voulu en rendre responsables les directeurs et l'amiral de la Haye. Tout en reconnaissant que la direction donnée à la Compagnie laissait souvent à désirer et que la diplomatie de l'amiral était loin d'égaler sa bravoure, la faute doit en être principalement attribuée à Louis XIV. Tous les efforts de la France furent concentrés en Europe, et à Versailles, l'on ne songeait pas à l'Inde. L'escadre était partie en 1671 et pendant toute la campagne elle n'avait reçu aucun secours ; aucun renfort n'avait été envoyé à la garnison de San-Thomé. En 1674, un vaisseau quittait Rochefort avec cent soldats et cent mille livres, et quand cet armement arriva dans l'Inde, San-Thomé avait cessé de nous appartenir et nous n'avions plus de flotte.

Pendant que notre première escadre faisait son apparition dans la mer des Indes, l'on crut un instant que la France allait tourner ses préoccupations du côté de l'Orient et qu'une autre guerre allait détourner celle de la Hollande. L'on avait à se plaindre de la Porte ottomane et, à la cour de Versailles, l'on songeait sérieusement à faire une expédition dans l'Archipel. Le vieil esprit des Croisade s'était réveillé en France; il ne s'agissait pas seulement de délivrer la terre sainte, l'on voulait encore arracher à la barbarie, la patrie d'Homère et de Sophocle, il était question d'occuper les îles de la mer Égée où se trouvaient des Grecs catholiques. Nos émissaires s'étaient assuré le concours de nos fidèles alliés, les Maronites. En 1646, plusieurs milliers de Jacobites de la Syrie s'étaient réunis à l'Église de Rome par les soins des Capucins et étaient entrés dans notre clientèle politique. L'on remarquait les mêmes tendances chez beaucoup de Chaldéens. Le collège de Nakchivan que les Dominicains avaient fondé en Arménie était devenu un centre d'où notre influence commençait à se répandre. Le diplomate Petis de la Croix parcourait la Turquie [1], explorait la Syrie et proposait de s'emparer de ce dernier pays. Cette conquête lui paraissait facile grâce aux chrétiens qui aspiraient à passer sous notre domination.

Enfin, en 1672, Leibnitz reprenait le projet de Ximénès [2] et présentait un mémoire sur la conquête de l'Égypte, qu'il appelait la *Hollande de l'Orient*. Cette entreprise ne paraissait pas présenter de difficultés. La faiblesse des Orientaux n'était plus un secret. La Turquie ne pouvait rien pour défendre l'Égypte et, du reste, il était facile de l'occuper par une diversion de l'Autriche et de la Pologne. En Égypte, aucune place ne pouvait soutenir un siège en règle et l'expédition aurait été favorablement accueillie par tous les états riverains de la Méditerranée. Venise, pour recouvrer l'île de Candie qu'elle venait de perdre et les chevaliers de Malte nous auraient prêté un concours actif. Dans la mer Rouge, les Abyssins, par haine des Musulmans seraient devenus nos alliés et dans l'Inde, les colonies portugaises nous auraient tendu la main pour se protéger

---

[1] Petis de la Croix nous fait connaître la situation de l'empire ottoman au XVIIe siècle et son livre *la Turquie chrétienne sous la protection de Louis le grand* nous révèle de curieux détails sur la situation des chrétiens en Orient.

[2] Le cardinal Ximénès avait songé à réunir dans la même alliance, la France, l'Espagne et l'Angleterre pour conquérir l'Égypte à frais communs.

contre les Hollandais. Nous avions de la Haye et son escadre, Baron, notre seul diplomate qui connût les cours orientales, Martin, le futur fondateur de Pondichéry et nous aurions pu jeter les bases d'un empire Franco-Indien. Aussi, comme disait Leibnitz, il n'y avait pas à hésiter et, en s'emparant de l'Égypte et de la mer des Indes, le grand roi serait devenu le maître et l'arbitre du monde.

Combien eussent été différentes les destinées de notre pays, si Louis XIV, au lieu de borner ses vues à l'Europe et de porter ses efforts sur la ligne du Rhin, avait soumis l'Orient à notre domination : l'Égypte et l'Inde seraient devenues des terres françaises et la France serait aujourd'hui la première puissance coloniale.

CHAPITRE QUATRIÈME

BARON. — FRANÇOIS MARTIN. — FONDATION DE PONDICHÉRY.

La prise de San-Thomé était pour nous un véritable désastre. Elle allait détruire le prestige que notre expédition avait pu exercer sur les populations de l'Hindoustan et les princes indigènes qui, frappés par le déploiement de nos forces, seraient entrés dans notre alliance, allaient maintenant douter de notre puissance. L'empire de la mer des Indes restait à la Hollande. Pendant que de la Haye défendait San-Thomé, les affaires de la Compagnie étaient loin d'être dans un état prospère. Le directeur Blot était mort en 1673, et il était mort à la peine. Esprit inquiet, voulant tout connaître, se rendre compte des moindres détails, il désespérait de l'avenir et regardait la situation comme perdue.

En 1672, il était arrivé à Surate un autre directeur, Gueston, qui, bien que ne manquant pas d'énergie et d'habileté, n'était pas l'homme qu'il fallait dans les circonstances où l'on se trouvait. En janvier 1673, il dépeignait la situation sous de sombres couleurs. Dans la rade de Surate, la Compagnie n'avait que six vaisseaux, dont trois avaient besoin de réparations urgentes pour faire un long voyage. Le désordre était à son comble et Gueston déclarait qu'il n'y pouvait remédier. Pourtant il n'était pas d'avis de renoncer à l'Inde et disait que si nous n'avions pas réussi c'est que nous avions agi sans connaissance de cause. Pour lui, le grand écueil était la rivalité de la Hollande. Aussi proposait-il de s'appliquer principalement au commerce de la Perse, où nous n'avions pas à redouter les Hollandais : leurs vaisseaux n'allaient pas dans le golfe Persique. Dans cette intention, Gueston s'était mis en rapport avec le marchand Pierre de l'Estoile qui, précédemment, avait utilement servi de la Boullaye le Gouz et les autres députés de la Compagnie. Gueston s'était rendu à Ispahan dans le but d'y nouer des relations commerciales. Il ne devait pas mettre ses projets à exécution, car, la même année, il mourait épuisé par le climat.

La capitulation de San-Thomé avait été un coup terrible. La factorerie de Mazulipatam n'existait plus, et les Hollandais allaient détruire l'établissement que nous avions fondé à Bantam, dans l'île de Java et nous contraindre d'évacuer les comptoirs que nous avions à Rahjahpour et à Tilceri, sur la côte de Malabar, et à Bender-Abassi, dans le golfe Persique. La situation paraissait perdue; deux hommes avaient résolu de la sauver. Ces deux hommmes étaient Baron et François Martin.

Nous nous rappelons que Baron était arrivé comme directeur, en 1671, et que la connaissance profonde qu'il avait des cours d'Orient l'avait fait choisir par Colbert. Sa diplomatie pouvait nous être d'un grand secours. Pendant que de la Haye et Caron faisaient l'expédition de Ceylan, il avait pris la route d'Agrah pour porter des présents à l'empereur Aureng-Zeyb et l'engager à envoyer une ambassade en France. En débarquant à Surate, Baron avait compris l'intérêt que nous avions à nouer des relations avec les princes de l'Inde, à chercher des alliés parmi eux, et les avantages que nous pourrions obtenir en intervenant dans leurs querelles.

A ce moment, l'Inde était loin de jouir de la paix; Seva-Gi fondait la puissance des Mahrattes. Baron se mettait en communication avec lui et le rendait favorable à la France. Il pensait que c'était l'occasion de nous assurer la possession d'un port. Chaoul lui paraissait réunir toutes les conditions favorables pour y fonder un établissement. Baron commença des négociations avec Seva-Gi et lui proposa de lui acheter Chaoul. L'on crut un instant que nous allions devenir maîtres de cette ville, et déjà des marchands indigènes s'offraient à la Compagnie en qualité de courtiers. Malheureusement, faute d'argent, Baron ne put rien faire et fut obligé de renoncer à son projet.

La guerre qui désolait le pays empêcha Baron de se rendre à la cour d'Agrah. Sur l'appel de l'amiral de la Haye, il était venu s'enfermer avec lui dans la ville de San-Thomé. Il avait montré une grande activité et s'était efforcé de nous créer des alliances. Ses négociations n'avaient eu aucun résultat. Pendant le blocus, il s'était rendu à Madras et s'était adressé au gouvernement anglais pour en obtenir des secours. Cette démarche avait été complètement inutile.

Après la prise de San-Thomé, Baron s'était retiré à Madras. Il ne se fiait pas aux Hollandais qui, par un article de la capitulation, s'étaient engagés à le ramener à Surate. De la Haye lui conseillait de fonder un établissement sur les bords du Gange. Baron était aussi de cet avis, mais auparavant il désirait revenir à Surate, qui était le centre de nos opérations. En attendant, il poursuivait la réalisation de ses projets et voulait que la France s'établît dans l'Inde d'une manière définitive. En janvier 1675, il écrivait que la possession de deux ports nous était nécessaire et conseillait d'acheter Bombay aux Anglais et de négocier la cession de San-Thomé avec la cour de Golconde.

Baron n'avait pas perdu tout espoir de réconciliation avec la cour de Golconde et cependant, au premier abord, cette espérance semblait être une chimère. Pendant le siège de San-Thomé, le commis de la Compagnie, qui était resté à Mazulipatam, avait été assassiné par ordre du gouverneur et la loge envahie et pillée. Rien ne pouvait faire prévoir un rapprochement quand un événement imprévu vint rendre les circonstances favorables. La place de San-Thomé devait être démolie et remise au roi de Golconde. Les Portugais, qui y étaient en grand nombre, réclamèrent et firent agir à la cour de Golconde pour que leur ville fût restituée au Portugal. Dans ce but, ils s'adressèrent au général Mirza-Paly-Aboudoulassem qui, pour prix de ses services, demandait cent mille pagodes. Mais Mirza préférait traiter avec les Français, dont la bravoure l'avait séduit. Il s'adressa à Baron et lui proposa de lui céder San-Thomé, en lui disant qu'il serait facile, moyennant quelques cadeaux d'argent, d'avoir le consentement de la cour de Golconde.

Avant de commencer les négociations, Baron demanda justice et obtint que le gouverneur de Mazulipatam eût la tête tranchée. Le roi de Golconde nous permettait de fonder des établissements dans son royaume et nous accordait l'exemption de tout impôt et de tout droit de douane. De plus, il envoyait une ambassade en France et nous cédait San-Thomé. Baron fit offrir soixante mille pagodes au général Mirza et, en même temps, il instruisait Colbert de ses pourparlers. Il ne demandait que cinq ou six cent mille livres pour faire de San-Thomé une forteresse redoutable, et disait que pour la défendre il suffirait d'y entretenir une garnison de quatre cents hommes, composée en partie de soldats indigènes, qu'il était facile de recruter parmi les topas. Il demandait l'envoi d'une nouvelle escadre et cherchait à intéresser Colbert aux entreprises qu'il méditait. Mais l'Inde ne répondait pas aux vues du ministre, qui ne voulait y posséder que quelques comptoirs et ne songeait pas à y fonder un empire colonial. Par conséquent, aucun secours ne fut envoyé à Baron. Aussi les Hollandais conservèrent leur influence à la cour de Golconde, et les négociations au sujet de San-Thomé ne tardèrent pas à être abandonnées.

Baron pensait que le siège de notre principal établissement devait être sur la côte de Coromandel. C'est pourquoi il attachait tant d'importance à la possession de San-Thomé. Pendant son séjour à Madras, il s'était mis en rapport avec le prince Cerkan-Soudy et était venu lui rendre visite à Goudelour, qui était sa résidence habituelle. L'opinion de Cerkan-Soudy était que, si les Français voulaient s'emparer de la côte de Coromandel, ils devaient, au lieu de s'adresser à la cour de Golconde, se tourner du côté des princes qui étaient les ennemis de ce royaume. Il demandait des subsides pour l'entretien de cinq mille cavaliers et de deux mille fantassins, et se faisait fort de nous mettre en possession de San-Thomé et de la côte de Coromandel. Il promettait de s'emparer du royaume de Golconde et de placer sur le trône un nabab de ses amis, qui se serait reconnu vassal du roi de France. Baron s'empressa d'instruire le gouvernement français de ces propositions. En même temps il écrivait à de la Haye et l'engageait à revenir dans l'Inde, en lui montrant l'importance des projets qu'il avait formés et en lui faisant part des entreprises dont il méditait l'accomplissement.

Jusqu'au dernier moment, Baron avait espéré que Louis XIV n'abandonnerait pas l'Inde et que de la Haye reviendrait avec une escadre. Il pensait que la cour de Versailles jetterait les yeux sur l'Extrême-Orient et finirait par comprendre l'importance qu'un empire colonial pourrait avoir pour l'avenir du pays. Aussi il fut cruellement déçu quand il connut la vérité. Il resta néanmoins à son poste et mourut à Surate, en 1683, épuisé par le climat et les souffrances morales. C'était une grande perte pour la France. Baron avait compris l'influence que l'Orient exercerait un jour sur les destinées du monde. Il prévoyait que tôt ou tard, une nation européenne ferait la conquête de l'Inde et il avait espéré que la France serait cette nation. A lui appartient l'honneur d'avoir le premier ouvert la voie que devait suivre Dupleix un siècle plus tard. Son successeur et le continuateur de son œuvre fut François Martin.

François Martin est le véritable fondateur de l'Inde Française. Il y consacra sa vie tout entière et prépara la France à jouer le rôle brillant qui lui était réservé. Il fut en quelque sorte le précurseur de Dupleix. Martin était né en 1634, à Paris, dans le quartier des Halles. Fils naturel d'un riche épicier, il n'avait que seize ans lorsqu'il perdit son père. Sa famille le jeta sur le pavé et il se trouva livré à lui-même, sans ressources et sans protecteur. Pendant douze ans, il fut garçon de boutique, puis il se maria. Peu de temps après, il perdait l'emploi qui le faisait vivre. La compagnie des Indes venait de se fonder. Martin se hâte de lui offrir ses services et part pour Madagascar.

Martin ne tarda pas à se signaler. Il fait une expédition à soixante lieues dans l'intérieur, montre une grande intrépidité et faillit périr. Caron l'emmène avec lui dans l'Inde et, à peine débarqué, il lui donne pour mission d'aller dans le golfe Persique, afin d'y nouer des relations commerciales. Martin prend part à l'expédition de Trinquemalé et se rend ensuite à Mazulipatam comme directeur de la factorerie que Marcara avait fondée en cette ville. Son intention était d'y rester pendant le siège de San-Thomé, afin de pouvoir saisir le moment propice où il pourrait négocier avec la cour de Golconde. En présence des dangers qui menaçaient notre comptoir, on lui intima l'ordre de quitter Mazulipatam. Martin répondit qu'il valait peut-être mieux, pour nos intérêts, qu'il y restât. On lui demanda alors s'il avait peur de s'enfermer dans une place assiégée. Il n'hésita plus et, le 16 janvier 1673, il arrivait à San-Thomé. Son dévouement ne tarda pas à se montrer de nouveau. Il déploya une grande habileté diplomatique. Aussi de la Haye dit en parlant de lui : « il est homme « d'esprit; s'il fût arrivé plus tôt, il aurait bien servi. « J'avais besoin d'un tel homme. »

Pendant le siège, Martin s'était mis en rapport avec le gouverneur des possessions du roi de Visapour, dans le Carnate, Cerkan-Soudy, et en avait obtenu de nombreux secours en vivres et en munitions. En 1673, les directeurs de la Compagnie lui avaient conseillé de profiter des bonnes dispositions de ce prince, pour se faire céder un coin de territoire qu'ils pussent appeler leur propriété. Martin avait goûté cet avis et il était arrivé à obtenir la concession d'un terrain qu'il s'était empressé d'occuper, en y envoyant un agent nommé de l'Epinay. Telle fut l'origine de Pondichéry.

Quand le siège de San-Thomé commença à se tourner en blocus, l'amiral proposa à Martin de se rendre à Pondichery afin de ravitailler la place. L'entreprise était des plus difficiles. Le 13 janvier 1674, dans la soirée, cent cinquante personnes, la plupart gens à charge, montaient dans une barque. Martin était à leur tête. Cette traversée, d'où devaient dépendre les destinées de notre établissement, sur la côte de Coromandel, était fort périlleuse. Les Hollandais, avertis de notre dessein, avaient envoyé un navire mouiller à l'embouchure de la rivière, à une portée de mousquet des brisants. Il fallait donc ranger ce vaisseau. Martin avait avec lui dix bons matelots; l'on hisse la voile par un petit vent frais et l'on passe les brisants, en s'écartant du bâtiment, pas assez cependant pour ne pas distinguer par la fenêtre de la chambre deux hommes assis à une table et fumant près d'une chandelle. Nous échappons néanmoins à nos ennemis et prenons le large. Le 14, c'est-à-dire le lendemain, à quatre heures du soir, l'on mouillait en rade de Pondichéry. A peine débarqué, Martin trouvait le moyen de faire passer aux assiégés trois bateaux chargés de riz, ce qui permettait à ces derniers de prolonger la résistance.

La concession où nous nous étions réfugiés était située au nord du Coleroon, près de la rivière de Gingi. Elle était peu importante et n'avait que quatorze cents brasses de circuit. Les Danois avaient autrefois possédé un comptoir dans le voisinage et l'on y voyait encore les ruines d'une maison qu'ils avaient construite. La position était bien choisie et Baron, qui avait visité les lieux, écrivait aux directeurs de la Compagnie que c'était le site le mieux approprié pour les projets que l'on avait formés, que l'on put trouver sur la côte de Coromandel, après la ville de San-Thomé.

Martin avait avec lui soixante Français, y compris l'équipage de la *Vigilante*, le seul navire qui nous fût resté, et de plus une somme considérable en espèces qu'il avait apportée de San-Thomé. De nouveaux colons arrivèrent dans le courant de 1674. Cerkan-Soudy nous accorda, sur notre demande, l'autorisation de fortifier notre concession et de mettre la loge en état de résister aux attaques imprévues. Ces travaux de défense devaient être peu considérables, puisqu'ils ne coûtèrent que sept cents écus. L'on afferma l'aldée de Pasquinambat, située à un quart de lieue. Quarante maisons y furent construites et l'on mit en culture des terres abandonnées. Des tisserands indigènes venaient s'y fixer et bientôt il se forma un petit village. Le nom de Pudichéri, qui était celui du lieu où se trouvait notre établissement et signifiait nouveau village, devint bientôt celui de Pondichéry, désignation sous laquelle l'on a toujours désigné la capitale de nos possessions dans l'Inde.

Notre colonie était encore insignifiante. Cependant, Martin inspirait une telle confiance, que Cerkan-Soudy recherchait son concours, et c'est ainsi qu'il prit part à quelques-unes des expéditions du prince indien. Il alla assiéger, avec quarante Français, la ville de Valdaour, et s'en empara en moins d'une heure; il contribua aussi à la prise de la forteresse de Tendivaron dont Cerkan-Soudy voulait se rendre maître. Si ces escarmouches n'avaient aucun retentissement en Europe, elles avaient pour résultat de nous faire estimer et apprécier des indigènes.

Pour le moment, nos opérations étaient forcément bornées. La prépondérance maritime des Hollandais nous fermait la mer en quelque sorte. Martin avait des fonds appartenant à la Compagnie, qui ne rapportaient rien. Il résolut de les prêter à Cerkan-Soudy, au taux alors modéré de dix-huit pour cent. Nous ne courions aucun risque et nous avions une grande garantie dans la loyauté de Cerkan-Soudy qui protégeait notre établissement et nous était d'un grand secours.

Notre nouveau comptoir était encore dans l'enfance. Les maisons étaient des cases construites de roseaux et la loge de la Compagnie était couverte en chaume. Ce ne fut qu'en 1686 que Martin fit bâtir deux magasins en briques et quelques autres édifices. Il avait remarqué que les exportations de l'Inde consistaient principalement en pièces d'étoffes, et avait compris que cette branche de commerce pouvait devenir une cause de prospérité pour notre nouvel établissement. Aussi ne cessait-il d'engager les colons français et indigènes à fabriquer des tissus. L'on suivit ses conseils et des ateliers ne tardèrent pas à s'élever. Des ouvriers venaient en même temps se fixer dans notre ville. Ils y étaient attirés par l'exemption de tout impôt qui leur était accordée pendant un an. Un certain nombre de marchands s'engageaient à habiter Pondichéry sous les conditions avantageuses qu'on leur assurait pour leur trafic. Notre colonie commençait à devenir un centre commercial.

L'on obtint des résultats presque immédiats. Il y avait à peine six semaines que nous étions en possession de l'aldée de Pasquinambat et déjà l'on y fabriquait cent cinquante pièces de toile par mois. En 1676, c'est-à-dire deux ans après notre établissement sur la côte de Coromandel, les magasins de la Compagnie en contenaient pour un million de livres et Martin écrivait qu'il pouvait en livrer autant chaque année et même plus. Il donnait en même temps une description détaillée de la colonie, en faisait ressortir les avantages et parlait du brillant avenir qui pouvait s'ouvrir pour elle si on voulait le seconder. Depuis la prise de San-Thomé, les directeurs n'étaient plus habitués à recevoir de bonnes nouvelles de l'Inde. Aussi ces renseignements leur causèrent-ils une vive satisfaction.

Pondichéry avait été fondé à une époque qui était loin d'être favorable à la colonisation. La guerre était à l'état permanent et des bandes de coureurs parcouraient le pays. Il y avait à craindre que l'établissement français ne tentât la cupidité de quelques pillards. Il fallait une force capable de faire respecter la nouvelle ville et d'en assurer la sécurité. Dans cette circonstance, Martin, qui n'avait avec lui que quelques Européens, s'adressa à son ami Cerkan-Soudy et lui demanda l'autorisation de recruter des soldats indigènes. Cerkan-Soudy y consentit et lui donna même trois cents de ses hommes. Martin en fit non seulement des soldats, en les disciplinant à l'européenne, mais il les transforma en colons. Il concéda un morceau de terre à chacun d'eux, les encouragea à bâtir des maisons et à fabriquer des étoffes et des tissus. De cette manière, les soldats, tout en assurant la défense de la ville, travaillaient à la colonisation et contribuèrent à la prospérité de Pondichéry.

De grands dangers allaient bientôt menacer notre établissement. Au xviie siècle, l'Inde était un champ de bataille et, à chaque instant, l'on assistait à des révolutions où des empires s'élevaient et d'autres étaient renversés. A cette époque, les Mahrattes commençaient à devenir une puissance redoutable. Le fils d'un soldat de fortune s'était mis à leur tête et en avait fait une grande nation. Seva-Gi cherchait à agrandir son royaume par des conquêtes successives et, à mesure que les provinces et les villes tombaient en son pouvoir, il élargissait le cercle de ses opérations. En 1676, il s'élance sur le Carnate. Tout cède devant

lui et Gingi, qui était regardé comme une place imprenable, tombe en son pouvoir, grâce à une intelligence
ménagée avec le gouverneur. Seva-Gi marche à la rencontre de Cerkan-Soudy qui commandait à cinq mille cavaliers, le défait dans une recontre et s'empare de sa
personne. Il assiège Vellore et partout il porte la ruine et
la désolation. Il menace d'anéantir l'établissement que les
Français avaient fondé en donnant pour raison qu'ils
étaient les amis de Cerkan-Soudy.

La situation était critique. Nous ne pouvions opposer
aucune force capable de résister aux armées de Seva-Gi.
La colonie semblait être perdue ; heureusement Martin
parvint à détourner l'orage et, grâce à lui, Pondichéry fut
sauvé. Quand Seva-Gi s'approcha de la ville, Martin avait
pris ses précautions et avait arrêté un vaisseau portugais
pour emporter à Madras les effets de la Compagnie. Il vit
de suite qu'il ne fallait pas songer à la résistance, mais
avoir recours aux négociations. La connaissance qu'il avait
des cours de l'Inde lui avait appris que tout était possible
par la diplomatie.

Un brahme, qui habitait Pondichéry, reçut la mission
d'aller trouver Seva-Gi et de lui représenter que les Français ne lui étaient pas hostiles et qu'ils n'avaient qu'un but,
vivre paisiblement afin de pouvoir se livrer au commerce.
Un présent de cinq cents pagodes acheva de faire entendre
raison au farouche conquérant qui, du reste, n'était pas
pressé d'attaquer les Européens. Il n'avait contre eux
aucune animosité personnelle. Il accorda un firman par
lequel il permettait aux Français de résider à perpétuité
dans la ville qu'ils avaient bâtie, à condition qu'ils ne
perdraient aucun parti dans les guerres qui agitaient le
pays. Il leur confirma en outre la possession du territoire
qu'ils occupaient et exigea seulement que toutes les marchandises qu'ils feraient débarquer ou embarquer seraient
soumises à une taxe perçue à son profit. Pendant les cinq

premières années, cette taxe devait être de un et demi
pour cent et, après ce terme, de deux et demi. Dans la
suite, Martin trouva moyen de s'affranchir de ce tribut. Du
reste, Seva-Gi fut bientôt obligé de se porter vers le nord
pour combattre les Mogols. Il mourut peu de temps
après, en 1680, et Pondichéry fut délivré d'un danger
permanent.

A partir de ce moment les affaires marchèrent tranquillement. Après l'invasion de Seva-Gi, notre allié Cerkan-
Soudy avait été constamment engagé dans des guerres
malheureuses. Martin pensa qu'il était temps, si l'on voulait être remboursé, de réclamer les sommes que nous lui
avions prêtées et qui s'élevaient à huit mille roupies. Il
agit en cette circonstance avec beaucoup de prudence, en
ayant soin de ne pas blesser la susceptibilité de son ami.
Cerkan-Soudy était dans l'impossibilité de payer en argent
comptant. Pour s'acquitter de sa dette, il abandonna le
revenu des terres du district de Pondichéry et nous fit une
cession absolue de la ville elle-même, convention fort avantageuse pour les intérêts français.

Martin s'attacha à développer la prospérité de la colonie
et à augmenter sa population. Il attira les indigènes,
donna une plus grande importance à la fabrication des
tissus, fit construire des maisons, des magasins, ouvrir
des bazars, afin de faciliter aux marchands le débit de leurs
marchandises. Nous avions acquis des droits sur la rivière
de Gingi; il s'empressa d'y établir une pêcherie. Le but
qu'il se proposait était de gagner la confiance et la sympathie des populations indiennes, en respectant leurs
coutumes et leurs usages, et de faire considérer les
Français comme des amis et des protecteurs. Sa politique
était toute différente de celle des Portugais et des Hollandais. Les Portugais avaient dominé par la crainte, les
Hollandais regardaient l'Inde comme un marché où l'on
venait s'enrichir. Martin, sans oublier que les établisse-

ments qu'il fondait devaient être autant de nouveaux
débouchés pour notre commerce, y voyait aussi le moyen
de répandre notre influence. Aussi avait-il pris à tâche de
cimenter les relations amicales qui existaient entre les
Français et les indigènes.

A cette époque, les campagnes du Carnate étaient sans
cesse parcourues par des partis de Maures et de Mahrattes
qui en venaient aux mains à chaque instant et souvent des
escarmouches avaient lieu sur notre territoire. Une bande
de pillards vint un jour nous enlever un troupeau de cinq
cents vaches. Nous étions en quelque sorte toujours sur le
qui-vive. Aussi, en 1689, Martin s'était adressé à Sambadgi,
le fils de Seva-Gi et en avait obtenu l'autorisation de fortifier Pondichéry qui était encore une ville ouverte. Il fit
bàtir un fort qui avait la forme d'un carré long et irrégu-
lier. Cet ouvrage n'était qu'une muraille tombante, sans
fossés ni glacis, dépourvue de talus et flanquée de quatre
mauvaises tours. Le tout était en briques. Aussi, si ces
travaux de défense pouvaient résister à une attaque des
indigènes, ils n'étaient pas en état de soutenir un siège
contre une armée régulière.

Notre colonie était encore à ses débuts et il ne fallait
pas s'attendre à trouver à Pondichéry l'aspect d'une capitale ; ce n'était encore qu'une petite ville de province. La
rade, quoique sûre, présentait un grand inconvénient. Les
vaisseaux étaient obligés de mouiller d'une demi-lieue au
large. Les chaloupes ne pouvaient approcher de terre qu'à
une grande portée de fusil, à cause de la mer qui s'y brisait
avec une telle force qu'il eût été dangereux de vouloir
aborder. Pour le transport des marchandises, il fallait
avoir recours aux indigènes et à leurs bateaux plats,
connus sous le nom de chelingues et dont ils se servaient
avec la plus grande dextérité.

Sur le rivage, se trouvaient deux citernes qui servaient
à alimenter la ville. Matin et soir, les femmes venaient y

puiser de l'eau et l'apportaient sur leurs têtes dans des cruches de terre. Ce petit détail montre que Pondichéry était encore bien peu considérable. Aussi il ne fallait pas y chercher des monuments. Son principal édifice était le fort, dont nous avons précédemment parlé et qui servait de logement au gouverneur et aux employés de la Compagnie. A l'ouest de la forteresse était le jardin public. Il était bordé par un marais qui, en y entretenant l'humidité, lui donnait une grande fertilité que les colons avaient su utiliser. L'on y cultivait les légumes nécessaires à la consommation locale et, tout en étant une promenade, il servait de potager. En dehors du fort, il y avait un certain nombre de maisons habitées par les Européens. Elles n'avaient qu'un étage. Quant à celles des indigènes, elles étaient éparses, çà et là, sans alignement, faites de terre détrempée et soutenue par des branches d'arbre qui y étaient mêlées. Aussi ne méritaient-elles que le nom de huttes.

Les Français n'étaient pas nombreux dans la colonie et ne dépassaient guère deux cents. Plusieurs d'entre eux s'étaient mariés avec des métisses portugaises. Pour la plupart, ils étaient au service de la Compagnie et s'adonnaient au commerce. Aussi l'agriculture était-elle un peu négligée. Les colons se bornaient à élever des oies, des canards, des poules, des porcs ou des moutons. Les chevaux étaient rares et la Compagnie n'en possédait que quatre. Les bœufs servaient de bêtes de trait et le gouverneur n'avait pas d'autre attelage quand il sortait en voiture. Il ne fallait donc pas s'attendre à trouver à Pondichéry les commodités d'une ville d'Europe. Martin donnait lui-même l'exemple de la frugalité et vivait avec ses officiers. Il tenait table ouverte, en se faisant un plaisir de recevoir les Français qui étaient de passage dans la colonie.

Martin s'appliquait avant tout à respecter les usages et

les coutumes des indigènes. Aussi la tolérance religieuse était-elle plus grande que dans les autres possessions européennes ; les Musulmans aussi bien que les Gentils y avaient le libre exercice de leur culte. Au point de vue spirituel, Pondichéry relevait de l'évêque de San-Thomé et tout d'abord n'avait qu'une église, placée sous le vocable de Notre-Dame des Anges et desservie par les Capucins, qui depuis 1670 étaient établis dans le pays. Les Jésuites n'arrivèrent qu'en 1690; à cette époque, le P. Taschard, qui avait été obligé de quitter le royaume de Siam, se réfugiait dans notre colonie et y fondait la première maison de son ordre. Les missions du Carnate furent bientôt regardées comme les plus florissantes de l'Inde.

Le commerce prenait chaque jour de l'importance. Les exportations consistaient principalement en toiles peintes, poivre, coton, soieries et salpêtre. Tous les mardis il y avait un marché considérable qui attirait en moyenne dix mille indigènes. Le numéraire y était aussi commun que dans une foire d'Europe; l'on y vendait même à crédit. Aussi les transactions présentaient-elles une animation qui pouvait étonner, lorsqu'on se rappelait que notre établissement sur la côte de Coromandel ne datait que de quelques années.

Pondichéry offrait une physionomie toute particulière et différait des autres villes que les Européens possédaient en Asie. Les habitants vivaient entre eux avec cordialité. Les antipathies de race et de couleur y étaient inconnues. Au sortir de la factorerie, au retour des champs, l'on s'attardait volontiers dans les rues pour parler du prix des denrées, de la fabrication des étoffes, conclure des marchés et se répéter les rares nouvelles qu'on recevait de France. Pondichéry était une cité essentiellement française puisque l'on y avait pris l'habitude de *commérer*. Martin ne recevait aucun secours de la mère-patrie. Il n'en continuait pas moins ses améliorations de toute nature avec une grande activité. Loin de désespérer, il entrevoyait un avenir brillant pour notre établissement.

A partir de 1681, époque à laquelle Baron tomba malade, Martin avait pris la direction générale des affaires. Pendant son séjour à Surate, il releva le crédit de la Compagnie en payant une partie des dettes, noua de nouvelles relations dans cette ville et s'assura de l'amitié du gouverneur, grâce à l'appui du P. Zénon de Baugé de l'ordre des Capucins. Les services de ce religieux nous furent des plus utiles. Nous avions dû abandonner, à cause de la guerre, les comptoirs que nous avions fondés à Tilcéri, à Mazulipatam, à Payapour et dans le golfe Persique à Bender-Abassi. Pour le moment nous avions délaissé le commerce de la Perse, de sorte qu'en 1680 nos établissements se réduisaient à Pondichéry, Chandernagor et la factorerie de Surate.

La situation de la Compagnie n'était pas brillante. Elle végétait depuis 1678. En 1671, elle possédait vingt-six vaisseaux; en 1683, elle n'en avait plus que douze. De 1675 à 1684, l'on n'avait construit aucun bâtiment à Lorient et toutes les opérations de la Compagnie s'étaient bornées à expédier quatorze bâtiments dans l'Inde. En 1684, les chambres particulières de Bordeaux, de Nantes, de Lyon et de Rouen avaient été supprimées comme inutiles. Les actionnaires s'étaient laissé aller à un profond découragement.

Martin n'en persistait pas moins dans ses projets et regardait cette crise comme passagère. Désireux d'étendre le cercle de nos opérations, il résolut de relever le comptoir que nous avions précédemment fondé à Mazulipatam et qui, sans le siège de San-Thomé, serait devenu florissant. Il se rendit à Golconde, dans le courant de 1681, et lui-même raconte son voyage. L'accueil que reçurent les Français fut des plus sympathiques; un seigneur qui était tout puissant se déclara leur ami et leur aplanit de nombreuses

difficultés. « Notre protecteur, » nous dit Martin « ne
« savait comment nous être agréable. Il nous invita à un
« régal, en considération du mariage d'une de ses parentes,
« il nous envoya dire de nous rendre de bonne heure pour
« nous faire voir son hôtel. Ce qu'il nous montra était fort
« approprié. Nous prîmes place sur le divan sur les cinq
« heures du soir. Il y avait des chanteurs, des bouffons et
« deux compagnies de danseuses. Les coups de garry
« étaient redoublés et il n'y avait pas moyen de s'empêcher
« de boire. Nous fûmes jusqu'à près de minuit dans cette
« occupation. Nous passâmes ensuite dans la salle où le
« souper était apprêté. L'on but encore d'une grande
« force. Nous sortîmes de là entre une heure et deux
« heures. »

La cour de Golconde était disposée en notre faveur et nous
autorisa par un firman à fonder un comptoir à Mazulipatam. Nos efforts furent couronnés de succès. Nos
marchands vinrent en assez grand nombre dans cette ville
et l'on y noua des relations qui donnèrent lieu à un trafic
considérable. En 1693, nous y construisions une place qui
portait le nom de France. Pour le moment, Mazulipatam
n'avait aucune importance politique et n'était qu'un centre
commercial. Mais nous pouvions de là entrer en rapport
avec l'intérieur du pays. Telle était l'opinion de Martin qui,
en revenant de Pondichéry, avait traversé le Deccan et avait
trouvé à Aurengabad, où il était demeuré quelques jours,
plusieurs Français qui s'y étaient fixés, les uns pour se
livrer au commerce, les autres pour servir dans l'armée
du Soubab.

Le Bengale avait aussi attiré notre attention. Dès 1673,
Bourreau-Deslandes qui devait plus tard devenir le gendre
de Martin, s'était rendu dans cette contrée et y avait
obtenu, moyennant la somme de quatre cent une roupies,
la concession d'une aldée située dans le village de Baro-
guichempour. C'était un site qui jouissait d'une grande

réputation sous le rapport de la salubrité de l'air. Notre nouvelle acquisition était peu importante et ne comprenait qu'une vingtaine d'arpents. Elle se trouvait au fond d'une belle anse sur la rive droite d'un affluent du Gange, à trois milles d'Hougly, où les Hollandais possédaient une riche factorerie. L'on bâtit une loge, l'on fit quelques constructions et le nouvel établissement fut désigné sous le nom de Chandernagor du sanscrit Tchandranagara « ville de la lune. »

Les Hollandais, qui nous voyaient dans l'Inde avec jalousie, cherchaient à nuire à notre nouvelle colonie et allèrent jusqu'à s'opposer à main armée à la construction de la loge. Bourreau-Deslandes obtint un firman du vice-roi Ibrahim-Khan qui autorisait ses officiers à prêter main forte aux Français et à les protéger si besoin en était. Chandernagor n'avait plus rien à craindre et, en 1688, l'empereur Aureng-Zeyb nous concéda définitivement le territoire où nous nous étions établis.

Bourreau-Deslandes avait remarqué que les Compagnies, des autres nations européennes avaient obtenu, entre autres privilèges, celui de frapper des roupies. Le bénéfice de la conversion s'élevait à six pour cent. Aussi le transport des matières d'or et d'argent était-il de beaucoup préférable à celui des espèces monnayées. Les Français furent autorisés à porter leurs lingots dans les fabriques du pays et à les convertir en roupies. Malgré ces avantages et les efforts que l'on déploya, Chandernagor ne progressa que fort lentement. Les colons qui s'y étaient établis ne s'occupaient pas de culture et le commerce était encore peu considérable. Aussi, pendant longtemps, notre établissement du Bengale fut-il languissant et il s'écoula une trentaine d'années avant qu'il devînt une ville importante.

La Compagnie chercha à fonder d'autres factoreries au Bengale et, pendant que Bourreau-Deslandes bâtissait Chandernagor, Duplessis remontait le Gange en 1681 et obtenait du Grand Mogol l'autorisation de posséder des comptoirs dans les provinces de Bahar et d'Orissa. Nous nous établissions à Balassor, ville située dans le golfe de Bengale et qui était alors le siège d'un commerce assez actif. Les Portugais y venaient en grand nombre et en avaient fait un centre important. Malheureusement les ressources restreintes dont nous disposions nous forcèrent bientôt à abandonner cet établissement. Du reste, pendant longtemps, notre situation dans cette partie fut assez précaire et, durant plusieurs années, les navires que nous envoyions remonter le Gange naviguaient sous le pavillon portugais qu'ils regardaient comme une meilleure protection que celui de la France.

Nous nous rappelons que Martin avait accompagné l'amiral de la Haye à Trinquemalé et pris part à l'expédition de Ceylan; il avait pu apprécier l'importance de cette île; aussi avait-il formé le projet d'en faire la conquête. Selon lui, nous devions y créer une station maritime et y fonder une colonie à plantations. Il ne cessait d'engager la Compagnie dans cette voie, persuadé que nous y trouverions de sérieux avantages pour notre commerce. Dans ce but, il s'était mis en rapport avec le roi de Candy et assuré de son alliance. Il s'était procuré de nombreux renseignements et n'avait rien négligé pour faciliter l'entreprise. Si ses conseils avaient été suivis, Ceylan serait probablement devenu une terre française et, maîtres de cette position, nous aurions pu lutter avec succès contre la Hollande et l'Angleterre.

Pour exécuter ces projets, dont la réalisation nous aurait donné la prépondérance dans la mer des Indes, ou tout au moins aurait définitivement fondé notre puissance coloniale, deux choses étaient indispensables, l'argent et la paix. Nous avons vu que la situation financière de la Compagnie était loin d'être brillante et malheureusement la paix ne devait pas durer. Le traité de Nimègue n'était qu'une trêve. L'Europe s'était liguée à Augsbourg contre Louis XIV et la guerre avait recommencé en 1688. Elle était générale et la France avait à lutter contre les Provinces-Unies, l'Angleterre, l'Empire, l'Espagne et la Savoie. La guerre allait non seulement paralyser le mouvement commercial, en suspendant toute expédition, mais elle allait être transportée dans l'Inde et il fallait nous attendre à voir attaquer nos établissements.

Après la prise de San-Thomé, les Hollandais avaient pensé que personne ne viendrait leur disputer la suprématie dans l'Extrême-Orient et que le commerce de ces riches contrées resterait toujours entre leurs mains. Grand fut leur étonnement quand ils virent une ville française s'élever sur la côte de Coromandel et acquérir de l'importance. La prospérité croissante de Pondichéry les inquiétait. Ils résolurent d'y mettre obstacle et de profiter de la guerre pour ruiner notre colonie et nous expulser de l'Inde qu'ils considéraient comme leur domaine. Les circonstances leur étaient favorables. Nos établissements étaient systématiquement abandonnés, malgré les supplications de Martin, et la Compagnie ne pouvait envoyer aucune flotte capable de protéger nos intérêts.

Les Hollandais, au contraire, disposaient de forces considérables et la victoire leur était facile. Dès le début des hostilités, ils s'emparèrent de deux vaisseaux de la Compagnie qui avaient pris la mer dans l'ignorance où ils étaient de la déclaration de guerre. Leur cargaison était estimée à plus de deux millions cinq cent mille livres. C'était une perte considérable pour la Compagnie. En 1690, une escadre française parut dans l'Inde. Elle comprenait six vaisseaux et était commandée par Duquesne-Guitton. Au bout de quelques jours, elle quittait la rade de Pondichéry, où elle avait jeté l'ancre, et se rendait aux environs de Madras pour échanger quelques coups de canon avec la flotte hollandaise (25 août 1690). Après avoir croisé quelque temps sur les côtes du Bengale et du Pégou, elle reprenait la route de l'Europe et, le 12 août 1691, elle arrivait à Port-Louis. C'était une campagne inutile et l'expédition n'avait servi qu'à attirer l'attention de nos ennemis.

Martin comprenait la gravité de la situation et, dans ses lettres, il ne pouvait dissimuler ses inquiétudes et demandait des secours. L'abandon où on le laissait le faisait cruellement souffrir : « Je ne pense pas, » écrivait-il en 1672, « que l'on ait eu la pensée en France que nous « étions en état de nous soutenir contre toutes les forces « des Hollandais. J'ai écrit assez de fois l'importance de « nous envoyer des secours. Nous nous sommes maintenus « pendant plus de cinq ans depuis la reprise des armes en « Europe. C'est, il me semble, tout ce qu'on pouvait pro- « mettre de gens comme abandonnés et sans secours. » Quoiqu'il ne se fît aucune illusion, il ne s'en prépara pas moins à la résistance, répara les fortifications autant qu'il était en son pouvoir et mit ainsi la place en état de défense. Ram-Raja, qui commandait aux Mahrattes, paraissait disposé en notre faveur et, dans une lettre qu'il écrivait à Martin en 1690, il nous assurait de son amitié et nous promettait même son concours.

Dès 1690, notre colonie avait été menacée d'un bombardement. Après le départ de Duquesne, les Hollandais pensèrent que le moment était venu pour eux de s'emparer de Pondichéry et réunirent des forces considérables. Ils avaient dix-neuf vaisseaux portant chacun de quarante à soixante canons et plusieurs transports. Leur armée comprenait quinze cents soldats, deux mille matelots et quarante-huit pièces d'artillerie, sans compter plusieurs milliers d'auxiliaires indigènes, que le gouvernement de Batavia avait à sa solde. Malgré leur supériorité numérique, nos ennemis s'adressèrent au chef des Mahrattes et recherchèrent son alliance. Ram-Raja fut d'abord indigné de cette proposition, mais, versatile comme tous les Orientaux, il oublia ses anciennes relations d'amitié avec les Français et s'engagea à fournir des vivres aux assiégeants. Quant aux Mogols, ils avaient vendu la ville de Pondichéry aux Hollandais moyennant la somme de cinquante mille pagodes. Ils envoyèrent même un corps de troupes qui resta en observation. Nous étions complètement isolés.

Martin s'attendait depuis longtemps à être attaqué ; aussi avait-il pris ses précautions. La place avait été approvisionnée. En 1691, il avait remarqué un mouvement extraordinaire dans le port de Tutucorin, qui appartenait aux Hollandais, et avait envoyé à San-Thomé les femmes, les enfants et toutes les bouches inutiles. Bien pénible était la situation de Martin. Il avait construit une ville, y avait établi un centre commercial, gagné la confiance des populations, jeté les bases de notre puissance coloniale et il voyait que l'édifice qu'il avait eu tant de peine à élever était sur le point de s'écrouler et que les rêves qu'il avait formés pour l'avenir allaient s'évanouir. Pour résister aux forces considérables de nos ennemis, il n'avait que six canons, deux cents Français et trois à quatre cents soldats indigènes. Martin et ses compagnons savaient qu'ils étaient abandonnés et qu'ils ne devaient compter sur aucun secours. Cependant il n'y avait pas chez eux la moindre défaillance. Le gouverneur avait communiqué son ardent patriotisme à tous ceux qui l'entouraient. L'on avait construit des barricades et l'on s'était préparé à une résistance énergique.

Le 23 août 1693, l'escadre ennemie était en vue. Les Hollandais étaient commandés par l'un de leurs meilleurs généraux, Laurent Pit. Ils débarquent, établissent leurs camps à un quart de lieue de la ville qu'ils isolent par terre et par mer et construisent une batterie à une portée de mousquet de la forteresse. Le 30, au matin, ils s'ébranlent et, dans la journée, a lieu une violente escarmouche qui dure près de quatre heures. Le 31, l'on se canonne de part et d'autre. L'église des Jésuites paraissait être le principal objectif de l'ennemi. Martin l'avait fait occuper par vingt soldats français et quarante Lascarins et en avait confié le commandement au lieutenant de vaisseau de la Comme. Les Hollandais profitent de la nuit pour s'approcher de la place et, le 1ᵉʳ septembre, ils commencent à battre cette position avec leur artillerie. Un de leurs boulets tue le lieutenant de la Comme ; une panique s'empare alors de nos auxiliaires indigènes qui, pour la plupart, prennent la fuite et courent se réfugier dans le fort.

Les 2 et 3 septembre, Pondichéry a beaucoup à souffrir ; grâce à la supériorité de leur artillerie, les Hollandais causent de grands dégâts à la place. Leur feu qui était continuel avait ruiné le bastion du côté nord, ainsi que la muraille qui en était voisine et démonté nos canons. Malgré leur petit nombre, les Français tenaient ferme et, pendant la nuit, ils réparaient les brèches des remparts au moyen de sacs de terre. Le 4 septembre, les Hollandais établissent une batterie en face de l'église des Jésuites. Après une violente canonnade, ils se forment en colonne d'attaque, se glissent à travers les jardins et se disposent à nous enlever cette position. Le lieutenant de la Corbinais, qui commandait, n'avait qu'un petit nombre d'hommes à opposer à la masse des assaillants. Dans la crainte d'être enveloppé, il se retire sur le fort après avoir tiré quelques coups de canon et incendié l'église. Toute la journée il y eut un feu continuel de mousqueterie et d'artillerie. Le soir, la ville n'était plus qu'un amas de ruines. Nos soldats indigènes avaient évacué les postes qu'ils occupaient en dehors de la ville et voulaient se rendre. Il était impossible de prolonger plus longtemps la résistance.

Le 5 septembre, Martin demandait à parlementer et, le 6, une capitulation était signée. Pondichéry était remis aux Hollandais. La garnison sortait avec les honneurs de la guerre ; les Français devaient être renvoyés en Europe et les soldats indigènes pouvaient se retirer où bon leur semblait. Martin fut conduit à Batavia ; il y fut entouré du respect de nos ennemis. Le gouverneur voulut qu'il logeàt dans son palais et les principaux habitants s'empressèrent de venir rendre hommage au courage malheureux.

Les Hollandais connaissaient la valeur de leur nouvelle conquête et la considéraient comme une des meilleures places de l'Inde. Aussi la destinaient-ils à être la capitale de leurs possessions sur le continent. Notre colonie leur paraissait être préférable à Négapatam. Dans ce but, ils la fortifièrent en y construisant de solides bastions et s'occupèrent aussi de l'embellir en y achevant plusieurs édifices que nous avions commencé à bâtir. La Compagnie hollandaise pensait si bien avoir acquis Pondichéry d'une manière définitive qu'elle avait fait graver ses armes sur les portes des maisons.

Grâce à son éloignement, Chandernagor n'avait pas à redouter les attaques des Hollandais, mais d'autres dangers vinrent troubler sa tranquillité. Le pays était en guerre et les incursions des rajahs, qui promenaient leurs ravages aux alentours, nous causèrent un sérieux préjudice. Notre commerce au Bengale fut complètement anéanti. Le pavillon français ne disparut pas cependant de la mer des Indes. Une escadre de cinq vaisseaux, commandée par le capitaine Dandennes, était partie de Lorient au mois de février 1692 et était revenue en mars 1694, après être allée à Surate. Ce voyage n'avait pas été heureux : un bâtiment avait été capturé en route par les Hollandais et un autre, qui était chargé d'une riche cargaison, avait été englouti par un cyclone. De plus, le capitaine Dandennes apportait la triste nouvelle de la prise de Pondichéry.

En 1695, la Compagnie se décida à faire un nouvel armement et expédia six navires dans l'Inde. Le capitaine de Serquigny accompagnait le convoi avec trois vaisseaux de guerre afin de le protéger. Au mois de mars 1696, l'escadre arrivait à Surate. La peste venait d'éclater dans cette ville. De Serquigny n'y fit qu'un court séjour. En présence de la supériorité de nos ennemis, il reconnut que la lutte était impossible. Aussi renonça-t-il à se rendre au Bengale et revint-il en Europe. Il ne ramenait qu'un seul des navires qu'il était chargé d'escorter. Les cinq autres se trouvaient à Surate au moment où le Grand Mogol avait mis l'embargo sur tous les bâtiments qui étaient en rade. Ils avaient été surpris et étaient obligés d'attendre la révocation de cet ordre. Des pirates anglais avaient capturé des pèlerins musulmans qui se rendaient à la Mecque et la cour de Delhy croyait pouvoir user de représailles. Cet événement eut pour effet de suspendre les préparatifs d'un nouvel armement. Du reste la situation n'était pas favorable aux transactions commerciales. La guerre avait éclaté entre les Arabes de Maskate et le roi de Perse, et les Arméniens de ce dernier royaume avaient cessé de venir trafiquer à Surate. Les mers étaient infestées de corsaires et les communications très difficiles.

Pendant que Pondichéry devenait une possession hollandaise, Martin et ses compagnons arrivaient en France. On leur fit une réception encourageante. Le ministre et les directeurs prenaient plaisir à entretenir « ce Français de la vieille roche, » comme l'appelle un contemporain. Le roi lui avait accordé des lettres de noblesse en 1692 ; il allait bientôt lui conférer la dignité de chevalier de Saint-Lazare (1701). L'on était ému quand Martin racontait le siège de Pondichéry et parlait de l'avenir qu'il rêvait pour la colonie. L'on commençait à comprendre l'importance de l'Inde. Pour le moment, il n'y avait rien à faire. Nous étions en guerre avec l'Europe. L'Angleterre et la Hollande avaient la supériorité sur mer et nous réduisaient à l'impuissance. Il fallait attendre la paix.

La paix fut signée à Ryswick, en 1697. Pondichéry nous était rendu. La Compagnie des Indes résolut de s'occuper activement de ses établissements. Malheureusement sa situation financière ne lui permettait pas de faire de grandes expéditions. Depuis sa fondation jusqu'à la prise de Pondichéry, ses opérations n'avaient pas répondu aux espérances qu'elle avait données. Les dépenses qu'elle avait été obligée de faire pendant les douze premières années de son existence l'avaient empêchée d'étendre ses relations et son commerce. La guerre lui avait causé de graves préjudices. Elle y avait perdu seize vaisseaux' et les communications avec l'Inde avaient été fort difficiles. En outre, l'excès des réglementations et la mauvaise direction qui avait été souvent donnée à ses entreprises lui avaient créé de nombreux obstacles et contribuèrent à amener sa ruine. Du reste, son crédit avait toujours été des plus restreints. Dès 1682, Colbert avait, sur sa demande, porté atteinte à son monopole et autorisé les particuliers à faire le commerce de l'Inde en se servant des vaisseaux de la Compagnie. La mort de Colbert, en 1683, la priva d'un puissant protecteur. Le marquis de Seignelay lui succéda en qualité de *chef perpétuel et de président pour le roi*. A sa mort, en 1690, ce fut le comte de Pontchartrain.

En 1684, dans le but de procurer des capitaux à la Compagnie et de lui permettre d'étendre ses opérations, on avait voulu forcer les intéressés à verser les deux derniers tiers de leurs souscriptions. On leur permettait de se retirer à condition d'abandonner leur premier tiers. Cette contrainte effraya beaucoup d'actionnaires et produisit un mauvais effet. L'on eut recours à divers expédients. L'on augmenta le nombre des directeurs et l'on força les actionnaires à fournir en argent le quart en sus de leurs actions; tout fut inutile, la confiance ne se commande pas. Notre commerce restait languissant et nos factoreries étaient réduites à un trafic assez restreint. Aussi qu'arrivait-il? Les agents de la Compagnie attendaient l'arrivée des vaisseaux pour faire des achats; ils réunissaient des marchandises dans un court délai et souvent se rendaient acquéreurs de produits qui se vendaient difficilement en France. Il en résultait que quelquefois une partie de la cargaison se trouvait perdue.

La Compagnie avait en outre à lutter constamment contre l'hostilité qu'elle encourait en France et il en résultait pour elle le plus grand préjudice. L'on divisait les produits de l'Inde en deux catégories : la première comprenait les épices, les drogueries, le salpêtre, la soie écrue ; la seconde catégorie, les étoffes de soie, de coton, d'écorce d'arbre, les toiles peintes et les mousselines. L'on partait de cette idée fausse que la Compagnie avait été fondée pour fournir à la métropole les produits de la première catégorie qu'on ne pouvait se procurer qu'en s'adressant à l'étranger. Quant à ceux de la seconde catégorie, l'on pensait pouvoir s'en passer. L'on disait que notre pays avait des produits analogues qui devaient les remplacer et l'on regardait leur importation comme funeste à nos manufactures.

Colbert avait eu soin de ménager les intérêts du commerce français en frappant de droits protecteurs les marchandises qui venaient de l'Inde. L'édit de 1664 les avait soumises à un tarif qui variait suivant leur nature, leur valeur et leur qualité. Plus tard l'on éleva ce tarif. Bientôt les taxes exagérées ne suffirent plus et l'on alla jusqu'à prohiber complètement certains produits qui pouvaient faire concurrence à notre industrie.

Nous avions établi une factorerie à Surate dont les exportations consistaient principalement en toiles peintes. La Compagnie en avait introduit un grand nombre et leur usage commençait à se répandre en France. Cette importation fit une révolution économique. Des fabriques se fermèrent et Lyon qui occupait plus de neuf mille ouvriers n'en employa plus que six cents. De tout côté, l'on demanda l'interdiction des toiles peintes, qui eut lieu à partir de

1685. Cette prohibition fut fatale pour la Compagnie et, à partir de ce moment, la factorerie de Surate ne fit plus que péricliter. Pour obéir aux réclamations du commerce et de l'industrie, le gouvernement limitera l'importation des étoffes de soie brodées d'or et d'argent à 150,000 livres par an et permettra seulement aux ports de Rouen et de Saint-Valéry de recevoir des toiles blanches. En 1709, l'on ira jusqu'à prohiber les mousselines.

L'on voulait restreindre le rôle de la Compagnie à l'importation des épices, qui n'était pas suffisante pour donner lieu à un commerce considérable. L'on songea alors à faire la traite des cafés, mais ce trafic était encore bien peu important. Le café n'était pas encore entré dans les habitudes et, en 1710, sa consommation annuelle ne dépassait guère un million de livres. Aussi la situation de la Compagnie était-elle déplorable. Elle perdait son crédit même à Paris et vivait d'emprunts dont elle était obligée de payer les intérêts à un taux très élevé. C'est en vain que le roi lui donne quatre millions pour l'indemniser des pertes qu'elle a éprouvées pendant la guerre. En 1697, l'on veut expédier un armement et, pour se procurer les ressources suffisantes, l'on force les intéressés à rapporter leurs anciens bénéfices sous peine de perdre leurs droits à toute répartition. Les dettes de la Compagnie s'élevaient alors à onze millions de livres. En 1699, le commerce de l'Inde avec la France atteignait à peine trois millions de livres, dont 2,500,000 pour les exportations et 400,000 pour les importations.

Dans la situation où elle se trouvait, la Compagnie ne pouvait songer à exploiter tous les pays dont le monopole lui avait été concédé. La Chine était de ce nombre et son commerce nécessitait de nombreux capitaux. Les actionnaires, qui se voyaient dans l'impossibilité d'user de leur privilège, pensaient faire une bonne opération en le cédant en 1698 à une nouvelle compagnie, qui venait de se fonder et s'intitulait Compagnie de la Chine. La fameuse association qui, un instant, avait pensé s'emparer du trafic de tout l'Extrême-Orient, en était réduite à l'Hindoustan et ses établissements ne comprenaient que Pondichéry, la factorerie de Surate et les comptoirs du Bengale.

En 1698, Martin était retourné dans l'Inde avec quatre vaisseaux de guerre, le *Lion*, la *Zélande*, le *Castricum* et l'*Indien* et plusieurs bâtiments de la Compagnie. Cette escadre arriva à Pondichéry au mois de mai 1699 et, le 3 octobre de la même année, la place nous était remise par les Hollandais. Ce ne fut pas sans peine que nos ennemis se décidèrent à nous rendre notre colonie. Ils avaient fortifié et embelli la ville, pensant bien qu'elle resterait en leur pouvoir. D'après un article du traité de Ryswick, Pondichéry nous était restitué et ses fortifications ne devaient pas être détruites. Les Hollandais soulevèrent des difficultés à propos des dépenses qu'ils y avaient faites. Martin conclut une clause avec eux, en vertu de laquelle nous leur donnions seize cents pagodes à titre d'indemnité. Cette vente qui caractérise bien l'esprit d'une nation marchande fut signée le 17 septembre 1699. La Compagnie qui ne voulait plus que Pondichéry pût lui échapper, avait ordonné à Martin de mettre la place en état de défense et résolut de consacrer huit mille livres à cette entreprise.

Martin avait avec lui une escadre, plusieurs officiers, deux ingénieurs, deux cents soldats européens, des munitions de guerre, des canons et tous les matériaux nécessaires à un établissement. Il se mit à l'œuvre et transforma bientôt la ville. La garnison fut augmentée et son effectif fixé à trois compagnies d'infanterie européenne et trois cents soldats du pays recrutés principalement parmi les Topas. Martin avait soin d'exercer fréquemment sa petite armée, principalement à la manœuvre du canon; il y attachait une grande importance. Dans une lettre datée de

1701, il écrivait aux directeurs de la Compagnie qu'il se livrait à des expériences de tir et « qu'il était heureux de « leur annoncer qu'un mortier avait lancé une bombe à « quatorze cents toises ».

Au moment où nous reprenions possession de Pondichéry, la situation était loin d'être prospère. Notre territoire était exposé aux excursions des maraudeurs qui venaient ravager le pays, détruire les récoltes et rançonner les habitants. A peu de distance de la ville, le village de Pouloupolian avait été incendié. Martin envoya des détachements de soldats battre les environs et fouiller les bois qui servaient de repaire aux pillards. La sécurité ne tarda pas à se rétablir et les cultivateurs purent se livrer à leurs travaux comme par le passé.

Martin prévoyait l'importance que plus tard prendrait Pondichéry. Aussi il voulait le construire sur le modèle d'une grande cité. Il tira les rues au cordeau et les traça de manière que les maisons qui devaient y être édifiées puissent contribuer à la régularité et à la beauté de la ville. Il fit bâtir un palais pour le gouverneur, un bazar, des magasins et des boutiques. Sa politique habituelle attira beaucoup d'indigènes, marchands, tisserands, teinturiers et peintres sur toiles qui venaient fixer leur résidence dans notre colonie, certains d'y trouver sécurité et protection. Aussi, quoique encore dans l'enfance, Pondichéry présentait déjà l'aspect d'une grande ville. Ses fabriques de tissus montraient que le commerce et l'industrie commençaient à y prendre de l'importance. Les ouvriers de chaque métier habitaient un quartier différent, suivant les coutumes de l'Inde, et formaient des corporations particulières. Les marchés étaient approvisionnés et la vie facile. La sage administration de Martin avait porté ses fruits et à sa mort, en 1706, la population de Pondichéry approchait de cinquante mille habitants.

En 1701, Pondichéry devint notre capitale officielle aux

Indes; un édit y transféra le conseil souverain de Surate
et le siège de la direction de la Compagnie. Martin était
nommé gouverneur général avec autorité suprême sur
Chandernagor et les autres comptoirs. Le conseil souverain
était investi d'attributions administratives et judiciaires;
il était présidé par le gouverneur général et comprenait
cinq conseillers. Le premier était juge au tribunal de la
Chaudrie, le second commissaire des troupes, le troisième
avait la surveillance des magasins, le quatrième la direction des armements maritimes, et le cinquième, en
qualité de procureur général, avait spécialement pour
mission de défendre les intérêts de la Compagnie. Au point
de vue judiciaire, le conseil se divisait en deux tribunaux.
L'un rendait la justice aux Européens [1], l'autre tribunal
qu'on appelait la *Chaudrie* qui ne comportait qu'un seul
juge et un assesseur, jugeait les indigènes en suivant leurs
usages et leurs coutumes. Telle était l'organisation de
notre colonie de Pondichéry.

A son retour dans l'Inde, Martin s'était parfaitement
rendu compte de la situation et, dans un rapport du
15 février 1700 adressé à de Pontchartrain, il faisait
connaître l'état des différentes nations européennes dans
l'Extrême-Orient. La paix de Ryswick marquait une nouvelle période. La Hollande avait perdu sa suprématie,
mais elle restait toujours une grande puissance commerciale. Elle possédait Java, Célèbes, les Moluques, Malacca,
Ceylan et des établissements sur la côte de Coromandel.
Martin avait remarqué que les populations étaient désaf-
fectionnées des Hollandais et qu'en cas de guerre, il nous
serait facile de nous emparer de Batavia, de Malacca et
d'abattre ainsi la prépondérance de nos rivaux. Les Portugais, quoique affaiblis, conservaient toujours une certaine

---

[1] En matière civile, trois juges étaient nécessaires ; en matière
criminelle, ce tribunal s'adjoignait deux des principaux marchands
et comprenait cinq juges.

réputation. Quant à la Compagnie d'Angleterre, elle commençait à prendre de l'importance. Elle avait plusieurs factoreries, la principale était celle de Surate. L'île de Bombay dans la mer d'Oman, Madras et le fort Saint-David sur la côte de Coromandel, lui appartenaient. Si la nation anglaise ne jouait pas encore un rôle aussi considérable que la Hollande, elle disposait de nombreux capitaux et c'était elle qui, dans l'Inde, apportait le plus de numéraire.

Surate était toujours la grande cité commerçante et faisait un trafic considérable avec la côte de Malabar, Siam, Manille, le Bengale, Achem, la Perse et l'Arabie. Aussi Martin disait en parlant de cette ville : « L'argent y « coule autant qu'en aucun lieu du monde. » Il ne se dissimulait pas que Pondichéry n'offrait qu'un débit restreint aux marchandises d'Europe. Pour le moment, nous ne pouvions guère y vendre que quelques balles de drap et quelques pièces de vin. Aussi conseillait-il à la Compagnie d'améliorer son commerce à Surate, à la côte de Coromandel, au Bengale, par des envois plus considérables que ceux faits jusqu'à présent. Pour lui, nos comptoirs devaient fournir à la France tous les produits nécessaires à sa consommation et il pensait qu'il ne fallait pas trop compter sur le commerce d'*Inde en Inde* pour en retirer des profits assurés. Pour le moment, ce trafic ne pouvait donner lieu qu'à un cabotage sans grande importance.

Martin ne cessait de déployer une activité incroyable. Sa position n'était pas facile. En France l'on attachait peu d'importance à Pondichéry et les secours qu'on y envoyait étaient insignifiants. Un jour, deux bâtiments de la Compagnie se présentèrent en rade sans avoir la provision de biscuit nécessaire pour leur voyage. Notre colonie commençait à renaître et le capitaine de vaisseau Chateaumorand de Lusançay, qui la visitait en 1700, était fort surpris d'y trouver trois navires dans son port en train de compléter leur chargement. Durant toute son administration, le gouverneur avait à lutter contre des difficultés qui surgissaient à chaque instant. Un jour, c'étaient les Parias qui voulaient en venir aux mains avec une autre caste. Une autre fois, les soldats de la garnison furent sur le point de s'insurger pour réclamer l'arriéré de leur solde. En outre, une grande rivalité existait entre les fonctionnaires civils et militaires qui formaient en quelque sorte deux camps en lutte l'un contre l'autre. Martin était obligé d'intervenir à chaque instant et son influence était si grande que sa personne suffisait pour ramener le calme et faire taire les prétentions ridicules et exagérées.

La question des rites malabares donna aussi lieu à de nombreuses discussions. A Pondichéry il se trouvait un assez grand nombre de chrétiens indigènes qui descendaient des anciens chrétiens de Saint-Thomas et avaient conservé différents usages qu'ils mêlaient à la pratique du Catholicisme. C'est ce qu'on appelait *les rites malabares*. Le clergé français, qui les considérait comme un reste de *gentilité*, s'empressa d'en signaler le danger. De leur côté, les chrétiens indigènes défendaient leurs coutumes comme des rites particuliers à l'Église de l'Inde et n'altérant en rien l'unité de la foi. De part et d'autre, l'on en vint bientôt à une controverse des plus vives et des plus passionnées.

La Cour de Rome ne pouvait rester indifférente à cette discussion et, en 1701, le pape Clément XI chargea le cardinal de Tournon, à qui il avait conféré la dignité de patriarche d'Antioche, de se rendre aux Indes en qualité de vicaire apostolique et d'y trancher la question des rites malabares. Au mois d'avril 1703, le cardinal de Tournon s'embarqua à Lorient et, après avoir séjourné quelques semaines à l'île Bourbon, il débarquait à Pondichéry au mois de novembre de la même année.

Le représentant du Saint-Siège ne voulait que supprimer les usages qui étaient de nature à altérer la pureté de la foi catholique. Quant à ceux qui paraissaient être des rites particuliers à l'église de l'Inde, il pensait qu'il n'y avait aucun danger à les tolérer. C'est ainsi qu'il permit aux chrétiens indigènes de faire suivant leur habitude des processions à la lueur des flambeaux. Le 23 juin 1704, fut rendu un décret qui réglait définitivement la question des rites malabares. Peu de temps après, le cardinal de Tournon se rendait en Chine, visitait plusieurs communautés chrétiennes, allait à Péking et à Nanking et prenait plusieurs mesures concernant le culte des ancêtres; il mourut à Macao, en 1710.

En 1705, la colonie courut un grand danger. Les Gentils quittèrent la ville au nombre de plusieurs milliers. Ils avaient eu quelques querelles avec les chrétiens indigènes et se figuraient que l'on voulait détruire leurs pagodes. La situation était critique : les Hollandais se trouvaient à quatre lieues de Pondichéry et pouvaient profiter de nos troubles ; les forces militaires dont nous disposions étaient insignifiantes. Martin, dont la loyauté était connue de tous, promit de faire respecter les pagodes et, au bout de quelques jours, les Indiens rentraient dans la ville qui reprenait son aspect ordinaire. Malgré ses nombreuses préoccupations, le gouverneur suffisait à tout. Son administration était fort économe et il donnait lui-même l'exemple de la simplicité. Quoique affaibli par l'âge, il travaillait comme s'il avait été encore jeune et se multipliait. C'est ainsi que nous le voyons faire ensemencer des terres, aider les cultivateurs de ses conseils, s'occuper d'améliorer le sort du soldat et entrer dans les plus petits détails. Aussi ses contemporains disaient-ils de lui avec raison « *qu'il avait une violente passion, la gloire du* « *roi et l'amour du pays.* »

Martin ne bornait pas ses vues à Pondichéry. Par ses soins, un comptoir était fondé à Calicut, le commerce encouragé à s'étendre au Bengale et l'on essayait de rendre à notre établissement de Surate l'activité qu'il avait eue autrefois. Nous cherchions même à nouer des relations avec la Perse et l'iman de Maskate. Malheureusement, la paix qui était indispensable pour le succès de nos entreprises, n'avait pas été de longue durée. En 1701, la succession d'Espagne avait été ouverte et la guerre avait recommencé pour ne se terminer qu'en 1713. Notre colonie ne fut pas attaquée comme elle l'avait été dans la guerre précédente. L'Angleterre avait concentré ses forces en Europe et en Amérique. Les Hollandais se bornèrent à faire quelques démonstrations et employèrent les troupes dont ils disposaient dans les Indes à réprimer les insurrections qui éclatèrent à Java, de 1704 à 1709 et à Célèbes, de 1709 à 1712. Martin, qui voyait tout le danger qu'il y avait pour Pondichéry à s'exposer à un nouveau siège, profita de ces circonstances et, le 27 janvier 1705, il signait avec le gouvernement de Batavia, une convention, en vertu de laquelle les deux nations s'engageaient à considérer comme zone neutre le littoral compris entre Négapatam et la pointe des Palmes ; grâce à ce traité, la ville de Pondichéry n'avait rien à craindre et était à l'abri de toute attaque.

Dans les autres parties de l'Inde, les hostilités se bornèrent à quelques rencontres qui furent généralement à notre avantage. En 1703, le capitaine de frégate de Fontenay s'emparait d'un bâtiment anglais à la hauteur de Malacca et, la même année, le commandant des Pallières capturait un navire hollandais. Le seul fait d'armes que nous puissions relater fut accompli par le capitaine Boynot qui, avec le *Phénix*, dont l'équipage était en grande partie composé de Maures et d'Indiens, lutta victorieusement contre trois vaisseaux ennemis qu'il avait rencontrés dans les eaux du Gange (26 octobre 1705).

Pendant la guerre de la succession d'Espagne, les relations de la France avec l'Inde furent des plus restreintes. La mer avait cessé de nous appartenir. Aussi le commerce était-il languissant et les bénéfices que pouvait réaliser la Compagnie insuffisants pour subvenir aux dépenses, qui pourtant n'étaient pas considérables. Notre crédit était tellement affaibli que nous ne pouvions emprunter à Surate qu'au taux de neuf et dix pour cent, tandis que la Compagnie hollandaise trouvait facilement des prêteurs à quatre et demi. La situation était des plus critiques. La métropole ne donnait aucun secours et tout ce qu'on pouvait demander à la colonie c'était de vivre.

Pourtant la France pouvait, à ce moment, commencer à fonder son empire colonial aux Indes. Après la paix de Ryswick, les circonstances nous étaient favorables. Les Hollandais excitaient l'envie par les bénéfices qu'ils réalisaient et les Anglais, qui avaient été obligés de s'humilier devant le Grand Mogol, avaient alors perdu tout prestige. Les Français, au contraire, étaient sympathiques et n'inspiraient aucune crainte. Si la mer nous était fermée, il nous restait l'intérieur du pays. Il nous aurait été facile de nous emparer du commerce et de nous créer une clientèle parmi les princes de l'Inde. Mais, pour mettre ces projets à exécution, il eût fallu avoir une bonne direction à Paris et des capitaux suffisants pour donner de l'importance à nos entreprises. Malheureusement tout nous manquait. En France, l'on songeait à peine à Pondi- chéry; la Compagnie avait épuisé toutes ses ressources et de plus elle était obérée [1]. Aussi nos établissements étaient-ils condamnés à vivre misérablement tant que cette situation durerait.

Martin ne désespéra jamais de la colonie. Il avait confiance dans l'avenir. Il pensait que la crise que traver- sait Pondichéry était passagère et que la ville qu'il avait fondée serait appelée à jouer un rôle important. Cette idée le soutenait au milieu de ses vicissitudes. Une grande

---

[1] La Compagnie devait 11,000,000 livres à Surate, 300,000 au Bengale et 450,000 à Pondichéry.

joie lui était réservée avant de mourir. Dès 1701, l'on avait commencé à construire une citadelle, qui était flanquée de cinq gros bastions et bâtie sur le modèle de celle de Tournay. Quand la construction fut terminée, une grande cérémonie religieuse vint consacrer la nouvelle forteresse et la bénédiction eut lieu avec solennité le 25 août 1706. L'on chanta le *Te Deum* et l'*Exaudiat* ; une procession fit le tour de la ville et l'on tirait le canon à mesure qu'elle passait sur chaque bastion. Le vieux patriote pouvait s'endormir content, la capitale de l'Inde française était fondée. Martin survécut peu de temps à son triomphe et mourut en décembre 1706 [1]. Son acte de décès que nous reproduisons constate en quelques mots tous les services qu'il a rendus et est le plus bel éloge que l'on puisse faire de lui [2]. Il est ainsi rédigé : « Aujourd'hui 31 décembre 1706, j'ai enterré, dans la forteresse de Fort-Louis, M. François Martin, chevalier, général et gouverneur de Pondichéry, après avoir reçu les sacrements de l'église. *Pondichéry lui a obligation de ce qu'il est aujourd'hui.* Signé : Fr. Laurent d'Angoulesme, capuc. miss. apostolique et custode indigne ».

---

[1] Son oraison funèbre fut prononcée à Pondichéry par le Père Taschard.
[2] Martin laissa deux filles, dont l'une avait épousé Bourreau - Deslandes, le fondateur de Chandernagor. — Sa femme, Marie Cuperdy, lui survécut et mourut à Pondichéry en 1711.

CHAPITRE CINQUIÈME

La mort de Martin fut un malheur pour Pondichéry. Ses successeurs immédiats, Dulivier et Hébert n'avaient rien de ce qu'il fallait pour diriger une œuvre aussi difficile que celle qui leur était confiée. Leur administration laissa beaucoup à désirer et donna lieu à de nombreux scandales. Ce fut Dulivier qui remplaça Martin en remplissant par intérim les fonctions de gouverneur jusqu'au mois de juillet 1708, époque à laquelle Hébert arriva d'Europe.

Dulivier ne s'était fait remarquer que par la jalousie qu'il avait conçue à l'égard de Martin. Son passage aux affaires eut des effets déplorables et aggrava la crise que la colonie devait bientôt traverser. Les terres n'étaient pas affermées et les comptes tenus d'une manière irrégulière. Par sa maladresse, Dulivier froissait la population indigène, et plusieurs de ses mesures irritèrent les différentes castes qui étaient habituées à voir respecter leurs usages. Le caractère fier et hautain du nouveau gouverneur dégoûtait du service les agents de la Compagnie et semait partout la division. De son côté, madame Dulivier, qui était une créole de Madras, ne négligeait aucune occasion de montrer sa vanité. Elle poussait si loin ses prétentions, qu'un jour, revenant de faire une promenade, elle ordonna de tirer le canon de Pondichéry afin d'annoncer son retour dans la ville. Elle avait apporté des habitudes de dépense qui contrastaient singulièrement avec la simplicité de Martin. Elle avait ainsi trouvé moyen de s'aliéner tous les Européens qui habitaient la colonie.

Hébert ne manquait pas d'une certaine valeur. Il montra des qualités qui révélaient chez lui quelque entente des affaires coloniales. Mais il était cupide et regardait le gouvernement de Pondichéry comme un moyen d'arriver à une situation brillante. De plus, il était violent, dominateur, et ses actes furent toujours empreints d'arbitraire. Au début, Hébert effectait un grand zèle pour les intérêts de la Compagnie. Il ne parlait que d'économies et cherchait à augmenter les revenus en donnant à ferme le bétel, le tabac, le change de la monnaie et en mettant en location les terres inoccupées. Il s'occupait de la voirie d'une manière active et prenait plusieurs arrêtés concernant les plantations et l'entretien des rues. Puis, dans le but de se signaler et de faire parler de lui, le nouveau gouverneur poursuivait avec acharnement la destruction des armoiries de la Compagnie hollandaise qui existaient encore sur les portes de quelques maisons. C'était puéril, et le chef de l'Inde française devait se livrer à des opérations plus sérieuses. Cependant il semblait y attacher une grande importance et, dans les lettres qu'il adressait aux directeurs, il se vantait de cette action comme s'il avait assuré l'avenir de nos établissements.

Hébert n'avait pas tardé à montrer son caractère envieux et jaloux. A peine avait-il pris possession de son gouvernement, qu'il ordonnait à Madame Martin de quitter la citadelle, où elle habitait depuis la mort de son mari, et d'aller fixer sa résidence ailleurs. La réputation du fondateur de Pondichéry, qui était mort au milieu des regrets universels, lui portait ombrage. Aussi s'efforçait-il de la calomnier et voulait-il représenter l'administration de Martin, qui avait toujours été des plus intègres, comme déplorable et ayant donné lieu à de nombreux abus. Il était persuadé du contraire et croyait en agissant ainsi arriver à se faire considérer comme indispensable et devenir l'homme nécessaire. Il cherchait aussi à s'ingérer dans les affaires religieuses, qui n'étaient pas de sa compétence, et pensait relever son prestige en étant hostile au clergé. Martin avait usé de beaucoup de tolérance à l'égard des indigènes en tout ce qui concernait l'exercice de leur culte. Son successeur sortit de cette prudente réserve et un arrêté de 1711 vint fixer aux gentils les époques où ils pourraient accomplir leurs sacrifices. Il en résulta un mécontentement général.

La mauvaise administration du gouverneur n'altéra en rien l'entente qui existait entre les habitants de la colonie. La population indigène était habituée à notre domination et l'on pouvait compter sur sa fidélité. Sa situation était cependant des plus précaires. Comme elle vivait au jour le jour, elle se trouvait sans ressources, quand la récolte était mauvaise, ou lorsque le travail venait à manquer. Aussi, souvent la misère était grande. L'année 1708 fut des plus malheureuses. La sécheresse avait été excessive et l'on eut presque une famine. Le riz, qui en temps ordinaire valait à peine un sol la livre, se vendait plus de huit. La charité privée s'efforça de venir en aide à ceux qui souffraient et elle fut toujours largement exercée à Pondichéry.

A cette époque le choléra qui, le siècle suivant, devait faire son apparition en Europe, fut signalé dans notre colonie. L'on n'eut pas à constater des épidémies semblables à celles qui ravagèrent notre pays. Le choléra n'exista jamais dans notre colonie qu'à l'état endémique. Il était désigné sous le nom de *mort de chien* et frappait particulièrement les Européens. Le traitement dont on se servait pour combattre le mal consistait à interdire aux malades de boire de l'eau et à leur brûler la plante des pieds avec un fer rouge.

Pendant toute cette période jusqu'au système de Law, l'histoire de l'Inde française n'offre rien de remarquable. En 1715, le capitaine Dudemaine avait remonté le Gange avec deux navires et, grâce à son appui, le gouvernement de Chandernagor obtenait un firman très avantageux pour notre commerce. Nos relations avec les îles Philippines devenaient plus fréquentes et Manille qui était sur la route des galions du Mexique pouvait être un débouché important pour la capitale de nos possessions. Malheureusement notre situation financière ne nous permettait pas de songer à élargir le cercle de nos opérations. La Compagnie avait épuisé toutes ses ressources à Pondichéry; les capitaux étaient si rares que pendant deux ans l'on ne paya que la demi-solde aux soldats et, en 1707, l'on avait été obligé d'emprunter à dix pour cent pour subvenir à l'entretien de la citadelle.

En 1713, Hébert quittait la colonie et faisait un voyage en Europe. Il fut remplacé par Dulivier qui reprit le gouvernement en son absence. En 1715, il était de retour, mais il ne devait pas tarder à être rappelé à la suite d'un acte odieux dont il se rendit coupable. Il s'était toujours fait remarquer par son arbitraire et ses exactions souvent réitérées. Il avait ordonné l'expulsion de différents marchands indigènes, afin de pouvoir s'emparer de leurs biens. Cette fois, sa conduite dépassa toutes les bornes.

Il y avait à Pondichéry un riche courtier indigène nommé Naniapa que la Compagnie avait à son service. Hébert l'accusa un jour de léser les intérêts qui lui étaient confiés; il le fit fouetter publiquement et condamner à trois ans de prison. Ses biens furent confisqués. Cette infamie souleva un cri général. Au mois d'août 1718, Hébert était destitué et rappelé en France. Ce scandale donna lieu à un procès, à la suite duquel l'ancien gouverneur fut condamné à payer une indemnité aux enfants de Naniapa, dont l'innocence avait été reconnue.

Si la direction donnée à nos établissements était défec-
tueuse, Pondichéry restait néanmoins un centre important.
La vitalité de la ville fondée par Martin était si grande, que
la population augmentait, malgré les crises qu'elle avait
eues à traverser. En 1716, elle s'élevait à soixante mille
habitants dont deux cents Européens, à peu près autant de
Topas et seize cents Chrétiens indigènes. L'industrie s'était
développée dans notre colonie et l'on y trouvait des
fabriques de toiles peintes et de mousselines. Les pièces de
coton, les broderies et les soieries donnaient lieu à un
trafic qui, chaque jour, prenait de l'importance. La France
expédiait des vins, des eaux-de-vie et des draps. Le
Languedoc, la Provence, le Dauphiné, le Poitou et la
Bretagne étaient les provinces avec lesquelles nos possessions de l'Inde entretenaient principalement des rapports.
Malheureusement notre marine était tombée et les habitants
de Pondichéry étaient souvent obligés d'avoir recours,
pour leurs transports, aux vaisseaux des Anglais de
Madras.

Notre colonie était devenue une place forte entourée par
une muraille et protégée par plusieurs redoutes. Les
troupes que la Compagnie entretenait étaient peu nombreuses et suffisaient à peine au service. La garnison ne
comprenait que trois compagnies d'infanterie formant un
effectif de trois cent soixante hommes. Aussi, la plupart du
temps, la citadelle était confiée à la garde d'un petit détachement. Les revenus de la ville étaient assez modiques
et ne dépassaient pas, en 1709, la somme de cinq mille
deux cents pagodes. Souvent l'on avait de la peine à faire
face aux dépenses locales. Le territoire que nous possédions
autour de Pondichéry s'était augmenté de plusieurs aldées
et avait environ sept lieues de tour. La campagne était
bien cultivée et les plantations de riz et de cocotiers
s'étaient considérablement accrues. Aussi, lorsqu'on considérait le triste état de la Compagnie dont les affaires dépé-

rissaient, l'on était surpris de la prospérité de la colonie. Les effets de la bonne administration de Martin se faisaient encore sentir.

Nos autres établissements de l'Inde étaient loin d'être dans une situation aussi satifaisante. Chandernagor n'était guère qu'un village. L'on y comptait à peine cinquante Français et son commerce était presque nul. La factorerie de Surate avait pour ainsi dire cessé d'exister. Nous y devions plus de trois millions et avions complètement perdu notre crédit dans cette ville. Un jour les Banians, dont nous étions les débiteurs, s'adressèrent directement au Roi, pour réclamer le paiement de leurs créances. Ils regardaient la Compagnie comme insolvable. En 1717, les Maures s'étaient emparé de nos magasins et avaient livré aux pillage les marchandises qui s'y trouvaient. Plusieurs de nos nationaux avaient été arrêtés et mis aux fers. Pendant plusieurs années, nos relations avec Surate cessèrent à peu près complètement. Nos autres comptoirs étaient tombés. Nous n'étions plus représentés à Mazuli-patam que par trois employés européens et l'agent qui dirigeait la factorerie de Calicut avait pris la fuite en emportant les fonds qui lui étaient confiés. Notre commerce s'affaiblissait de jour en jour et en France l'on avait à peu près oublié nos possessions de l'Inde.

Jamais la Compagnie ne s'était encore trouvée dans un état aussi critique et sa situation paraissait désespérée. Son crédit était nul. Elle avait fait perdre aux intéressés leurs capitaux, contracté en France des emprunts consi-dérables et, dans l'Inde, elle devait plus de quatre millions. Les Anglais et les Hollandais profitaient de notre crise et vendaient à perte dans le but de ruiner le commerce français. Nous ne pouvions soutenir la concurrence et entrer en lutte avec eux; tout annonçait la chute prochaine de la Compagnie et, en 1708, elle déclarait qu'elle était dans l'impossibité de payer ses dettes. La même année, les actionnaires, qui se voyaient réduits à l'impuissance et incapables de faire des armements, permirent à un négociant nommé Crozat, d'équiper deux navires, moyennant une prime de quinze pour cent. C'était l'abandon de leur monopole.

C'est à cette époque que l'on commença à avoir des rapports réguliers avec Moka et que la traite des cafés prit de l'importance. La compagnie se trouvait malheureusement dans un tel embarras qu'elle ne pouvait entreprendre aucune opération ; ses ressources s'épuisaient de plus en plus. En 1711, une ordonnance du roi lui imposait l'obligation de payer à ses créanciers chirographaires le tiers de ce qui leur était dû. En 1714, les actionnaires qui se voyaient dans l'impossibilité de faire des armements, cédèrent leurs droits pour dix ans à une association de négociants de Saint-Malo. Ils se réservaient un bénéfice de dix pour cent sur la vente des marchandises, à l'exception de l'or, de l'ambre gris et des perles, qui n'étaient soumis qu'à une taxe de trois pour cent. Les armateurs de Saint-Malo s'engageaient à importer annuellement en France des marchandises d'achat aux Indes pour une valeur de deux millions.

Bien des gens considéraient cet abandon comme un événement heureux et pensaient qu'il allait favoriser les consommateurs en abaissant les prix. L'expérience prouva le contraire. Les négociants de Saint-Malo ne purent exploiter leur monopole et y renoncèrent au bout de trois ans. Pendant cette période, ils ne fournirent à la France que le sixième des produits nécessaires à sa consommation. L'évaluation de ceux qui manquèrent fut estimée annuellement à douze millions que l'on dut acheter à des compagnies étrangères, qui réalisèrent ainsi un bénéfice considérable au détriment de notre commerce. Le monopole accordé par l'édit de 1664 était de cinquante ans ; il devait par conséquent expirer en 1714 et l'on ne pensait pas que la compagnie, qui traînait une existence misérable, demanderait la prorogation d'un droit dont elle ne pouvait tirer parti qu'en le cédant à d'autres. C'est cependant ce qui eut lieu ; les intéressés espéraient des jours meilleurs. Le 29 septembre 1714, un édit du roi prorogea les privilèges de la Compagnie pour une période de dix ans à partir du 1er janvier 1715 avec cette seule condition que dorénavant un dixième du produit des captures faites par les vaisseaux de la Compagnie appartiendrait au grand amiral de France.

La prorogation du privilège de la Compagnie ne pouvait donner aucun résultat et, pendant ces dix ans, l'Inde française semblait être appelée à languir. Depuis la mort de Martin, il ne s'était présenté aucun homme capable de donner une vigoureuse impulsion à nos affaires. L'opinion publique annonçait la ruine prochaine de notre commerce dans cette partie de l'Asie et l'on avait même des craintes pour l'avenir de nos établissements. Nous avions partout perdu notre prestige. Notre situation paraissait désespérée et les populations indigènes commençaient à douter de notre puissance et à nous considérer comme une nation sans autorité.

Le but que s'était proposé Colbert en fondant une association privilégiée n'avait pas été de limiter ses opérations à l'Inde ; il espérait ouvrir à notre activité la plus grande partie de l'Asie. La Compagnie était demeurée fidèle à cette politique et avait cherché à étendre ses relations dans tous les pays où le monopole du commerce lui avait été concédé et particulièrement dans l'Indo-Chine et dans l'Empire Chinois. Tel avait été l'avis de Baron et de Martin, qui pensaient que nous ne devions pas nous borner à trafiquer sur la côte de Coromandel ou celle de Malabar et prévoyaient que les destinées de l'Europe se joueraient un jour dans l'Extrême-Orient.

L'Indo-Chine avait attiré de bonne heure notre attention. Bien avant que Colbert eût fondé la Compagnie des Indes, un Jésuite, le P. Alexandre de Rhodes, se rendait en Asie, pénétrait dans l'Indo-Chine et, de 1624 à 1656, explorait la Cochinchine et le Tonkin ; de retour en France il publiait la relation de ses voyages qui se fait encore remarquer par son exactitude et sa véracité.

La Cochinchine avait eu pour le P. Alexandre un attrait tout particulier, et il en parle longuement ; il commence par déterminer sa topographie et donne de nombreux détails sur les mœurs de ses habitants ; il nous dit que le sol est fertile et en énumère toutes les productions. Les mines d'or qui se trouvent dans le pays, les bois de construction que fournissent les forêts et l'industrie de la soierie qui était alors florissante l'avaient séduit. Aussi, pour le P. Alexandre, la Cochinchine était une riche contrée et réunissait toutes les conditions nécessaires pour y fonder des comptoirs et des factoreries. Chaque année de nombreux marchands venaient s'y livrer à un trafic assez actif.

La description du Tonkin n'est pas moins flatteuse. Le P. Alexandre nous dit que le pays est fertile et produit abondamment du riz qui constitue la principale nourriture des habitants. Les campagnes avaient un aspect riant et étaient couvertes d'arbres fruitiers inconnus à nos climats tempérés. La canne à sucre réussissait à merveille. Malheureusement les habitants n'en pouvaient tirer aucun parti, dans l'ignorance où ils étaient des procédés de la raffinerie.

Le Tonkin abondait en chevaux et en porcs. L'on y trouvait des buffles, des éléphants, des rhinocéros et toute espèce de volailles. Le poisson était à vil prix et la pêche, l'une des principales occupations des indigènes. Le P. Alexandre estime à plus de 10,000 le nombre des barques des pêcheurs.

Au point de vue commercial, le Tonkin présentait de nombreux avantages; sa fertilité et son voisinage de la Chine étaient autant de conditions favorables qui devaient assurer le succès de nos entreprises. Les Chinois y venaient en grand nombre apporter des porcelaines, des toiles peintes et en tiraient des soieries et du bois d'aloès. Les Japonais y faisaient autrefois un trafic assez important, mais, depuis vingt-cinq ans, ils avaient cessé de paraître dans ce pays; aussi, pour le P. Alexandre de Rhodes, il y avait une place à prendre et, en s'établissant dans cette région, nos marchands pouvaient s'y assurer de vastes débouchés. Quelques années plus tard, en 1658, un autre religieux appartenant également à l'ordre des Jésuites, le P. Tissanier, arrivait au Tonkin et y résidait trois ans. Dans la relation de son voyage qu'il publia, il était du même avis que le P. Alexandre de Rhodes. Le Tonkin était un pays d'avenir destiné à devenir le siège d'un commerce des plus actifs; aussi devait-il tôt ou tard fixer l'attention des Européens.

La fondation de la maison des Missions étrangères en 1650 dirigea un courant actif du côté de l'Indo-Chine et cette institution éminemment française envoya de nombreux missionnaires au Tonkin et en Cochinchine. La liste en serait trop longue à énumérer. Qu'il nous suffise de citer deux noms, ceux des évêques de Bérythe et d'Héliopolis qui tiennent une place importante dans notre histoire coloniale.

L'évêque de Bérythe, Mgr Lamothe-Lambert, se rendait en Cochinchine et y séjournait quelques années en qualité de vicaire apostolique; il explora ce pays avec soin, ainsi que le Cambodge et le royaume de Siam, et le récit de ses voyages contient des documents fort curieux et des plus intéressants.

Mgr Pallu, évêque d'Héliopolis, visita successivement le Bengale, l'Indo-Chine et les côtes de la Chine. C'était un homme éminemment supérieur. Il s'était particulièrement attaché au Tonkin et proposait d'y fonder un établissement. Ce pays, par sa situation, son voisinage de la Chine, lui paraissait réunir toutes les conditions nécessaires pour devenir un centre commercial. L'évêque d'Héliopolis était l'un des rares Français qui, au xviie siècle, prévoyaient qu'un jour une révolution économique allait s'accomplir et modifierait complètement les relations des différents peuples entre eux; aussi ne cessait-il d'attirer l'attention de ses contemporains sur l'Extrême-Orient. Selon lui, la France devait y porter ses efforts, y posséder des colonies et ouvrir ainsi de nouveaux débouchés à son commerce et à son industrie.

L'un des directeurs de la factorerie de Surate, Baron, dans le but d'étendre notre influence, cherchait à nouer des relations avec le roi de Siam qu'il savait désireux d'entrer en rapport avec les Français. En 1680, un vaisseau de la Compagnie allait sur les côtes de Siam et deux agents, Bourreau-Deslandes et Cornuel, se rendaient à la cour du roi. Ce dernier, grâce à Mgr Cotolendi, évêque de Métellopolis, était favorable à la France et nos émissaires signèrent avec lui un traité des plus avantageux. La Compagnie des Indes obtenait le droit d'établir des factoreries et de grands privilèges étaient accordés à notre commerce. Le roi de Siam entrait dans notre alliance; il allait bientôt envoyer une ambassade à Louis XIV.

Les autres régions de l'Indo-Chine, encore à peine connues, paraissaient s'ouvrir à notre activité. En 1681, un de nos agents, Duplessis, débarquait au Pégou et obtenait du roi l'autorisation de faire le commerce et la cession d'un petit territoire pour y créer un établissement. En 1684, le marchand Le Chappelier se rendait au Tonkin. Les missionnaires nous avaient rendu le roi favorable et les présents de la Compagnie achevèrent de le gagner à notre cause. Nos émissaires furent parfaitement accueillis et on leur permit de fonder une factorerie dans une ville des provinces du Midi. L'on commença à faire quelque trafic et les indigènes se montraient fort disposés à entrer en rapport avec les Français. En 1686, Verret, qui avait exploré les côtes de la Cochinchine, proposait à la Compagnie de prendre possession des îles Poulo-Condor et d'y installer une station navale.

A Siam les circonstances nous étaient des plus favorables. Le roi, déjà en rapport avec l'Europe depuis plusieurs années, désirait l'appui de la France contre les Hollandais. A la suite de la convention conclue avec Baron, il nous avait accordé différents avantages et entre autres l'autorisation d'exporter du poivre. La Compagnie des Indes avait fondé un comptoir et tout faisait espérer qu'il serait des plus prospères. Un événement imprévu paraissait devoir faciliter toutes nos entreprises et en assurer le succès.

Un Grec, originaire de l'île de Céphalonie, Constance Phaulkon, était devenu après de nombreuses aventures le favori du roi de Siam. Il avait décidé son maître à envoyer une ambassade en France. Cette ambassade arriva en 1686 et fut solennellement reçue par Louis XIV. Elle comprenait six mandarins et deux missionnaires qui servaient d'interprètes. La physionomie, le costume, le cérémonial des Siamois excitèrent la curiosité de la Cour et alimentèrent pendant longtemps les conversations de Versailles. Les ambassadeurs étaient étonnés d'un spectacle si nouveau pour eux; ils virent dîner le roi et furent frappés de la somptuosité de sa table. Les eaux du parc que l'on fit jouer en leur présence leur parurent l'effet d'une puissance magique. Le duc d'Orléans leur donna une fête magnifique à Saint-Cloud et le prince de Condé les appela à Chantilly. Rien ne fut négligé. Aussi les Siamois s'en allèrent pleinement satisfaits et en emportant une grande idée de la puissance française. Le roi de Siam demandait notre amitié, permettait le libre enseignement du christianisme dans ses états et nous cédait l'île Singor et les villes de Bangkok [1] et de Mergui [2], deux places merveilleusement situées pour le commerce. Il reconnaissait en outre la suprématie de la France.

Louis XIV ne devait pas laisser passer l'occasion de montrer sa puissance et, en 1687 le capitaine de Vaudricourt mouillait dans les mers de l'Indo-Chine avec une escadre de six vaisseaux qui portaient six cents hommes d'infanterie et un petit corps de bombardiers. Le chevalier de Chaumont avait été chargé des négociations diplomatiques; il était accompagné de plusieurs officiers et missionnaires parmi lesquels se trouvaient le Père Taschard et l'abbé de Choisy. L'ambassade se rendit à Siam. Les Français y furent reçus avec les marques de distinction les plus honorables. Le roi s'était départi de la fierté naturelle aux monarques asiatiques et entretenait avec eux des rapports empreints de la plus grande familiarité.

Les négociations étaient d'autant plus faciles que le roi de Siam désirait s'assurer de notre appui contre les Hollandais, qui étaient pour lui des voisins redoutables. Un traité définitif ne tardait pas à être signé et en 1688, de Chaumont reprenait la route de l'Europe avec trois mandarins qui portaient de riches présents au roi de France et étaient chargés de lui demander des ingénieurs et des officiers, dans le but de fortifier les places du royaume et de discipliner l'armée siamoise.

Nous étions maîtres de la situation et tout paraissait

---

[1] Bangkok, situé près de l'embouchure du Meinam, à 35 kilomètres de la mer, n'était alors que la seconde ville de Siam et n'est devenu capitale du royaume qu'en 1782.

[2] Mergui, la capitale du Ténasserim est située sur la Goulpia, dans le golfe du Bengale. Depuis 1824, cette ville est possédée par les Anglais qui en ont fait une de leurs principales stations maritimes. Le Ténasserim a appartenu aux Siamois jusqu'en 1759.

devoir nous promettre le succès. Le maréchal de camp, des Farges, qui commandait le corps expéditionnaire était debarqué avec ses troupes et avait occupé les deux villes qui nous avaient été cédées, Bangkok et Mergui. Cette dernière avait principalement fixé notre attention et nous avions le projet d'y fonder une colonie importante. Nous nous assurerions ainsi de la prépondérance dans l'Indo-Chine; à cette époque, le royaume de Siam était le siège d'un commerce florissant. Les Maures, les Chinois, les Japonais et les Hollandais venaient y trafiquer en grand nombre. Le pays possédait des mines de plomb, de fer, d'acier et d'étain et leur exploitation pouvait devenir entre nos mains une source féconde de richesses. L'agriculture était assez avancée. De la Loubère, qui avait résidé à la cour de Siam en qualité d'envoyé extraordinaire du roi de France, avait remarqué que le sol était des plus fertiles et produisait du riz et des légumes. Dans la relation qu'il donne de son voyage, il nous dit que les campagnes paraissaient respirer un air de prospérité, que le cotonnier y était cultivé avec succès et que l'on y voyait de nombreuses plantations de ce précieux arbuste. Pour tous les Français qui s'étaient rendus à Siam, notre établissement semblait être appelé à un brillant avenir.

Les événements ne répondirent pas à l'attente. Le roi de Siam avait confié à des Français les principaux emplois de son royaume. Le chevalier de Forbin avait été nommé généralissime de l'armée siamoise. Malheureusement nos agents manquèrent de prudence dans leurs rapports avec la population. Nos soldats prenaient plaisir à railler et à tourner en ridicule les mœurs et les habitudes du pays. Il en résulta un mécontentement général, qu'un mandarin, nommé Pétracha, exploita avec le concours des prêtres appelés Talapoins qui étaient jaloux de notre influence. Une insurrection générale éclata; Pétracha s'empara du trône et Constance Phaulkon, qui était notre principal appui, fut massacré. Après s'être défendu pendant plusieurs mois avec une poignée d'hommes, des Farges était obligé d'évacuer Bangkok et Mergui. Il ramena à Pondichéry les débris du corps expéditionnaire.

Malgré notre échec à Siam, Martin ne renonçait pas à l'Indo-Chine. Nous le voyons insister à plusieurs reprises pour une nouvelle expédition. Pour lui, Mergui avait une importance considérable. Cette ville devait nous appartenir et devenir entre nos mains une station maritime de premier ordre. Nous aurions pu ainsi lutter contre les Hollandais qui, dans cette partie de l'Asie, s'étaient arrogé la prépondérance commerciale. Un instant l'on crut que l'on allait donner suite au projet de Martin. Un mémoire avait été présenté au roi et l'on y examinait les moyens de s'emparer de Mergui et de Ténasserim. L'attention se portait aussi sur la Cochinchine et le Tonkin.

Les habitants de ce dernier royaume entraient volontiers en rapport avec les Européens. Le Christianisme y était en progrès et un missionnaire, qui y séjourna de 1692 à 1715, évaluait à deux cent mille le nombre des chrétiens qui s'y trouvaient. Martin, qui connaissait les ressources de ce pays, désirait que les Français y prissent pied et tournassent leur activité du côté de l'Indo-Chine. Malheureusement la guerre d'Espagne, qui était sur le point d'éclater, devait faire ajourner toute nouvelle entreprise et causer de sérieux préjudices à nos établissements.

La mer Rouge avait aussi attiré notre attention. Martin engageait la Compagnie à y posséder un comptoir et à établir un trafic régulier entre la France et l'Arabie. Nous pouvions nous emparer du commerce de l'encens, en envoyant chaque année un vaisseau à la grande foire qui se tenait à Moka. A notre arrivée dans l'Inde, nous avions aussi songé à nouer des relations avec la Perse; une factorerie avait été fondée à Bender-Abassi. En 1683, Martin avait envoyé dans ce royaume le commis Duvilliers et l'année suivante l'évêque de Babylone s'était rendu à Ispahan et avait obtenu la protection du Roi pour les Français et les Arméniens catholiques qui formaient notre clientèle politique. Les populations se montraient favorables à nos entreprises et de nombreux marchands, chrétiens ou musulmans, demandaient à être nos protégés, afin de s'assurer un appui contre les exactions de leurs pachas. Aussi, si à ce moment la Compagnie avait fait de ce côté de vigoureux efforts, elle se serait établie en Perse d'une manière définitive et le commerce de ce royaume serait devenu notre monopole.

La Chine n'était pas oubliée et notre activité trouvait là un vaste champ où elle aurait pu s'exercer. En 1664, d'Hogenhouck, qui avait été directeur du commerce hollandais en Asie, était venu offrir ses services à Colbert ; il proposait de nous assurer la suprématie commerciale en Chine et au Japon. Nanking lui paraissait être la ville où nous devions fonder notre principale factorerie. La Compagnie pensait que pour le moment elle devait concentrer tous ses efforts du côté de l'Inde. Aussi ne donna-t-elle pas suite à ce projet, dont la mise à exécution aurait eu pour nous de nombreux résultats. La rivalité des Hollandais n'était pas à craindre de ce côté et nous pouvions agir librement.

Les avantages que l'empire chinois offrait à notre commerce avaient frappé l'évêque d'Héliopolis. Il se doutait qu'un jour l'Asie serait le théâtre où les puissances européennes entreraient en lutte et il avait deviné la grandeur future de la Russie. Aussi, dans une lettre adressée à Colbert en 1669, il disait que la nation des Moscovites, alors à peine connue, jouerait un rôle considérable dans l'Extrême-Orient. Selon lui, nous devions nous allier aux Czars, résister avec leur appui à la Hollande et à l'Angleterre et établir un immence trafic au moyen de caravanes, qui partiraient de Péking et se rendraient à Moscou. Les Russes commençaient à tourner leur attention de ce côté et quelques années plus tard, en 1692, Pierre le Grand allait envoyer une ambassade saluer le souverain du *Céleste empire* et lui demander un traité de commerce et d'amitié. Les projets de Mgr Pallu furent considérés comme des utopies, et cependant leur mise à exécution aurait eu d'immenses résultats pour notre pays.

Martin, dont les vues embrassaient tout l'Extrême-Orient, pensait qu'il était de notre intérêt de tourner notre activité du côté de la Chine. Dans ce but, il s'était mis en rapport avec les missionnaires qui s'y étaient établis et en obtenait de précieux renseignements. En 1685, une expédition s'en allait, par son ordre, explorer les côtes de la province de Canton et cherchait à y nouer des relations commerciales.

Malheureusement la situation financière de la Compagnie n'était pas brillante et la guerre était sur le point d'éclater entre la France et les puissances maritimes. En 1693, Pondichéry, la capitale de nos établissements, tombait au pouvoir des Hollandais et les mers avaient cessé de nous appartenir. Aussi pour le moment nous ne pouvions rien faire et nous étions condamnés à l'inaction.

La Compagnie avait fait des pertes considérables pendant la guerre : aussi ne pouvait-elle songer, dans l'état où elle se trouvait, à exploiter tous les pays où elle avait le monopole du commerce. Au nombre de ces pays était la Chine, qui exigeait de nombreux capitaux et des armements considérables. La Compagnie, se voyant dans l'impossibilité d'user de son privilège, le céda, en 1698, à une nouvelle société, qui se forma à cette date et s'intitula Compagnie de la Chine.

Cette nouvelle compagnie acquérait le monopole du commerce de la Chine et s'engageait à payer à la Compagnie des Indes un droit de quinze pour cent sur la vente des marchandises importées en Europe. Elle avait à sa tête un comité de douze directeurs, dont les principaux étaient

Pecquot de Saint-Maurice, conseiller au Parlement, Tournay, ancien commissaire de la marine, Clapperon, directeur de la Compagnie des Indes et Boutin, directeur de la Compagnie du Sénégal. Dès le mois de mai 1698, un vaisseau portant trente canons et cinq cents tonneaux, l'*Amphitrite* quittait le port de La Rochelle avec les marchandises les plus convenables au genre de négoce que l'on se proposait et se rendait à Canton. Il en revenait en 1700, avec une cargaison de thé, de soieries, de rhubarbe et de porcelaines et jetait l'ancre à Nantes. La nouveauté des produits apportés par l'*Amphitrite* excita un véritable engouement. Les *chinoiseries* furent activement recherchées. Les *cabarets* de porcelaine devinrent l'ornement indispensable des salons. Les dames ne cachèrent pas leur préférence pour les éventails de Canton ou de Nanking. Les lanternes chinoises eurent de nombreux partisans et l'on essaya même de les faire servir à l'éclairage des appartements. La Chine était à la mode.

Les bénéfices que le voyage de *l'Amphitrite* avait donnés décidèrent la Compagnie à faire de nouvelles expéditions. De 1700 à 1710, quatorze vaisseaux furent successivement envoyés en Chine. Les principales branches du commerce étaient le thé, l'indigo, la rhubarbe, les porcelaines, le cuivre et les étoffes de soie. Canton était la ville ouverte aux Européens et le centre d'un mouvement des plus actifs. C'était déjà une grande cité et un Jésuite, le P. Prémarre, qui la visita en 1699, en fait une description fort curieuse dans une lettre adressée au P. Lachaise. Nous croyons devoir la reproduire.

« La ville de Canton », dit le P. Prémarre, « est plus « grande que Paris et il y a, pour le moins, autant de « monde. Les rues sont étroites et pavées de grandes « pierres plates et dures, mais il n'y en a pas partout. « Avec les chaises que l'on loue ici pour peu de chose, on « se passe aisément de carrosses, dont il serait d'ailleurs

« presque impossible de se servir. Les maisons sont très
« basses et presque toutes en boutiques. Les plus beaux
« quartiers ressemblent aux rues de la foire St-Germain,
« il y a presque autant de peuple qu'à cette foire aux
« heures qu'elle est bien fréquentée. On a de la peine à
« passer. On voit très peu de femmes et la plupart du
« peuple qui fourmille dans les rues sont de pauvres gens
« chargés tous de quelque fardeau. Tout ce que je viens de
« dire forme, il me semble, une idée assez nouvelle et qui
« n'a guère de rapport avec Paris. Quand il n'y aurait que les
« maisons seules, quel effet peuvent faire à l'œil des rues
« entières où l'on ne voit aucune fenêtre et où tout est en
« boutiques, pauvres pour la plupart et souvent fermées
« de simples claies de bambous en guise de porte. On
« rencontre à Canton d'assez belles places et des arcs de
« triomphe assez magnifiques à la manière du pays, il y a
« une espèce de ville flottante sur la rivière de Canton.
« Ces barques se touchent et forment des rues. Chaque
« barque loge toute une famille et a, comme les maisons
« régulières, des compartiments pour tous les usages du
« ménage. Le petit peuple qui habite ces casernes mou-
« vantes décampe dès le matin tout ensemble, pour aller
« pêcher ou travailler au riz qu'on sème et qu'on recueille
« trois fois l'année. »

A cette époque, les événements semblaient annoncer que
la Chine allait s'ouvrir aux Européens. Le Christianisme
avait été prêché dès la fin du xvıᵉ siècle : en 1600, un Jésuite,
le P. Ricci, était parvenu à se rendre l'empereur favorable
et de nombreuses conversions avaient eu lieu. Des évêchés
avaient été fondés en 1690 à Nanking et à Péking. Les
chrétiens étaient assez nombreux dans cette dernière ville
et, en 1704, ils y possédaient quatre églises. Leur nombre
dans tout l'empire était évalué à environ trois cent cinquante mille. Les missions étaient en pleine prospérité.

La Compagnie commençait à étendre ses relations

en dehors de Canton ; elle s'était mise en rapport avec Ningpo, qui était renommé pour ses fabriques de tissus et de broderies sur satin et en même temps l'un des marchés de riz les plus importants. Nous pouvions ainsi ouvrir de nouveaux débouchés à notre commerce ; les événements paraissaient devoir nous favoriser.

L'on se heurta malheureusement aux difficultés que la Compagnie des Indes avait précédemment rencontrées. Les soieries étaient le produit que nous importions principalement en France. Les fabricants français qui redoutaient la concurrence ne tardèrent pas à réclamer et les soieries de Chine furent prohibées. C'était en quelque sorte supprimer notre commerce dans cette partie de l'Asie ou tout au moins le réduire à des achats de thé, de rhubarbe et de porcelaine. En outre l'administration des directeurs était loin d'être honnête. Leurs déprédations étaient telles qu'elles causèrent un véritable scandale. En 1710, les actionnaires s'adressèrent directement au roi et le prièrent d'intervenir afin de sauver leurs intérêts. La situation de la Compagnie devint si critique qu'on eut l'idée de la fusionner avec celles des Indes occidentales et de la mer du Sud. Elle perdit tout crédit et ne fit plus que végéter jusqu'au moment de sa réunion avec la Compagnie perpétuelle de Law.

Les comptoirs de l'Inde n'étaient pas les seules possessions de la Compagnie. Nous nous rappelons les nombreuses tentatives qui avaient été faites à Madagascar et qui, malheureusement, étaient demeurées infructueuses. L'on avait aussi occupé l'île Bourbon et, après la ruine de Fort-Dauplin, cet établissement était le seul qui nous fût resté dans cette partie de la mer des Indes. Nous n'avons pas oublié que l'amiral de la Haye s'y était arrêté et avait fait exécuter plusieurs travaux ; à son retour, en 1674, il débarquait de nouveau dans l'île. La colonie était livrée au désordre le plus complet. Le gouverneur de la Hure, qui avait succédé au commis Renaud, était emporté, brutal et violent; sa conduite l'avait rendu odieux aux blancs comme aux nègres. La plupart des habitants avaient quitté les plantations et préféraient vivre dans les bois plutôt que de reconnaître son autorité; aussi, en apprenant ce qui s'était passé, de la Haye s'empressa de destituer de la Hure et de le remplacer par un de ses officiers nommé d'Orgeret.

D'Orgeret était un gentilhomme du Poitou qui avait servi sous les ordres de l'amiral de la Haye et s'était distingué au siège de San-Thomé. L'île Bourbon, dont il était nommé gouverneur, n'avait encore à cette époque aucune importance. Sa population qui, en 1671, ne comptait que cinquante habitants, n'en avait que cent cinquante en 1676. Aussi les débuts de la colonisation furent-ils des plus pénibles. D'Orgeret était animé des meilleures intentions, mais ses efforts furent impuissants. Ce fut sous son gouvernement que quelques-uns des Français qui avaient pu échapper au massacre du Fort-Dauphin, après s'être séparés à Mozambique de leur chef, de la Brétêche vinrent chercher un asile à l'île Bourbon. On leur fit si bon accueil que, pour la plupart, ils se fixèrent en la colonie et renoncèrent à retourner en Europe. En apprenant la révolte des Malgaches, les nègres de Bourbon voulaient les imiter et massacrer les blancs. Dans ce but, ils organisèrent un complot qui fut heureusement découvert à temps. Les coupables s'enfuirent dans les bois et dans les montagnes et, pour se garantir de leur brigandage, l'on fut obligé de les traquer comme des bêtes fauves. En même temps, les rats, qui s'étaient multipliés à l'infini, dévastaient les plantations et il en résulta une famine. D'Orgeret était si accablé de ne pouvoir remédier à tant de calamités qu'il mourut en 1678. L'on pouvait dire qu'il avait succombé à la peine.

Son successeur, de Florimont, ne gouverna l'île que de 1678 à 1680. Son caractère à la fois énergique et conciliant lui avait gagné la confiance des habitants et, sous son

administration, le calme reparut pendant quelque temps.
L'on fit une chasse active aux nègres marrons et l'on parvint à les détruire en partie. De nouvelles plantations
étaient créées. La colonie se développait malgré les vicissitudes qu'elle traversait. Aux premiers colons étaient
venus se joindre des aventuriers qui, plutôt que de mener
une existence régulière, préféraient vivre comme de véritables sauvages dans les bois et dans les cavernes. C'était
un élément bien impropre à l'enfantement d'une société
nouvelle. En outre, la pénurie où l'on se trouvait était
extrême et, dans une lettre datée de 1678, Florimont se
plaint de manquer de linge, d'outils et des objets les plus
nécessaires. La mort ne devait pas tarder à le surprendre.
Étant un jour à pêcher, il fit une chute et se tua dans une
ravine qui aujourd'hui porte encore son nom en souvenir
de cet accident.

Après la mort de Florimont, la colonie se trouvait livrée
à elle-même. Tous les yeux se portèrent sur un Capucin, le
Père Bernardin qui, depuis plusieurs années, exerçait son
ministère dans l'île et avait su gagner par son dévouement
les sympathies de la population. Il fut élu gouverneur, en
janvier 1680, et malgré ses répugnances il accepta le fardeau qu'on lui imposait. Son premier soin fut de réunir les
habitants dans son église et là, après leur avoir communiqué ses projets, il leur demanda de s'engager à obéir aux
ordres qu'il leur donnerait. Tous le promirent et tinrent
parole ; l'influence du Père Bernardin ne tarda pas à se
faire sentir. C'est sous son administration, malheureusement trop courte, qu'après de pénibles débuts la colonie
parcourut une nouvelle étape et entra réellement dans la
voie de l'amélioration et du progrès.

Le Père Bernardin commença par réprimer les déprédations des nègres marrons et, quand il eut assuré la sécurité, il s'occupa de culture. Il fit planter plusieurs coton-
niers qu'il avait apportés de l'Inde et obtint un produit

d'une qualité supérieure. La canne à sucre était déjà accli-
matée et réussissait à merveille; un vaisseau hollandais,
qui avait relâché à l'île Bourbon, y avait laissé un pied de
gérofle. L'on avait commencé à cultiver ce précieux
arbuste et l'on pouvait espérer que les épices deviendraient
une branche importante d'exportation pour notre colonie.
Le sol était fertile et produisait du riz, du blé barbu, de
l'orge, du maïs et les légumes de France aussi bien que
ceux des tropiques. Aussi un voyageur disait-il avec
raison « que tout ce qu'on y semait et plantait d'Europe et
des Indes y croissait et y fructifiait à perfection. »

Cette fertilité de l'île qui se prêtait à toutes les cultures
avait fait supposer au Père Bernardin que la vigne pourrait
y réussir; il espérait que Bourbon se couvrirait de
vignobles et donnerait un vin égal à celui des meilleurs
crûs de France. Les apparences étaient pour lui. La vigne
croissait spontanément dans la plupart des cantons de l'île;
l'on pouvait y admirer des treilles dont les grappes étaient
d'une grosseur et d'une coloration inconnues à nos climats
tempérés. Un habitant de Saint-Paul possédait des treilles
qui produisaient chaque année plus de six mille grappes de
raisin noir et blanc et étaient pour lui la source d'un revenu
important. L'on se livra à de nombreux essais de culture
vinicole et l'on eut recours à de nouveaux procédés. Les
pieds de vigne étaient plantés en échiquier, afin de faciliter
le labourage, contrairement à l'habitude des vignerons de
France qui, à cette époque, ne se servaient guère que de
la bêche. Malgré tous les efforts auxquels l'on se livra, l'on
n'obtint aucun résultat, le sol de l'île Bourbon ne paraît
pas être favorable à la culture de la vigne.

A cette époque, notre établissement de la mer des Indes
ouissait d'une grande réputation sous le rapport du climat
et de la fertilité. Tous les Français qui visitaient l'île
Bourbon en faisaient les descriptions les plus flatteuses; ils
la comparaient au paradis terrestre et lui donnaient le nom

de *Nouvel Eden*. La végétation était luxuriante et le sol produisait pour ainsi dire sans travail. Du reste, la population avait peu de besoins. Les maisons n'étaient guère que des huttes ou des cabanes couvertes de chaume, et la plupart n'avaient pas de serrures. Les troupeaux paissaient dans les savanes sans gardien. Chaque propriétaire se contentait de lui imprimer sa marque. La chasse était une grande ressource et l'on trouvait dans les bois quantité de pigeons sauvages, de perroquets et de flamants. Le poisson était très abondant et excellent ; l'étang de Saint-Paul était renommé pour ses mulets et ses anguilles. Les habitants recherchaient avec avidité les tortues de mer qu'ils regardaient comme un manger délicieux. La chauve-souris entrait dans l'alimentation ; les gens du pays en faisaient une espèce de ragoût dont ils paraissaient être très friands, au grand étonnement des Européens. Le commerce était alors insignifiant. Bourbon n'avait des rapports avec la métropole que de loin en loin et était considéré comme une île perdue au milieu de l'Océan. Aussi l'arrivée d'un navire était-elle un grand événement. La colonie prenait un aspect des plus animés et toute la population se portait sur la côte, dans le but d'avoir des nouvelles de la France et de parler de la patrie absente.

Le Père Bernardin s'efforçait, autant qu'il le pouvait, de développer la prospérité de la colonie. Dans ce but, il demandait à la Compagnie des ouvriers honnêtes, capables de devenir des chefs de famille et un homme *sachant faire le sucre*. La culture de la canne à sucre avait pris un rapide essor et le P. Bernardin pensait qu'elle deviendrait prochainement l'un des principaux produits de Bourbon. Il enseignait en même temps aux jeunes filles à tisser le coton et déclarait qu'il n'en marierait aucune qui ne sût coudre, filer et être une bonne ménagère.

Depuis quelque temps l'île servait de refuge aux aventuriers. Ces nouveaux débarqués, qui étaient trop souvent un élément de désordre, inquiétaient le Père Bernardin ; aussi recommandait-il de les surveiller avec soin. La boisson fermentée que l'on fabriquait avec le jus de la canne à sucre et dont on faisait une grande consommation était principalement l'objet de ses attaques et il ne cessait de représenter aux colons le danger qu'il y avait pour eux à user de cette liqueur. Elle occasionnait de nombreuses querelles et engendrait des maladies qui étaient mortelles sous le climat de la mer des Indes. Le Père Bernardin s'était pris d'une véritable affection pour son île ; il aimait à la parcourir et se mêlait aux cultivateurs qu'il aidait fréquemment de ses conseils. Il était infatigable et suffisait à tout.

La population était repartie entre les trois paroisses de Saint-Denys, Saint-Paul et Sainte-Suzanne. Pendant longtemps le clergé ne comprit que deux prêtres qui appartenaient à l'ordre des Capucins. Les paroisses de Saint-Denys et de Saint-Paul avaient le même curé. Les églises étaient construites en bois et la première église en maçonnerie ne fut élevée qu'en 1705. Le Père Bernardin s'attachait à entretenir la foi chez les habitants de l'île, afin que Bourbon fût une colonie d'honnêtes gens et non un refuge d'aventuriers. Dans ce but il organisa la confrérie du Mont-Carmel. En agissant ainsi, le Père Bernardin ne faisait que se conformer à un usage général qui existait en France, où il n'y avait pas de villes et de villages qui ne possédassent plusieurs confréries. La confrérie n'était qu'une des formes de l'association, et tous les membres se devaient assistance réciproque ; à Bourbon, cette institution ne pouvait avoir que de bons résultats. Les quelques Français qui s'y trouvaient sentaient le besoin de se rapprocher les uns des autres et de s'aider dans leur isolement.

Les premiers colons de Bourbon étaient profondément religieux et le fait suivant le prouve. Nous nous rappelons que le clergé ne comprenait que deux prêtres ; aussi parfois

12

il arrivait qu'un malade mourait sans pouvoir recevoir les
secours de la religion. La piété des habitants avait cherché
à remédier à cet état de choses, en instituant l'*homme de
vertu* [1]. L'*homme de vertu* était un vieillard qui portait
aux processions la bannière de la confrérie du Mont-Carmel.
Lorsqu'il ne se trouvait aucun prêtre pour assister un
malade, l'*homme de vertu* était appelé; il entendait la
confession du mourant, la consignait par écrit et en
donnait ensuite lecture au premier prêtre qu'il rencontrait
en recommandant le défunt à ses prières. Cet usage est des
plus curieux et mérite d'être mentionné; il montre combien
la foi était vive chez les premiers habitants de la
colonie.

Le Père Bernardin ne resta gouverneur que jusqu'en 1686.
L'intérêt qu'il portait à notre établissement se montrait
dans toutes les lettres qu'il adressait aux directeurs de la
Compagnie et au Ministre. Il ne cessait d'appeler leur
attention sur l'île Bourbon. L'embouchure de la rivière
d'Abord lui paraissait être fort convenable pour la construction d'un port; les navires y auraient relâché et auraient
cessé en allant dans l'Inde de se diriger par le canal de
Mozambique. Il demandait aussi que les habitants eussent
la liberté de trafiquer avec les vaisseaux qui faisaient escale
et pussent ainsi écouler leurs produits. N'obtenant rien de
ce qu'il réclamait, le Père Bernardin se décida à venir en
France pour y exposer la situation de la colonie; une
occasion ne tarda pas à se présenter. Un bâtiment arriva à
Bourbon, au mois de novembre 1686; il y prenait passage et
quittait l'île au grand regret des habitants, qui conservèrent
pendant longtemps le souvenir de son administration.

Son successeur, Drouillard, était un officier de marine
qui revenait de l'Inde et s'était arrêté à Bourbon, avec

---

[1] Le nom de ce singulier personnage a été conservé et, au recensement de 1690, figure le nommé Athanase Touchard avec la qualification d'*homme de vertu*.

l'intention d'y séjourner quelque temps pour raison de santé. Le Père Bernardin l'avait prié de le remplacer en qualité de gouverneur. Drouillard y avait consenti ; il ne tarda pas à se trouver aux prises avec de nombreuses difficultés. Les ordonnances qu'il rendait en vue de réglementer la chasse et la fabrication de l'aloès, la défense qu'il fit de détruire les mouches à miel excitèrent un mécontentement général qui se traduisit par des actes de violence. Les colons avaient vécu dans une indépendance à peu près complète ; ils avaient subi l'influence morale du Père Bernardin. Le nouveau gouverneur leur était inconnu ; son autorité leur parut odieuse et quelques-uns d'entre eux allèrent jusqu'à incendier sa maison. Drouillard fatigué, désespéré, se considéra comme un exilé et n'aspira qu'à revenir en Europe ; il profita avec plaisir du passage d'un navire qui se rendait en France et quitta la colonie à la fin de 1689, heureux d'abandonner un poste qui ne lui avait causé que des ennuis de toute sorte.

Jusqu'en 1689, la Compagnie des Indes n'avait été représentée à Bourbon que par des agents n'ayant aucun caractère officiel ; les colons se gouvernaient eux-mêmes. Fatigués de leur indépendance, ils s'étaient adressés au roi, qui avait fait droit à leur requête en nommant gouverneur Habert, seigneur de Vauboulon. Le nouveau fonctionnaire prit possession de son poste en décembre 1689 ; à cette époque, les concessions de terre se faisaient avec la plus grande facilité et tout nouveau venu à Bourbon était certain d'obtenir une certaine quantité de terres. La Compagnie, dans le but de maintenir sa suzeraineté, se réservait seulement la coupe des bois, la pêche, la chasse et une redevance de peu de valeur. Cette redevance consistait ordinairement en deux porcs, quatre coqs d'Inde ou deux poules. Plus tard, l'on y ajoutera quatre onces de café par arpent de terre. La Compagnie jouissait de toutes les prérogatives qui appartenaient aux seigneurs et, en sa qualité de suzeraine, elle possédait également les *lods et ventes*. En 1690 il y eut un recensement officiel de la population, et l'on put constater une augmentation sérieuse. L'île Bourbon avait quatre cents habitants dont deux cents blancs. La culture s'était également développée. La colonisation était décidément en voie de progrès.

Habert de Vauboulon ne devait pas rester longtemps gouverneur. C'était un homme cruel, avare et impérieux. Son administration, qui était des plus tracassières, devint bientôt odieuse ; les colons la supportaient avec impatience et n'aspiraient qu'au moment où ils pourraient la renverser. Au Père Bernardin avait succédé un autre Capucin, le Père Hyacinthe, qui exerçait dans l'île les fonctions de curé. Le Père Hyacinthe avait su, dans plusieurs circonstances, résister à Habert de Vauboulon et, par son énergie, il s'était concilié la confiance des habitants ; aussi, lorsque la population poussée à bout se souleva, il était à la tête du complot. L'on raconte même qu'il donna le signal de la révolte à l'église, du haut de la chaire, et que, sur son ordre ses paroissiens s'emparèrent de la personne du gouverneur et le jetèrent en prison, où il mourut quelques mois après.

Le gouvernement passa tout naturellement aux mains du Père Hyacinthe qui l'exerça de 1690 à 1696. Pendant ces six années, il ne passa aucun navire de France. La colonie était livrée à elle-même et restait sans relations avec la métropole. Les habitants menaient une vie à peu près indépendante et, à leur grand contentement, ils pouvaient se livrer au plaisir de la chasse sans avoir à observer aucun règlement. L'on permit aux pirates qui infestaient cette partie de la mer des Indes de venir se ravitailler à Bourbon et aux colons de leur vendre leurs produits et de trafiquer avec eux. Les forbans furent même autorisés à se fixer dans l'île. Quelques-uns profitèrent de cette permission et apportèrent ainsi un nouvel élément de population qui était loin de se faire remarquer par sa docilité et son aptitude au travail.

Au mois de juillet 1696, une escadre arrivait à Bourbon. Le capitaine de Serquigny qui la commandait commença par faire arrêter le Père Hyacinthe et ordonna une enquête sur ce qui s'était passé par rapport à Habert de Vauboulon. De la Bastide fut installé en qualité de gouverneur ; il resta en fonctions jusqu'en 1699. C'est à cette époque que l'on voit surgir le commencement d'une organisation administrative, ce qui indique que la colonie possédait déjà une certaine importance. L'île était divisée en trois cantons, Saint-Denys, Saint-Paul, et Sainte-Suzanne. Chaque canton était distribué en un certain nombre de quartiers. A la tête de chaque quartier se trouvait un commandant, à qui le gouverneur déléguait certains pouvoirs et était en même temps chargé de représenter son autorité. Un conseil de notables était institué ; il était composé de six membres et devait se réunir toutes les fois qu'il s'agissait de prendre une mesure concernant l'intérêt général. A cette époque, deux prêtres des missions étrangères, MM. de la Vente et Calvarin vinrent administrer le spirituel de la colonie. La prospérité de Bourbon continuait de se développer, quoique lentement. De Lacour de la Saulaye, qui succéda à de la Bastide en 1697, fit procéder à un nouveau recensement. En 1700, la population s'élevait à six cents habitants.

A la fin du XVIIe siècle, l'on put croire un instant que les protestants, que la révocation de l'édit de Nantes avait chassés de France, allaient se diriger du côté de la mer des Indes et y fonder des colonies. Trois cents d'entre eux étaient venus s'établir au Cap de Bonne-Espérance, où les Hollandais avaient pris pied en 1619. Ils apportèrent la vigne et bientôt les vignobles de Constance devinrent fameux dans le monde entier. Ils peuplèrent un canton nommé le Coin-Français et que leurs descendants habitent encore aujourd'hui. Cette émigration eût été beaucoup plus importante, si la Compagnie hollandaise n'y avait mis obstacle, dans la crainte que l'élément français ne finit par former la majorité de la population.

Les îles de la mer des Indes avaient également attiré l'attention des protestants qui s'étaient refugiés en Hollande. L'un d'eux, Henry Duquesne, avait l'intention de réunir un certain nombre de ses coreligionnaires et d'aller avec eux fonder une république calviniste à l'île Bourbon, à laquelle il donnait le nom d'attracteur d'Eden ; rien ne fut négligé pour amener la réussite de ce projet. Dans toutes les villes des Pays-Bas circulaient des prospectus qui donnaient de Bourbon les descriptions les plus flat-teuses, vantaient son climat et sa fertilité et en faisaient un véritable paradis terrestre. Après avoir obtenu l'assen-timent des États-Généraux, Duquesne commença ses pré-paratifs et fit construire deux vaisseaux. Le pavillon qu'il avait adopté était blanc à huit larges rayons bleus partant du centre ; un de ces navires partit d'Amsterdam en 1690. En arrivant au Cap de Bonne-Espérance, les émigrants apprirent qu'une escadre française se trouvait dans le voisinage. Il leur fallut renoncer à la conquête de Bour-bon. Une quinzaine d'entre eux allèrent se fixer à l'île Rodriguez ; ils n'y restèrent que deux ans et, après y avoir vécu misérablement, ils vinrent chercher un refuge à l'île Maurice qui était alors une possession hollandaise.

A partir de 1701, la colonisation de Bourbon prit un nouvel essort. Le gouverneur de Viller avait reçu l'ordre d'explorer l'île dans toute son étendue et de présenter un rapport sur ses productions et les cultures qui pourraient y réussir. De Viller s'acquitta de sa mission. Il estimait que l'île contenait plus de deux cent mille arpents de terre cultivables. L'on voyait de belles plantations de riz, de tabac, de maïs et de cannes à sucre. Le muscadier et le géroflier réussissaient et l'on essayait d'y acclimater le poivrier. Les légumes d'Europe y venaient aussi bien qu'en France et entraient pour une large part dans l'alimen-

tation de la population. Plusieurs habitants s'occupaient
d'élever des abeilles et des vers à soie et les résultats qu'ils
obtenaient répondaient à leurs espérances. Bourbon devenait une de nos colonies agricoles les plus importantes.

De Viller montrait une activité infatigable. Il voulait que
Bourbon cessât d'être une possession déshéritée. Aussi
proposait-il à la Compagnie d'y envoyer des instituteurs
pour apprendre à lire et à écrire aux enfants. En 1704,
nous voyons paraître le premier officier public sous la
qualification de *secrétaire fiscal*. En 1703, le cardinal de
Tournon s'était arrêté quelques semaines dans la colonie
pour y donner la confirmation et l'église de Saint-Denys
ne tardait pas à être construite. De Viller donna au nouveau sanctuaire un ciboire et un encensoir en argent,
une lampe et un bénitier en cuivre. Il fit accomplir d'importants progrès à la colonisation. Aussi à son départ,
en 1709, laissait-il de vifs regrets et son nom est resté à l'un
des pitons les plus pittoresques que l'on remarque dans la
plaine des Cafres.

Son successeur, de Cheranville, resta peu de temps en
fonctions ; en 1710, il était remplacé par Antoine de Parat.
L'administration de ce dernier gouverneur marque une
date importante dans l'histoire de la colonie. Un édit
de 1711 créa un conseil provincial à Bourbon. Ce conseil
jugeait à trois membres en matière civile et à cinq au
criminel. Au civil, les jugements étaient exécutoires par
provision et l'appel était porté devant le conseil souverain
de Pondichéry. Au criminel, où l'on suivait les formes
ordinaires en se conformant à l'ordonnance de 1670, les
jugements étaient définitifs à l'égard des esclaves, mais
pour ce qui concernait les personnes libres, l'on relevait
de la juridiction de Pondichéry qui décidait en dernier
ressort.

Le conseil provincial était, en dehors de ses attributions
judiciaires, un corps administratif, et c'est en cette der-

nière qualité qu'il fonctionnait le plus souvent. Le nombre des ordonnances qu'il rendit sur les matières d'intérêt général est assez considérable. Nous le voyons s'occuper de la chasse, du prix des vivres et prescrire l'ouverture de routes dans les habitations pour faciliter le transport des denrées et, en même temps, réglementer la concession des terres qui jusqu'alors avait été tant soit peu arbitraire. D'après une ordonnance de 1713, faute d'exploitation suffisante dans un délai déterminé, les terres faisaient retour à la Compagnie. La déchéance à prononcer appartenait au conseil. Cette mesure donna des résultats presque immédiats ; les colons poursuivirent les défrichements et de nouvelles plantations ne tardèrent pas à être créées. Les affaires ecclésiastiques, qui jusque-là avaient été un peu livrées à l'aventure, reçurent enfin une organisation régulière. En 1711, une convention était passée avec les Lazaristes ; on leur remettait la direction spirituelle de la colonie. Le Père Daniel Renou fut le premier préfet apostolique de l'île, l'archevêque de Paris restant métropolitain, comme il l'a été jusqu'au moment de la création des évêchés coloniaux.

Nous avions accompli de véritables progrès. Cependant il ne faut pas s'exagérer l'importance de notre colonie à cette époque. Notre établissement était encore peu considérable. Les villes et les bourgs étaient inconnus à Bourbon. Les maisons étaient isolées, bâties en bois et n'ayant qu'un étage à cause des ouragans qui étaient assez fréquents. Toutes se faisaient remarquer par une grande simplicité. L'habitation du gouverneur, ainsi que la plupart d'entre elles, était couverte en paille et sur la terrasse qui la précédait, l'on avait construit une batterie de canons. Les habitants menaient une vie des plus agrestes : presque tous marchaient pieds nus. Inutile de dire que le luxe était complètement inconnu. Le commerce extérieur consistait à envoyer chaque année un petit navire à

Pondichéry et à recevoir les bâtiments qui se rendaient dans l'Inde ou ceux qui retournaient en Europe. Telle était la situation de l'île Bourbon ; elle avait enfin traversé la période difficile qui accompagne toujours la fondation de tout établissement, quand un événement inattendu vint donner un grand développement à sa prospérité.

Le café commençait à entrer dans la consommation ; on le tirait principalement du Caire et des échelles du Levant. La Compagnie pensait que l'introduction du caféier serait une précieuse ressource pour Bourbon. En 1711, le gouverneur de Parat avait envoyé un navire à Moka pour y chercher les plants de différents arbres susceptibles de s'acclimater dans la colonie. Le navire nommé l'*Augusta* était commandé par le capitaine de la Boissière. En 1714, il apporta à Bourbon le premier pied de caféier, et des plantations de ce précieux arbuste eurent lieu chez le curé de Sainte-Suzanne et un habitant du même quartier. Presque en même temps, le café était découvert dans les forêts de l'île. Les colons s'attachèrent d'abord à cultiver le café indigène qui était loin de valoir le moka. Il mûrissait imparfaitement et était toujours mêlé de baies mures et vertes. L'on se contentait de le mélanger avec le moka. Aussi, pendant plusieurs années, le café de Bourbon eut-il un goût sauvage ; il n'avait pas encore obtenu cette réputation qu'il mérite à juste titre. Tout d'abord les colons se refusèrent à cultiver le caféier de Moka et il fallut même les y contraindre. Le gouverneur Parat prit à cet effet différentes mesures et obligea tout propriétaire à avoir sur sa plantation deux cents pieds de caféier par tête de noir. La culture se développa et prit une grande extension. Quelques années plus tard, le gouverneur Dumas écrivait : « que l'on ne pouvait rien voir de plus beau que les plantations de caféiers qui couvraient une partie de l'île. »

Bourbon était une colonie à plantations et il avait fallu avant tout se procurer des travailleurs ; aussi, dès les débuts de la colonie, l'esclavage y avait été introduit. Les premiers esclaves étaient des nègres qu'on avait importés de la côte de Mozambique. En 1715, le gouverneur Parat rendait une ordonnance concernant l'esclavage et, en 1723, un édit vint définitivement régler cette matière. Cet édit reproduisait en partie le Code Noir de 1687 qui s'appliquait aux îles d'Amérique, mais l'humanité des colons se refusa toujours à mettre à exécution les dispositions barbares qui y étaient écrites.

Bourbon était en possession d'une source de richesses qui allait bientôt être exploitée. La colonie était devenue importante et, en 1708, une milice était organisée. Elle comprenait tous les hommes libres depuis quinze ans jusqu'à cinquante. Des routes étaient tracées et notamment celle de Saint-Denys à Sainte-Suzanne. Les exportations, qui naguère étaient à peu près nulles, étaient devenues importantes grâce à la culture du café. En 1718, un ouragan détruisit une partie de la récolte, mais ce ne fut qu'un accident qui n'entrava pas les progrès de la colonie. Aussi le voyageur La Barbinais le Gentil, qui visita l'île Bourbon en 1717, constate sa prospérité et estime sa population à deux mille habitants dont 900 blancs.

L'île Bourbon était ainsi la seule colonie de la Compagnie qui jouissait d'une certaine prospérité; quant aux établissements que nous possédions dans l'Inde, ils étaient stationnaires et, s'ils vivaient d'eux-mêmes sans recevoir aucun secours de la Métropole, ils paraissaient être condamnés à traîner une existence misérable. Notre commerce s'affaiblissait de plus en plus en Asie, notre crédit était à peu près nul. Le rôle de la Compagnie semblait être fini et chacun attendait sa ruine, quand Law parut avec son système qui fut une véritable révolution. La situation changea immédiatement et la Compagnie brilla d'un éclat qui jusqu'alors lui avait été inconnu.

CHAPITRE SIXIÈME

LAW. — LA COMPAGNIE PERPÉTUELLE. — ADMINISTRATION
DE LENOIR. — CONQUÊTE DE MAHÉ.

John Law était le fils d'un riche orfèvre d'Édimbourg.
Familier dès son enfance avec les opérations de change et
d'escompte, le mécanisme de la banque d'Angleterre
l'avait frappé. Il étudia l'organisation de la banque
d'Amsterdam et rêva alors de créer une nouvelle puissance, le crédit. Dans les temps primitifs, le commerce
s'était borné à échanger des marchandises contre d'autres
marchandises. Dans la suite, pour faciliter les relations,
l'on avait eu recours à un étalon, le numéraire. Law se
demanda pourquoi il n'y aurait pas une nouvelle période
où l'on se servirait d'un signe conventionnel, sans valeur
par lui-même, et pourquoi l'État n'imiterait pas ce que
font certains particuliers, qui emploient le billet et la lettre
de change, et ne ferait pas usage d'un papier qui serait une
simple promesse. Le crédit serait alors fondé.

L'organisation financière de l'État paraissait également
vicieuse à Law. Pour lui, l'État qui ne produisait rien et
empruntait, devait produire et prêter et, par conséquent, se
faire banquier. Le trésor public serait alors une banque de
dépôt et d'escompte émettant du papier monnaie avec
cours forcé pour les rapports entre lui et les particuliers.
Le crédit serait alors garanti par un fonds de valeurs

réelles correspondant aux valeurs nominales. La banque percevrait les revenus publics et les particuliers viendraient y déposer leur argent. L'État se substituerait aux prêteurs et, en prêtant à des conditions modérées, il faciliterait les moyens de parvenir à la fortune. Tel est le fameux *système* dont l'histoire est intimement liée à celle de la Compagnie des Indes.

Law était venu en France à la paix. Louis XIV avait laissé un triste héritage à son successeur. Le pays avait été épuisé par les dernières guerres et les finances étaient dans un désordre complet. La situation était déplorable. L'on se demandait ce que l'on allait faire et déjà le mot de banqueroute avait été proposé. Law proposa son *système* et prétendit avoir trouvé le remède que l'on cherchait[1]. Il fut autorisé à créer une banque de dépôt et d'escompte qui devait émettre des billets au porteur, payables en espèces, au cours du moment. La capital de la banque comprenait six millions représentés par douze cents actions. L'entreprise fut couronnée de succès. Les relations commerciales furent encouragées, et il y eut une véritable reprise des transactions. L'on s'empressait de se servir du nouvel établissement de crédit et la confiance reparaissait ; le 4 décembre 1718, la nouvelle institution était déclarée *Banque royale*.

Law allait poursuivre l'application complète de son système. La banque créait des ressources nouvelles ; il fallait les employer au moyen d'une grande compagnie de crédit qui absorberait toutes les forces du pays. La banque et la compagnie ne feraient qu'un et toute la nation deviendrait un corps de commerçants. Un état qui ferait lui-même le commerce, n'ayant pas à craindre de manquer de capitaux ni à redouter la concurrence, se livrerait à un

---

[1] Law assurait que son système porterait le revenu de la nation à trois milliards et celui du trésor à trois cents millions.

trafic considérable et se créerait des revenus importants avec lesquels il pourvoierait aux services publics.
On pourrait diminuer l'impôt, peut-être le supprimer dans
l'avenir. C'était là où le système tombait dans l'erreur;
la compagnie de commerce devait être fatale à la
banque.

La France possédait de vastes territoires en Amérique, et
entre autres la Louisiane. En 1682, Cavelier de la Salle
avait exploré le bassin du Mississipi, qu'il avait appelé
fleuve Colbert, et en avait pris possession au nom de
Louis XIV. Ce pays manquait de population et n'avait
pour habitants que des tribus indiennes et quelques
trappeurs ou rares colons [1]. Law le regardait comme fort
convenable pour la mise à exécution de ses projets;
aussi accepta-t-il avec plaisir l'offre de la Louisiane; il
s'engageait à la coloniser avec une compagnie qui
devait consacrer à cette entreprise deux millions de son
capital.

Law réunit un certain nombre de capitalistes et leur
parla de la Louisiane dont il fit une description des plus
flatteuses; selon lui il était facile de transformer ces
immenses territoires en riches provinces, si l'on voulait y
porter des capitaux. Une compagnie se forme bientôt au
capital de cent millions, divisés en deux mille actions de
cinq cents francs chacune, à fournir en billets de l'État.
La nouvelle société s'intitulait *Compagnie d'Occident*.
Law possédait la compagnie qui était le complément de
son système; il pouvait mettre ses projets à exécution. Les
événements étaient favorables. Le papier de la banque
était en hausse et se multipliait. Le succès paraissait
certain.

La Compagnie d'Occident ne répondit pas tout d'abord

---

[1] Lorsque la Louisiane fut cédée à Law, la population européenne
ne dépassait pas huit cents habitants.

aux espérances qu'elle avait données. Ses actions baissèrent
même de moitié. Law pensa qu'il lui rendrait son crédit
en étendant ses opérations. Dans ce but, il se rendit
acquéreur des droits de la Compagnie du Sénégal et la réunit
à celle d'Occident ainsi que la société qui avait été établie
pour la pêche du corail sur les côtes des états barbaresques ;
il obtenait en même temps la concession de la ferme des
tabacs, et de celle des mines de sel d'Alsace et de Franche-
Comté. Malgré les ressources que l'on se procurait, les
actions de la Compagnie n'étaient encore qu'à trois cents
francs au lieu de cinq cents, le prix de leur émission.
Law leur communiqua un mouvement de hausse en les
achetant au pair à six mois de date avec une prime de
30 à 40 pour 100. Le jeu des *primes* de bourse qui était
déjà connu, fut désormais naturalisé dans notre pays. Les
actions de la Compagnie montèrent rapidement et elles
avaient regagné leur pair au mois de mai 1719.

Law eut alors l'idée de réunir à la Compagnie d'Occident
l'ancienne Compagnie des Indes Orientales ainsi que celle
de la Chine. Il pensait que la Compagnie devenue universelle absorberait tout le commerce de la France en dehors
de l'Europe et donnerait lieu à des bénéfices considérables.
Le régent avait adopté ses projets et un décret royal en
date de mai 1719 en ordonnait l'exécution. Cet édit cons-
tatait la décadence de la Compagnie des Indes Orientales et
supprimait son privilège ainsi que celui de la Compagnie
de Chine. La Compagnie d'Occident avait désormais le
droit exclusif de commercer avec les pays situés à l'est du
Cap de Bonne-Espérance, c'est-à-dire les îles d'Afrique, la
Perse, l'empire Mogol, Siam, la Chine, le Japon et les
mers du Sud. Un dernier édit établissait que la nouvelle
compagnie serait appelée *Compagnie des Indes* et prendrait les armes de la Compagnie d'Occident.

Law était autorisé à émettre cinquante mille actions au
prix d'émission de cinq cent cinquante francs. Ces

actions étaient de même nature que les actions primitives de la Compagnie d'Occident et leurs numéros faisaient suite à ceux de ces dernières. Après le décret de fusion, l'on décida que, pour se rendre acquéreur d'actions nouvelles, il fallait posséder une valeur quadruple en actions de la Compagnie d'Occident. Ainsi celui qui voulait avoir une action nouvelle devait représenter quatre actions anciennes de la Compagnie d'Occident. Les actions anciennes avaient été émises à 550 livres payables en quatre versements et en papier de l'État, qui perdait soixante-dix pour cent. Le premier quart seulement avait été versé et une action avait ainsi à peine coûté quarante livres en espèces. La combinaison de Law qui permettait l'achat d'actions nouvelles seulement à ceux qui possédaient des actions anciennes, avait pour résultat de faire rechercher ces dernières et de leur donner une hausse considérable. Aussi leurs détenteurs réalisèrent d'énormes bénéfices. Les Français, avec l'esprit qui les caractérise, donnèrent aux anciennes actions les noms de *mères* et aux nouvelles ceux de *filles*, en disant qu'elles apportaient leur dot avec elles.

La spéculation allait bientôt recevoir une nouvelle impulsion. Le 25 juillet 1719, la Compagnie prenait à ferme pour neuf ans la fabrication de la monnaie, au prix de cinquante millions payables au roi, dans un délai de quinze mois. Les actions atteignaient en ce moment mille livres et gagnaient cent pour cent. Pour payer cinquante millions qui étaient le prix d'achat de la fabrication de la monnaie, la Compagnie était autorisée à émettre cinquante mille actions nouvelles au taux nominal de cinq cents francs ; mais l'on décida qu'elles ne seraient livrables qu'au taux de mille livres. L'on devait les payer en billets de la banque du roi et de plus, pour obtenir, il fallait prouver que l'on était en possession d'une valeur quintuple en anciens titres. Les nouvelles actions furent dénommées *petites-filles* èt, grâce à cette mesure, les actions *mères* montèrent rapidement. L'on s'empressa d'échanger son numéraire contre les billets de la banque. La hausse ne s'arrêta plus ; les billets du gouvernement arrivèrent au pair et les actions de la Compagnie triplèrent de valeur.

Law voulait encore faire un pas en avant ; le succès l'avait enivré. Il offrit, au mois de septembre 1719, de se charger de la perception de tous les impôts et de prêter à 3 pour 100 une somme de 1,200 millions destinée à rembourser les dettes de l'État. Cette offre fut acceptée. Pour réaliser les 1,200 millions qu'elle offrait de payer, la Compagnie fut autorisée à émettre des actions au porteur donnant droit aux bénéfices. L'on fit une nouvelle émission de 240,000 actions qui, au lieu de valoir 500 francs, en valaient 5,000. Les premières actions arrivaient à ce chiffre. L'on décida qu'elles ne pourraient être payées qu'en billets de l'État ou en assignations du garde du Trésor. La Compagnie avait tous les impôts directs ou indirects et les receveurs généraux étaient supprimés. Pour placer les actions, on résolut de les offrir au public au cours de leur émission et de les vendre par série aux enchères, à la porte du palais que la Compagnie possédait rue Vivienne.

La fièvre de la spéculation s'empara de Paris. L'esprit public y était préparé. L'on s'était réveillé à la mort de Louis XIV et, depuis l'institution de la banque, l'on s'était familiarisé avec les opérations financières. Bientôt, dans tout Paris, il ne fut plus question que d'entreprises commerciales et coloniales et des bénéfices qui allaient être réalisés. Le charlatanisme auquel on avait eu recours pour émettre les actions avait enflammé les imaginations et disposé à la crédulité. Quand la Compagnie des Indes fusionna avec celle du Mississipi, l'illusion ne connut plus de bornes et devint presque de la folie.

Les cafés avaient fait leur apparition sous Louis XIV. A partir de cette époque, ils remplacèrent définitivement les cabarets. L'on s'y réunissait et l'on parlait des profits que chacun espérait réaliser. La Louisiane était l'objet de toutes les conversations et l'art de la réclame était porté à ses dernières limites. La crédulité du public ne fut jamais exploitée avec tant d'impudence. On faisait circuler des estampes représentant l'arrivée des Français au Mississipi, au milieu d'un paysage enchanteur. L'on y voyait des montagnes remplies d'or, d'argent, de cuivre et de plomb. Les annonces les plus chimériques n'éveillaient pas le moindre scepticisme. Un jour c'était une flotte chargée de marchandises qui partait pour aller trafiquer dans les différentes parties du monde; une autre fois, l'on apprenait l'existence d'un atelier de 12,000 femmes Natchez occupées à travailler la soie. La mode était aux pierreries; l'on se répétait qu'une montagne d'émeraude était située sur le territoire de l'Arkansas et qu'un détachement de soldats avait été envoyé pour en prendre possession. Malgré de nombreuses recherches, l'on ne put jamais la retrouver. Dix sauvages et une sauvagesse des bords du Missouri avaient été amenés à Paris. Les hommes eurent un grand succès. Ils prirent à la course un cerf qu'on lâcha dans le bois de Boulogne et exécutèrent à plusieurs reprises des danses de leur pays sur le théâtre Italien. Quant à la sauvagesse qui était d'une beauté piquante et de plus reine, on la maria avec un sergent des Gardes-Françaises nommé Dubois. Ce mariage fut célébré à l'église Notre-Dame, en grande cérémonie. L'enthousiasme était général.

Une véritable fièvre s'était emparée de tous les esprits. Les contes des Mille et une Nuits que Gallard venait de traduire et les voyages de Chardin en Perse, avaient fait faire connaissance avec l'Orient Les productions des *isles* et les richesses des Indes alimentaient toutes les conversations. L'agiotage et la spéculation s'étaient donné

13

rendez-vous dans la rue Quincampoix, devenue depuis légendaire.

Il est difficile de décrire l'avidité du public. La France entière accourait à Paris, dont la population augmenta, dit-on, de trois cent mille habitants. A Lyon, à Aix, à Bordeaux, à Strasbourg, à Bruxelles, les carrosses et les voitures publiques étaient retenus deux mois à l'avance et les billets de diligence se négociaient avec prime. Toutes les classes de la société se livraient à un agiotage effréné ; des fortunes se faisaient en un instant. Ces nouvelles richesses avaient amené un besoin de jouir et de paraître. Le luxe croissait dans des proportions incroyables et rien n'égalait le faste des *millionnaires*. C'est alors que le mot fut créé. Les fêtes, les spectacles et les plaisirs se multipliaient à l'infini. La moralité tomba bien bas sous le coup de ces fortunes rapides et scandaleuses. Quant à Law, sa popularité était immense. Il méditait des projets plus ou moins chimériques, entre autres celui de créer un *port de mer* à Paris. Pour le public, c'était un être fantastique. Son antichambre ne désemplissait pas de gens occupés à lui faire la cour. L'Académie des Sciences le choisissait pour l'un de ces membres. Sur son passage, l'on criait : « Vive Monseigneur Law » ; il était au faîte de la puissance.

Cependant il était bien évident que la valeur attribuée aux actions ne devait pas toujours durer et qu'elles baisseraient du moment que des gens avisés voudraient réaliser. C'est ce qui arriva à la fin de 1719. Law eut recours à divers expédients pour soutenir la valeur des billets. L'on alla jusqu'à défendre de faire des paiements en argent au-dessus de dix francs et en or au-dessus de trois cents fr. L'on parvint ainsi à arrêter un instant les actions sur la pente de discrédit entre neuf et dix mille livres. Elles en avaient valu jusqu'à vingt mille. Ce n'était qu'un temps d'arrêt. La panique ne tarda pas à se répandre. L'on voulait réaliser à tout prix et l'on achetait tout ce qu'on trouvait, des meubles, des bijoux, des étoffes, etc., afin d'avoir une valeur tangible. Le papier était tellement discrédité que les marchands augmentaient leur prix de cinquante et de cent pour cent quand on ne leur offrait pas des espèces en paiement.

Law continua la lutte et prit plusieurs mesures, telles que la refonte générale des monnaies et le cours forcé des billets de banque dans le but d'arrêter la baisse du papier. Il fut interdit de porter des diamants et des pierres précieuses et de posséder de la vaisselle d'or. Les paiements au-dessus de cent francs durent se faire en billets. L'on démonétisa l'or et l'argent, sauf la petite monnaie, et l'on obligea les particuliers à apporter leurs espèces à la banque. L'on voulait à tout prix arrêter la réalisation. La confiance ne se commande pas et rien ne pouvait arrêter la chute du système. Law avait fait accepter au régent une mesure qu'il pensait être le salut. La Compagnie prenait en main l'administration de la banque et le roi était garant des billets. Les billets de dix francs étaient remboursés en numéraire. Le roi cédait à la Compagnie cent mille actions qui lui appartenaient au prix de neuf cents millions. La valeur des actions était irrévocablement fixée à neuf mille livres.

Il était inutile de songer à résister contre le courant. Le 21 mai 1720, il fut décidé que le taux des actions serait ramené à cinq mille livres. Les billets de l'État devaient aussi être réduits de moitié. C'était le coup de mort du système et l'on cria à la banqueroute. Law avait perdu tout crédit et c'est en vain qu'il publia quatre lettres apologiques dans le *Mercure Galant*, dans le but de ramener les esprits. C'était inutile. La situation ne faisait qu'empirer. La Compagnie offrait d'abandonner ce qui lui revenait de l'impôt si on voulait la décharger de neuf cents millions qu'elle devait au roi. On lui accorda ce qu'elle demandait.

Le gouvernement créait en même temps vingt-cinq millions de rente sur l'Hôtel-de-Ville, à 2 1/2 pour cent, au capital d'un milliard, payables en titre de rente ou en billets. Malgré les efforts de Law, la banque continuait de marcher à sa ruine. Elle fut bientôt obligée de suspendre ses paiements, si ce n'est pour les billets de dix francs. Le peuple craignant que l'on ne finisse par ne plus les payer se rue sur la banque; une émeute a lieu, une catastrophe est imminente.

La Compagnie offre de retirer de la circulation, dans l'espace d'un an, six cents millions de billets, si on voulait lui concéder la perpétuité de ses privilèges commerciaux. Le gouvernement accepte et la Compagnie devenue *Compagnie perpétuelle des Indes* émet cinquante mille nouvelles actions. Son union avec la banque était définitivement rompue. L'on essaya en vain de ramener le crédit. Les billets perdaient 90 pour 100. Tout le système s'écroulait; un arrêté du 10 octobre 1720 révéla au public la situation de la banque. Elle était désastreuse; il avait été fabriqué pour plus de trois milliards de billets. Les actions étaient descendues à deux cents francs; l'on en eut bientôt pour un louis. Law tomba; il quitta la France poursuivi par les malédictions publiques et s'en alla mourir à Venise, en 1720, dans un état voisin de l'indigence.

L'œuvre de Law ne périt pas tout entière. La Compagnie subsistait et conservait tous ses privilèges commerciaux. Déjà, en 1720, dans le but de lui venir en aide, le gouvernement lui avait cédé les droits qu'une société particulière, fondée en 1698, avait à Saint-Domingue. On lui confirma la jouissance du commerce des castors au Canada, le monopole du tabac et, en 1723, celui de la vente du café. En 1722, on lui avait concédé les comptoirs de la côte de Guinée. Elle restait ainsi une grande association privilégiée et gardait les Indes, le *Domaine d'Occident* ainsi que toutes ses autres possessions territoriales.

L'on s'occupa ensuite de la situation financière qui fut mise au net. La Compagnie était devenue une société particulière au capital de cent douze millions, divisé en cinquante-six mille actions, qui furent fixées à deux mille livres chacune [1]. Leur trafic fut en même temps régularisé et reçut un caractère officiel. C'est l'origine du cours de la bourse. L'administration de la Compagnie fut réorganisée et un arrêté du 30 août 1723 vint la régler d'une manière définitive. Cet arrêté instituait douze directeurs. Les affaires de la Compagnie étaient divisées en douze départements; à la tête de chaque département était un directeur. Huit syndics nommés par l'assemblée générale surveillaient l'administration et avaient voix délibérative dans les assemblées des directeurs. Chaque année, une assemblée générale se réunissait pour examiner le bilan. Tous les quinze jours se tenait une assemblée particulière composée du contrôleur général des finances, de quatre inspecteurs nommés par le roi, des huit syndics et des douze directeurs. Sa mission consistait principalement à examiner l'emploi des fonds.

Rien ne fut négligé pour relever la Compagnie. Le roi lui donna deux millions et le revenu de la loterie pour l'indemniser des pertes qu'elle avait faite. La paix existait et l'on comptait sur une reprise des transactions commerciales. Le gouvernement espérait qu'une fois débarrassée des opérations financières, l'association chargée du trafic avec l'Inde allait s'ouvrir de nouveaux débouchés. En 1725, la situation de la Compagnie fut clairement établie. Ainsi se termina cette entreprise, l'une des plus étonnantes qui aient jamais existé. Une puissance nouvelle, le crédit avait été créé et si l'on n'avait pas abusé du système, l'on aurait obtenu des résultats importants au point de vue économique.

---

[1] Deux ans plus tard, ce capital fut réduit de dix millions par la suppression de cinq mille actions.

Pendant que la Compagnie était absorbée par ses spé-
culations, elle ne pouvait guère s'occuper de l'Inde. Nous
avons vu précédemment que les intéressés, dont les affaires
étaient en fort mauvais état, avaient abandonné leur
monopole à des négociants de Saint-Malo et que ces
derniers, se voyant dans l'impossibilité de l'exploiter,
l'avaient rétrocédé à l'ancienne Compagnie. Jusqu'en 1720,
notre commerce dans le *Haut-Orient* fut à peu près nul et
tout ce qu'on pouvait c'était d'assurer l'existence des
comptoirs que nous y avions fondés. En 1718, Hébert avait
été rappelé et de la Prevostière avait été nommé gouverneur.

De la Prevostière était dépourvu d'ambition et regardait
le gouvernement de Pondichéry comme une tâche fort
lourde et au-dessus de ses forces. Aussi, malgré son hon-
nêteté, il n'était pas l'administrateur qu'il fallait dans les
circonstances difficiles où l'on se trouvait. L'on était à la
veille de traverser une crise ; sa nomination fut néanmoins
accueillie avec joie. Hébert, par son arbitraire, avait fatigué
la population, et les agents de la Compagnie avaient
montré une grande incurie dans les dernières années.
Aussi la situation de notre colonie était loin d'être brillante. Les fortifications de Pondichéry n'avaient pas été
entretenues et avaient besoin de réparations. Les fossés se
comblaient et les magasins tombaient en ruines. Le numéraire était très rare et les vaisseaux qui venaient mouiller en
rade de la ville, trouvaient difficilement à vendre leurs
cargaisons.

Le nouveau gouverneur remédia à ce qui était le plus
urgent. La place fut approvisionnée et la garnison dut
toujours avoir une certaine quantité de vivres. De cette
manière, l'on n'eut plus à craindre d'être surpris au cas où
la guerre viendrait à être déclarée. Le vin manquait ou
était fort cher. Cependant, avec le climat débilitant de
l'Inde, nos troupes avaient besoin d'une boisson fortifiante.

On leur distribuait une liqueur nommée araque et dont les Européens faisaient usage. L'on défendit aux soldats de se marier sans autorisation et les unions avec les femmes du pays furent sévèrement interdites. Nous retrouvons ainsi à Pondichéry la prévention qui existait dans toutes les colonies contre les gens de couleur, quoique dans l'Inde il fût loin d'être aussi violent qu'aux Antilles. L'on voulait s'opposer à la formation d'une race de sang mêlé, dont l'existence était considérée comme dangereuse dans nos possessions d'outre mer. L'administration fut régularisée. Le conseil dut désormais se réunir à jour fixe et ses délibérations étaient consignées sur un registre. L'on vivait avec une grande économie et les dépenses étaient réduites au strict nécessaire.

Sur ces entrefaites une véritable calamité vint s'ajouter aux difficultés qui résultaient de la mauvaise gestion de la Compagnie. En 1719, la récolte avait été mauvaise et la misère fut grande par suite de l'augmentation du prix des denrées. Il en résulta un malaise général ; aussi l'on ne pouvait guère, dans l'état où l'on se trouvait, songer à étendre notre commerce. L'on envoya cependant un vaisseau aux Maldives pour y chercher des cauris qui étaient l'objet d'un trafic considérable et l'on pensait de nouveau à fonder un établissement à Mergui. Mais la situation à Siam avait bien changé. Depuis quelques années, les Chinois s'y étaient portés en grand nombre et y avaient accaparé le négoce. Aussi il n'y avait plus rien à espérer de ce côté.

Un membre du conseil, Lenoir, dont l'administration intelligente devait relever nos établissements, proposait de s'adonner à la culture du coton. Il pensait que tôt ou tard l'industrie se transformerait et que le coton alimenterait un jour les manufactures de l'Europe. C'était une branche importante d'exportation que l'on pouvait ainsi assurer à l'Inde. De la Prevostière qui était peu favorable aux nouvelles entreprises, s'opposa à ce projet et regarda Lenoir comme un visionnaire. Pour lui tout ce qu'on pouvait faire en attendant un temps meilleur, c'était d'assurer l'existence de la colonie et de chercher à étendre tant soit peu nos relations commerciales. Son administration devait être de courte durée. Il mourut en 1721 et ce fut Lenoir qui lui succéda.

Pendant que, par suite de la ruine du *système*, notre commerce était pour ainsi dire anéanti et notre rôle fort effacé, voyons ce que devenaient les autres nations européennes qui avaient fondé des établissements dans l'Hindoustan. Les Portugais avaient perdu toute influence et, s'ils conservaient leurs possessions, Goa dépérissait de plus en plus et même, à la suite d'une épidémie, la ville n'allait pas tarder à être évacuée; une nouvelle capitale, Villa-Nova de Goa était bâtie à trois lieues de l'ancienne. Le Portugal avait reconquis son indépendance en 1640; il n'avait pas retrouvé son ancienne prospérité. Son commerce avec l'Asie s'affaiblissait tous les jours. Son rôle était fini.

Les Hollandais étaient toujours resté une puissance maritime importante et, sans parler de la marine de la Compagnie, les États-Généraux avaient plus de cinquante vaisseaux de haut bord. Mais les mers de l'Asie avaient cessé d'appartenir exclusivement aux Provinces-Unies. Les Hollandais étaient surtout resté une nation commerciale et s'étaient principalement attachés aux îles de la Sonde. Ils avaient entrepris la conquête de Java et Batavia était devenue une grande cité. La décadence de la puissance hollandaise allait bientôt commencer et les causes de cette révolution économique méritent d'être mentionnées. Les manufactures de la Hollande tombaient par suite de l'élévation des taxes qui avaient fait renchérir les denrées et déserter les ouvriers dont le salaire était devenu insuffisant. Il était impossible de soutenir la concurrence étrangère, et les profits qui jadis avaient enrichi Amsterdam étaient réduits à rien. Les Pays-Bas n'étaient plus comme autrefois l'entrepôt universel des nations et leurs marins ne jouaient plus le rôle d'intermédiaires de l'Europe.

L'Angleterre dont la fortune maritime commençait à se former, avait fait de sérieux progrès dans l'Inde. Les Anglais avaient étendu leurs relations et créé de nouveaux comptoirs. Les nombreux capitaux dont ils disposaient leur permettaient d'agir. Leurs vaisseaux se multipliaient et leur pavillon commençait à se montrer. La Compagnie anglaise était encore restée une association commerciale, mais, plus avide de gloire et de conquêtes que la Compagnie hollandaise, elle allait bientôt oublier les conseils de sir Thomas Roë et devenir une puissance militaire.

A cette époque, l'on crut un instant qu'un nouvel état européen allait prendre pied dans l'Inde. En 1718, un armateur de Saint-Malo avait ramené de la Chine à Dunkerque deux vaisseaux richement chargés. N'ayant pu obtenir l'autorisation de vendre ses marchandises en France, il était allé porter sa cargaison à Ostende et y avait fixé le siège d'une compagnie pour le commerce du *Haut-Orient*. Les Flamands qui se rappelaient qu'au moyen âge leur pays avait été le marché où l'on venait s'approvisionner avaient accueilli avec joie ce projet et réuni des capitaux. L'empereur Charles VI favorisa cette tentative et érigea la nouvelle société en compagnie privilégiée. En 1720, un vaisseau d'Ostende paraissait dans l'Inde, occupait Koblon à vingt lieues de Pondichéry et y fondait un établissement. L'empereur Charles VI s'efforçait en même temps de créer la marine autrichienne et avait fait exécuter de grands travaux à Fiume et à Trieste. En 1719, une Compagnie des Indes s'était formée dans cette dernière ville et la maison d'Autriche avait obtenu une concession au Bengale. Le drapeau impérial flottait en Asie. L'apparition d'une nouvelle puissance excita la jalousie des

Hollandais et des Anglais. A Pondichéry l'on fut d'abord inquiet du voisinage des Flamands. Mais la voix de la raison se fit bientôt entendre; il était bien évident que le danger pour nous viendrait de Londres et non de Vienne et de Bruges. Ces tentatives de colonisation n'eurent que des résultats passagers; l'empire des Habsbourgs n'était pas appelé à devenir une puissance coloniale.

L'Autriche n'était pas le seul état européen qui cherchait à jouer un rôle en Asie. Au commencement du xviiie siècle, toutes les nations de l'Europe attirées par le bénéfice que l'on retirait du commerce des épices se donnaient de nouveau rendez-vous dans l'Extrême-Orient. A la fin du xviie siècle, l'électeur de Brandebourg avait cherché à faire de la Prusse une puissance coloniale en fondant une Compagnie des Indes et un comptoir sur la côte de Guinée. La consommation des épices avait considérablement augmenté dans l'Allemagne du Nord, et des navires prussiens se montraient dans l'Océan Indien, principalement au Bengale. On leur prêtait même l'intention d'établir des factoreries sur les rives du Gange. Les Danois continuaient de se livrer à un commerce actif, et Tranquebar était un entrepôt des plus importants. Les Suédois avaient repris la route de l'Inde et, quelques années plus tard, en 1743, ils allaient organiser une nouvelle compagnie. Bientôt parurent des pavillons qui étaient encore inconnus dans cette partie de l'Asie et, à partir de 1730, des vaisseaux polonais vinrent à plusieurs reprises visiter les côtes de l'Hindoustan et essayer de nouer des relations commerciales avec les indigènes.

La Russie, qui commençait à se faire connaître comme puissance européenne, manifestait déjà son intention de s'emparer de la route de l'Inde. Depuis longtemps elle essayait d'entrer en rapport avec l'Extrême-Orient et, dès 1653, une ambassade moskovite était allée à Péking. Pierre le Grand voulait que la Russie devînt le centre des communications entre l'Europe et l'Asie. En 1722, après une guerre heureuse contre la Perse, il s'était emparé du Ghilan, du Mazanderan et d'Asterabad. En 1729, il avait rendu ses conquêtes et la cour d'Ispahan avait acheté ces restitutions par la faveur accordée aux marchands russes de trafiquer en Perse. Elle leur permettait en outre de se rendre dans l'Inde en traversant son territoire sans payer aucun droit de douane [1]. L'Inde était toujours le but de toutes les puissances qui aspiraient à la suprématie.

A la mort de la Prevostière, Lenoir, dont la capacité et la probité étaient reconnues par tout le monde avait été nommé gouverneur. L'on ne pouvait faire un meilleur choix. Lenoir connaissait les opérations commerciales de la Compagnie. Depuis plusieurs années, il était dans l'Inde et se rendait parfaitement compte de l'état de nos établissements. Sa loyauté était grande. Pour lui une société de commerce devait vivre sur le crédit et faire honneur à sa signature. Il voyait que notre réputation avait faibli et il n'avait qu'un but, lui rendre son ancien prestige en payant les dettes de la Compagnie. Son énergie et sa ténacité inspiraient confiance. C'était l'homme de la situation et grâce à lui la colonie parvint à un degré de prospérité qu'elle n'avait pas encore connu.

En 1720, la Compagnie des Indes avait été réunie à celle d'Occident. Confiante dans le succès, elle comptait sur l'avenir et avait expédié à Pondichéry trois vaisseaux richement chargés non seulement de marchandises européennes, mais aussi de matières d'or et d'argent. Lenoir qui n'avait que des ressources fort restreintes, n'était pas préparé à l'arrivée de ces navires; il fut pris au dépourvu. C'était cependant un événement heureux. Une partie de ces sommes qui avaient été expédiées fut consacrée à payer les

---

[1] A peu près à la même époque, Ragoujinski concluait un traité de commerce avec la Chine, au nom de Pierre II, et obtenait l'autorisation d'avoir une légation à Péking.

dettes de l'ancienne Compagnie dans les places où nous avions des comptoirs. Aussi les vaisseaux partaient avec une cargaison qui n'était nullement en rapport avec les avances qui avaient été faites.

Lenoir pensait que cet envoi allait bientôt être suivi d'autres plus importants. Les directeurs l'avaient assuré de nouveaux arrivages. Il se décida à faire de nombreux achats afin de pouvoir faire des expéditions en France. Sur ces entrefaites, le *système* de Law vient à crouler et une crise terrible éclate à Pondichéry. Quand cet événement fut connu dans l'Inde, ce fut une consternation générale dans nos établissements. Les Anglais répandaient partout le bruit que nous étions ruinés et que nous ne pourrions· pas nous relever de cet échec. Le crédit de la colonie était engagé dans les marchés que nous avions conclus. Or, nous n'avions ni argent, ni marchandises. L'on recueillit alors les fruits de l'administration de Lenoir. La confiance qu'il avait su inspirer sauva Pondichéry. Tous les marchands indigènes avec qui nous avions traité consentirent à attendre et voulurent bien patienter. La parole du gouverneur était pour eux une garantie. On connaissait la cause qui l'empêchait de tenir ses engagements et on se rappelait que précédemment il avait employé les subsides qu'il avait reçus d'Europe à payer les dettes de la Compagnie. L'on put ainsi apprécier tout le mérite d'une administration dont la probité était la principale qualité.

Pendant deux ans l'on ne fit aucune expédition dans l'Inde et la pénurie était grande à Pondichéry, qui fut en outre ravagé en 1722 par un violent ouragan, comme l'on n'en avait pas vu depuis longtemps. Presque tous les arbres avaient été renversés ainsi qu'une partie des maisons. Les pertes étaient considérables. Dans ces circonstances, Lenoir fut admirable ; il se prodiguait et rien ne l'abattait et pourtant il venait d'être cruellement éprouvé. La chute du *système* de Law l'avait ruiné. Ses malheurs

privés le laissaient impassible. « Je m'en consolerais, »
écrivait-il le 21 mai 1721, « si j'étais le seul. » Tout ce qu'il
demandait, c'est qu'à son retour en France ou lui *assurât
un emploi qui lui permît de vivre avec sa famille* ; mais
il ajoutait qu'il resterait dans l'Inde tant que sa présence y
serait jugée nécessaire.

La misère dont Lenoir était témoin le préoccupait vive-
ment et il s'efforçait d'y porter remède. Il réclamait une
organisation sérieuse du service médical et des gens spéciaux pour étudier les maladies du pays. Il insistait tout
particulièrement pour que l'hôpital fût entretenu d'une
manière convenable, qu'on assurât l'existence de nos
soldats et de nos matelots invalides et que, par de larges
aumônes, l'on vînt en aide à ceux qui souffraient. « Ce sont, »
disait-il dans une lettre qu'il adressait aux directeurs, « des
« charités bien placées qui font honneur à la Compagnie et
« attireront la bénédiction de Dieu. » Pour récompenser
ce désintéressement qui rappelle les temps antiques, la
Compagnie, se faisant l'écho des médiocrités jalouses,
accusera Lenoir et le conseil de Pondichéry d'intrigues et
d'infidélités. Dupleix faisait alors partie du conseil.

Quoique en but à la calomnie, Lenoir n'en continua pas
moins à faire le bien. Il fut dédommagé par l'affection que
lui portaient les habitants de Pondichéry. Quelques-uns
l'imitèrent ; la vertu, de même que le vice, est conta-
gieuse. Un riche Arménien, Coja Pasfard, consacrait une
partie de sa fortune à secourir les pauvres et faisait construire à ses frais la chapelle située dans la citadelle. Le
courtier Gourouapa montrait un zèle à toute épreuve et
recevait, à titre de récompense, la qualité de regnicole et
les insignes de l'ordre de Saint-Michel. Lenoir savait qu'il
ne devait pas se borner à Pondichéry. Il alla à Surate,
essaya d'y relever notre factorerie et chercha à nouer des
relations avec la Perse. Mais ce dernier pays était alors
ravagé par des guerres intestines et, pour le moment, il n'y
avait rien à entreprendre de ce côté.

Nos établissements dans l'Inde se réduisaient à bien peu de choses. En dehors de Pondichéry, nous ne possédions que Chandernagor qui était alors une colonie sans importance. En 1707, ce n'était qu'un village. Le directeur Dirois l'avait trouvé en mauvais état. Il s'efforça de faire en petit ce que Lenoir exécutait à Pondichéry, attira des tisserands et les fixa au sol en leur concédant des terres et en leur procurant du travail. Il établissait en même temps un comptoir à Dacca, où se trouvaient de nombreuses fabriques de mousselines, dans l'espérance d'accaparer à notre profit cette branche importante du commerce qui était l'une des principales richesses du Bengale. Sur sa demande, le Grand Mogol nous accordait une diminution sur les droits de douane. Malheureusement, la Compagnie avait si peu de ressources qu'elle ne pouvait profiter de ces avantages.

La chute du système avait eu pour nous des effets désastreux. Notre crédit avait été fortement ébranlé. Pendant deux ans, nous n'avions fait aucune expédition et les indigènes traitaient difficilement avec nous. Il fallait qu'un certain temps s'écoulât pour que la confiance pût renaître. En France, l'opinion publique n'était pas favorable à la Compagnie, que l'on regardait comme un débris du *système*. Les intéressés trouvèrent heureusement un protecteur dans le contrôleur général Orry, qui persuada au cardinal de Fleury qu'il était de notre honneur de protéger nos établissements dans l'Inde et qu'il fallait encourager le commerce à s'y porter. Grâce à cet appui, notre situation ne tarda pas à s'améliorer.

Nos relations commencèrent à reprendre et, de 1723 jusqu'en 1726, la Compagnie envoya chaque année trois ou quatre vaisseaux chargés de marchandises. Le commerce de notre colonie, qui était presque éteint, se relevait graduellement. La crise était terminée et l'on pouvait espérer de l'avenir. Des rapports réguliers s'établissaient avec

Moka et les Philippines. Nous avions un comptoir à Canton et notre factorerie de Mazulipatam prenait de l'importance.

Malheureusement, si notre situation commerciale s'améliorait, l'on se trouvait en présence d'autres difficultés. Le gouverneur et le conseil étaient l'objet de dénonciations continuelles. En 1723, Lenoir avait été obligé de se rendre en France pour se justifier d'attaques calomnieuses. Il avait été remplacé par Beauvallier de Courchant. Le nouveau gouverneur était au courant des affaires coloniales. Il avait administré l'île Bourbon et la direction qu'il donna à nos intérêts fut toujours intelligente. Ainsi que son prédécesseur il eut à lutter contre les difficultés. La rivalité qui existait entre les *gens de plume* et les *gens d'épée* lui causait de nombreux ennuis. Beauvallier de Courchant demandait l'augmentation de la garnison, dont l'effectif était insuffisant. Il se plaignait sans cesse qu'au lieu de lui envoyer des hommes laborieux, on lui expédiait des jeunes gens de *mauvaise tête* qui, par leur inconduite, pouvaient être une cause de trouble dans notre colonie. Les ordres religieux établis à Pondichéry nous étaient d'un grand secours. L'on manquait d'ingénieurs et d'architectes. Le Capucin Louis construisait des magasins et le Jésuite Loupias faisait fondre une belle cloche et plusieurs pièces de canon. Aussi le gouverneur écrivait-il « que l'on était « heureux dans les colonies lorsqu'on y possédait de si « habiles gens. »

Notre position s'était améliorée et il y avait une reprise sérieuse des affaires. Pondichéry était devenu un marché important et l'on commençait à venir s'y ravitailler. Notre commerce allait bientôt recevoir une impulsion nouvelle. Le grand cabotage, connu sous le nom de commerce *d'Inde en Inde*, avait attiré de bonne heure l'attention des Européens, qui voyaient qu'on pouvait y réaliser des bénéfices considérables. Il prit une grande extension à partir de 1726. Le pavillon français se montrait depuis la mer Rouge jusqu'à Manille. Un trafic immense s'ouvrait pour nos nationaux et les Anglais étaient stupéfaits de la résurrection de notre marine marchande. Du reste, une nouvelle expédition allait contribuer à augmenter notre influence. Nous venions de nous emparer de Mahé.

Mahé[1] est situé sur la côte de Malabar, à environ cent lieues de Pondichéry, près de l'embouchure d'une petite rivière qui porte son nom et est navigable pour les bateaux de soixante à soixante-dix tonneaux, jusqu'à une distance de deux ou trois lieues dans l'intérieur. L'entrée de la rivière est bornée par des rochers qu'on ne peut passer qu'à marée haute. L'eau est assez profonde dès qu'on a franchi cet obstacle. Le commerce du poivre avait attiré les Européens sur la côte de Malabar et, dès notre arrivée dans l'Inde, nous avions cherché à nous procurer cette précieuse denrée et fondé une factorerie à Calicut. En 1722, Mollandin, qui dirigeait cette factorerie, avait obtenu de Bayanagor, roi de Bargaret, l'autorisation d'établir un comptoir à Mahé. Cette dernière ville faisait partie de ses possessions. Les Anglais, qui s'étaient fixés dans le voisinage, à Tallichéry, voyaient de mauvais œil notre nouvel établissement. Nous étions en paix avec eux et, ne pouvant nous attaquer ouvertement, ils eurent recours à des procédés indignes d'un peuple civilisé. Ils excitèrent le prince de Bargaret à nous faire la guerre, capturèrent des bâtiments maures qui se rendaient à Mahé sous le pavillon français et s'emparèrent même d'un vaisseau qui appartenait à la Compagnie. Ils allèrent jusqu'à se faire incendiaires et envoyèrent à

---

[1] L'on ne sait que peu de choses sur Mahé antérieurement à notre expédition. Son nom indien était Maïhi ou Mahi. C'est bien à tort que l'on a dit que le nom de Mahé lui fut donné en l'honneur de La Bourdonnais. À l'expédition de Mahé, La Bourdonnais n'a joué qu'un rôle secondaire et les premiers documents qui font mention de cette ville la désignent sous le nom de Mayé. Ce n'est qu'à partir de 1740 que l'on commence à dire Mahé, qui n'est qu'une altération du mot Mayé

terre un Cafre en lui donnant l'ordre de mettre le feu pendant la nuit aux magasins de la factorerie. Ce misérable
fut heureusement arrêté avant d'avoir pu mettre son projet
à exécution.

Nous ne pouvions nous laisser impunément insulter.
Le conseil de Pondichéry résolut d'agir. Une escadre prit
la mer ; elle comprenait quatre vaiseaux, la *Vierge-de-
Grâce*, la *Danaë*, le *Triton* et la *Badine*, et était commandée par de Pardaillan. Parmi les officiers se trouvait
La Bourdonnais, le futur rival de Dupleix. Il ne s'agissait plus de faire une simple démonstration ; c'était une
véritable expédition. L'escadre avait des canons et des
munitions. On avait embarqué des matériaux, des briques
et tout ce qui était nécessaire pour la construction d'un
fort. On avait recruté des ouvriers de bonne volonté et un
ingénieur était à leur tête.

La flotte arriva devant Mahé le 29 novembre 1725. Il
était temps ; Mollandin, le directeur de la factorerie, était
aux abois. Les Anglais avaient excité la population, et la
loge était sur le point d'être prise d'assaut. De Pardaillan
envoya la *Badine* et le *Triton* mouiller à peu de distance
de terre afin de pouvoir balayer le rivage si besoin en
était, puis il alla reconnaître la côte. Pendant près d'une
lieue, nos ennemis avaient élevé des retranchements qu'ils
avaient garnis d'une nombreuse artillerie. La *Badine* et le
Triton reçoivent l'ordre de commencer l'attaque et de
détruire ces travaux de défense. L'on songe ensuite à
débarquer. De Pardaillan fait construire un radeau sur
lequel se placent nos soldats, que protège le feu de
l'escadre. Le 2 décembre 1725, à neuf heures du matin,
nos troupes étaient au pied de la falaise ; elles comprenaient
510 hommes dont une centaine de matelots qui formaient
une compagnie de débarquement.

De Pardaillan aborde, s'empare d'une fortification construite par les indigènes et y établit un camp retranché.

14

A l'entrée de la nuit, il forme deux détachements, l'un de cent cinquante hommes et l'autre de cent et laisse le reste de ses gens dans le camp retranché sous le commandement du capitaine de Bury. Il envoie un de ses détachements occuper la position des Montagnes Rouges situées dans le voisinage et prend avec l'autre la route de Mahé. Chemin faisant il enlève une batterie de trois canons, rallie ensuite tout son monde, franchit des défilés où l'ennemi aurait pu facilement nous écraser, et arrive au point du jour devant la ville à une portée de pistolet de la muraille. Le gouverneur veut parlementer afin de gagner du temps. De Pardaillan ne lui donne pas de répit et le somme de se rendre sur le champ sous peine d'être passé au fil de l'épée avec toute la garnison. L'assaut est ordonné ; le corps expéditionnaire n'avait rien de ce qu'il fallait pour faire un siège. Nos soldats dressent deux poutres le long de la citadelle, escaladent le rempart et pénètrent dans la place. Les Maures se défendent en désespérés et l'on combat corps à corps. Rien ne peut nous résister et Mahé tombe en notre pouvoir. L'ennemi perdit plus de trois cents hommes ; cette expédition ne nous coûta que quinze tués et trente-deux blessés. L'on a conservé leurs noms et l'on retrouve tous les sobriquets de guerre que nos soldats avaient l'habitude de porter à cette époque, tels que la Branche, Sans-Quartier, la Victoire, etc.

Il ne suffisait pas de s'emparer de Mahé ; il fallait conserver notre nouvelle conquête. L'on se mit à l'œuvre et l'ingénieur Deidier ne perdit pas un seul instant. Nous avions des matériaux, des ouvriers et des munitions. Un fort fut rapidement construit, les travaux de défense déjà existants augmentés et des ouvrages en bonne maçonnerie furent élevés sur la montagne voisine. Mahé ne tarda pas à devenir une place importante. Paradis vint en terminer les fortifications. Une partie du transit de la côte de Malabar s'y porta et bientôt nous en exportions annuellement deux millions de livres de poivre.

Ce succès eut pour nous des résultats immédiats et, à partir de ce moment, la France devint une puissance militaire aux Indes. Le Zamorin de Calicut recherchait notre alliance et, dans une lettre qu'il adressait au roi de France, il lui rappelait l'amitié qui de tout temps avait existé entre les deux pays et lui demandait sa protection contre les Hollandais. Le roi de Bargaret, lui-même fatigué de la morgue des Anglais finit par traiter avec nous. Il nous cédait Mahé, accordait de grands avantages à notre commerce et devenait en quelque sorte notre feudataire. Les marchands de Bargaret devaient à l'avenir naviguer sous le pavillon français.

La nouvelle de la prise de Mahé fut accueillie avec joie à Pondichéry. Ce fut un jour de fête. Les habitants pavoisèrent leurs maisons et un *Te Deum* fut solennellement chanté dans l'église du fort au bruit du canon et de la mousqueterie. Pour notre colonie, ce triomphe n'était pas une victoire ordinaire ; c'était le commencement d'une nouvelle époque. L'on pressentait que la France était sur le point d'accomplir de grandes choses.

Beauvallier de Courchant allait bientôt quitter l'Inde. Lenoir était de retour de France ; après s'y être justifié et avoir réduit à néant les attaques injustes dont il avait été l'objet, il était venu reprendre possession de son poste en septembre 1726. Il le garda jusqu'en 1735. Cette période de neuf ans fut une époque heureuse pour nos établissements qui jouirent d'une prospérité qui jusqu'alors leur avait été inconnue. Les exportations s'augmentaient considérablement. En octobre 1727 et en janvier 1728, l'on expédiait en Europe pour une valeur de 2,234,385 francs. En septembre 1729 et en janvier 1730, le montant des expéditions atteignait 5,404,290 francs, et en 1731, il dépassait six millions. La saison n'avait pourtant pas été favorable. En 1728, il y avait eu une grande sécheresse dans l'Inde. Les teinturiers avaient eu de la peine à trouver de l'eau pour blanchir leurs

toiles et il en était résulté une élévation du prix de la main-
d'œuvre. De plus, en 1731, la fièvre avait ravagé plusieurs
de nos aldées. Malgré ces crises passagères, nos affaires
s'amélioraient de jour en jour, et le chiffre croissant de nos
exportations attestait la bonne administration de Lenoir et
la résurrection de notre commerce. Les actionnaires touchèrent de beaux dividendes et, à partir de ce moment,
l'on considéra Pondichéry comme une colonie sérieuse. La
lourde machine des Indes commençait à fonctionner et
donnait des résultats satisfaisants.

La Compagnie était en bonne voie; jusqu'à présent, elle
avait eu de lourdes charges. Elle avait dépensé des sommes
considérables à Lorient; elle avait été forcée de construire
de grands navires, d'élever des magasins et de faire bâtir
des loges. La Louisiane lui avait coûté huit millions et
cependant la colonisation y était encore peu avancée. La
Nouvelle-Orléans que nous avions fondée en 1717 n'était
encore qu'une petite ville et, en 1724, la population coloniale de ce vaste territoire ne s'élevait qu'à cinq mille
habitants, dont treize cents nègres. Mais actuellement la
Compagnie pouvait considérer comme terminée la période
critique et sa situation était satisfaisante. En dehors du
produit de ses factoreries, elle avait d'autres revenus assez
importants. La ferme du monopole des tabacs lui rapportait huit millions, la loterie deux millions et elle touchait
toujours une prime de cinquante francs par tonneau.

Les directeurs s'étaient décidés à prendre une détermination qui déchargeait la Compagnie d'un véritable fardeau. Ils avaient rétrocédé au roi le privilège du commerce
des côtes barbaresques et l'année suivante, en 1731, ils lui
abandonnèrent la Louisiane. Ils voulaient borner leurs
efforts au Haut-Orient, à la Chine et à l'Inde, et y porter
toutes les ressources dont ils disposaient. En agissant
ainsi, ils faisaient preuve de sagesse et de prudence. Si,
au premier abord, la Compagnie paraissait amoindrie et

si elle ne possédait plus l'éclat trompeur qu'elle avait eu au temps de Law, elle se trouvait dans un état plus satisfaisant et était pleine d'avenir. Mais revenons à la colonie.

Lenoir et Beauvallier avaient pris à tâche d'exécuter dans Pondichéry les travaux conçus par Martin et qui étaient restés à l'état de projet. Les fortifications avaient été réparées, et le mur d'enceinte achevé sur trois côtés. Le quatrième, qui faisait face à la mer et était le plus important, ne devait être élevé que par Dupleix. A son retour dans l'Inde, à peine Lenoir avait-il repris les fonctions de gouverneur qu'il donnait des preuves de son activité. Il s'appliquait en même temps à embellir Pondichéry et, sous son administration, la ville subit une transformation complète. Ce n'était plus le petit établissement dont les commencements avaient été si modestes ; c'était une grande cité et un centre important.

En 1735, Pondichéry comptait plus de 80,000 habitants et avait six portes et onze bastions. Toutes les rues étaient tirées au cordeau, larges, à angles droits et bordées de maisons qui se joignaient sans interruption. La rue principale avait mille toises de long ; celle où se trouvaient les édifices les plus importants et qui portait le nom de rue du gouverneur en avait six cents. Ainsi que toutes les villes de l'Inde, Pondichéry comprenait la ville blanche qui était habitée par les Européens, et la ville noire ou indigène. Dans la ville blanche, les maisons étaient construites en bois et en *chunam*, sorte de composition faite avec des coquilles réduites en poudre, et qui, exposée à l'air, devenait aussi blanche et presque aussi dure que la pierre. Un certain nombre d'entre elles avaient deux étages. L'on remarquait des magasins, un immense bazar des plus fréquentés. A l'ouest de la maison du gouverneur était un magnifique jardin planté de beaux arbres, servant de promenade publique et appelé *Jardin de la Compagnie* ou *Jardin du Roi*. Au centre de ce jardin s'élevait un palais magnifiquement meublé; il servait de résidence aux princes étrangers et aux ambassadeurs qui venaient visiter Pondichéry et qui, séduits par notre bon acccueil, y prolongeaient volontiers leur séjour.

Il y avait à Pondichéry trois maisons de religieux. La première était celle des Jésuites qui avaient un collège renfermant douze ou quinze prêtres auxquels était confiée l'éducation de la jeunesse de la colonie. La seconde, celle des Missions étrangères était le rendez-vous des missionnaires qui de là s'en allaient évangéliser le royaume de Siam et la Cochinchine. Le troisième était un couvent habité par sept ou huit Capucins. La ville noire était distincte de la ville blanche, et plus tard elle devait en être complètement séparée par un canal. Chacune de ces deux villes formait une paroisse. Les Capucins desservaient celle de la ville blanche dont l'église placée sous le vocable de Notre-Dame-des-Anges se trouvait dans la citadelle. La paroisse de la ville noire connue sous le nom de cure des Malabares était administrée par les Jésuites. L'on comptait environ huit mille Chrétiens indigènes. Les Musulmans assez peu nombreux possédaient cependant trois mosquées. Les Gentils étaient en majorité et avaient plusieurs pagodes dont les deux principales étaient situées dans la rue de Madras et dans celle des Tisserands. Une des principales conditions de la cession du territoire faite à Martin avait été la tolérance du culte des Hindous.

Les indigènes habitaient des cases de huit pieds de long sur six de large; ils travaillaient le jour dans les rues, à l'ombre des arbres, et passaient la nuit dans les cours ou sur les terrasses de leurs maisons. La plupart étaient tisserands, peintres de toiles ou orfèvres. Ils gagnaient en moyenne deux sols par jour, et ce modique salaire suffisait à leurs besoins et à ceux de leurs familles. Leur nourriture se composait principalement de riz cuit à l'eau et de pain sans levain. Les Gentils étaient fort laborieux, tandis qu'au contraire, les Musulmans vivaient presque toujours dans l'inaction la plus complète. La population européenne s'était augmentée et, indépendamment des troupes et des employés de la Compagnie, l'on y comptait une centaine de négociants qui s'y étaient établis. Le commerce de Pondichéry consistait surtout à importer des matières d'argent, du fer, des draps, et à exporter du riz, des toiles peintes et des mousselines. Nous avions obtenu l'autorisation de frapper des pagodes, et cette monnaie, à laquelle nous donnions l'effigie d'une divinité indienne, favorisait singulièrement nos transactions. Peu de villes possédaient un marché mieux approvisionné en grains de toute espèce. La viande, le poisson, le gibier y abondaient et se vendaient à vil prix. Le vin seul était cher et on le faisait venir de France et de Perse. En somme, la vie était facile en notre colonie. C'était le plus bel établissement que les Européens eussent encore fondé sur la côte de Coromandel.

Les environs de Pondichéry étaient bien cultivés et, nulle part, dans l'Inde, l'on ne pouvait trouver une campagne présentant un aspect plus riant. Plusieurs hameaux étaient exclusivement habités par les Parias. La chaleur était grande et parfois l'on avait à souffrir de la sécheresse ; mais les Indiens savaient, par leur industrie, remédier à cet inconvénient. Ils creusaient, dans leurs champs, des puits de distance en distance et montraient une grande habileté pour arroser leurs terres, aménager l'eau et la distribuer à la surface. Aussi le riz croissait en abondance, ainsi que les bananiers, les orangers et les citronniers. Il y avait de nombreuses plantations de bétel qui donnaient un beau revenu. Dans la banlieue de la ville, les indigènes cultivaient, dans leurs jardins, quantité de fruits et de légumes tels que des citrouilles, des concombres, des grenades, des pamplemousses, des ananas, des raves, des choux blancs et des melons d'eau et venaient approvisionner le marché qui se tenait deux fois par semaine. Le cocotier était très répandu et sa culture constituait une des principales sources de richesse. Les naturels exportaient les cocos et savaient en extraire un liquide qui, par suite de la fermentation, acquérait le goût et la qualité du vin. Les bœufs et les vaches étaient assez rares et les buffles étaient les animaux dont on se servait comme bêtes de trait. Notre territoire possédait de belles forêts remplies de sangliers et de cerfs. L'on y trouvait même des lièvres et des perdrix. Aussi la chasse était-elle l'une des grandes distractions des Européens.

Nous connaissons l'organisation de la colonie. Le gouvernement se composait du gouverneur et d'un conseil de cinq membres qui dépendaient de la Compagnie. Les autres fonctionnaires étaient à la nomination du conseil. Le gouverneur recevait un traitement de 15,000 livres. Dans les grandes circonstances, quand il sortait, il était accompagné de douze gardes à cheval, vêtus d'écarlate brodé d'or et commandés par un capitaine galonné sur toutes les coutures. Il avait en outre une garde à pied de 300 indigènes appelés *pions*, et se faisait porter en public par six hommes, sur un palanquin dont le dais et les carreaux étaient ornés de broderies d'or et d'argent. Telle était cependant l'économie qui présidait à l'administration que les *pions* travaillaient sur le port et dans les magasins, lorsqu'ils n'étaient pas réclamés par leur service et n'avaient pas d'autres gages que la solde qu'ils recevaient comme gens de peine ou de journée. Les fonctionnaires européens étaient peu nombreux et leurs émoluments n'avaient rien d'excessif. Du reste, l'on vivait simplement et le luxe était encore inconnu. La garnison présentait un effectif d'environ 500 hommes et comprenait une vingtaine d'artilleurs et quatre compagnies d'infanterie. Les topas entraient pour un tiers dans la composition de chaque compagnie[1].

[1] Nous empruntons tous ces détails à l'ouvrage que l'abbé Guyon publia, en 1744, sous le titre de l'*Histoire des Indes*.

Pondichéry était notre principal établissement dans l'Inde, mais nous possédions en outre Chandernagor et Mahé, sans parler des loges ou factoreries que nous avions dans différentes villes. Chandernagor était encore peu important. Une des principales causes qui s'étaient opposées à son développement était le peu de sécurité qu'offrait le pays. Les campagnes étaient souvent ravagées par des maraudeurs et les bateaux qui remontaient le Gange étaient exposés à être rançonnés. Paradis se rendit au Bengale et fit plusieurs expéditions aux environs de Chandernagor avec soixante soldats européens et des auxiliaires indigènes. La tranquillité fut à peu près assurée.

Chandernagor commença à devenir une colonie un peu sérieuse. On exporta des soieries et on chercha à faire de notre comptoir du Bengale un centre de relations avec la Perse et la Chine. Jusqu'en 1698, Chandernagor avait, au point de vue religieux, dépendu d'Hougly. A cette époque, la chapelle avait été érigée en église paroissiale sous le vocable de Notre-Dame du Gange. En 1736, elle prit le nom de Saint-Louis. La colonie formait alors deux paroisses : Saint-Louis, qui était celle des Européens, et la cure des Bengalis, qui était réservée aux Chrétiens indigènes. Un hôpital et des magasins avaient été construits, et nous avions trouvé de précieux auxiliaires dans deux jésuites, le Père Taschard, qui mourut, en 1712, aux environs de Chandernagor, et le Père Charles de Montalembert, qui passa une grande partie de sa vie dans l'Inde et montra un dévouement à toute épreuve [1]. Pendant plusieurs années, le P. de Montalembert fut curé de Chan-

---

[1] Charles de Montalembert était né aux environs de Saintes en 1682. Il entra au noviciat de Bordeaux en 1697, et dès qu'il fut profès, en 1715, il partit pour l'Inde. Il alla prendre possession de la cure de Chandernagor et séjourna dans cette colonie jusqu'en 1727, c'est-à-dire pendant près de douze ans. A cette époque sa santé le força à revenir à la côte de Coromandel et, en 1735, nous le voyons procureur de la mission à Pondichéry. Il alla ensuite aux îles Philippines, aux îles Nicobar et mourut dans le Maduré en 1743.

dernagor, et la description qu'il nous fait de la colonie, dans une lettre datée du 25 décembre 1725, montre que cet établissement méritait à peine le nom de ville.

« Chandernagor, » dit le P. de Montalembert, « est un « terrain d'environ une demi-lieue de long et environ « autant de large, dans lequel il y a des champs, des jar- « dins, des maisons, les unes en briques, les autres en « paille. La loge française est à peu près au milieu de ce « terrain, sur le bord du Gange, ayant au bout de ses « limites, du côté du nord, le terrain des Hollandais et « celui des Danois du côté du sud. Il y a, dans le terrain « de Chandernagor, environ 1,500 à 1,600 Chrétiens, « j'entends Catholiques romains, et tout le reste est ou « Gentil, ou More, ou schismatique, ou hérétique. Parmi « ces Chrétiens, il y en a de trois sortes : les Européens, « les Métis, qui sont les enfants des Européens établis ici, « et les chrétiens du pays, et ce sont eux qui nous occupent « le plus par leur grossièreté, le peu d'idées qu'ils ont de « la religion et le peu de cas qu'ils en font.

« L'air est ici assez mauvais, étant fort grossier. Les « maladies les plus ordinaires sont les dyssenteries, la « maladie de froid qui est assez semblable à la léthargie, « le mort de chien [1], et, pour presque toutes ces maladies, « le remède ordinaire est de brûler les malades avec un « fer rouge en plusieurs endroits du corps.

« La nourriture ordinaire aux gens du pays est le riz, « quoiqu'il y ait du blé assez abondamment. Le pain que « l'on fait ici et dans les endroits où sont les Européens « est assez beau et aussi bon qu'en France. Les fruits sont « entièrement différents de ceux d'Europe tant pour la « figure que pour le goût. Je ne crois pas que le meilleur « que j'ai vu soit comparable à un fruit de France d'une « bonté médiocre. Le reste de la nourriture consiste en

---

[1] Le *mort de chien* était l'expression dont se servaient les Euro- péens pour désigner le choléra.

« poulets, canards, pigeons, oies, cochons, mais rien de
« tout cela ne vaut la volaille de France. Le cabri ou che-
« vreau est ce qu'il y a de meilleur. Le vin est ordinaire-
« ment fort cher et il n'y a que très peu de maisons où l'on
« en boive. »

D'après ce tableau, notre comptoir du Bengale était sans
importance et son commerce insignifiant. Son organisation
était copiée sur celle de Pondichéry et comprenait un
directeur et un conseil de cinq membres. Le nombre des
Européens qui habitaient Chandernagor était peu considérable. La Compagnie y avait une quinzaine de marchands
et sous-marchands. La garnison que l'on y entretenait
consistait en quelques canonniers et une compagnie
d'infanterie. L'arrivée d'un navire était un événement.
Malgré de sérieux efforts, Chandernagor paraissait être
condamné à mener une existence misérable. Sous l'administration de Dupleix, la situation devait changer. Chandernagor allait devenir une grande ville et le siège d'un
trafic considérable.

Notre nouvelle acquisition de Mahé était assez dispen-
dieuse. Il avait fallu fortifier la place, construire une église
et des magasins, et nous avions une force militaire d'une
certaine importance, eu égard à sa population. Nous nous
établissions sur la côte de Malabar et nous étions obligés
de donner une bonne opinion de notre puissance[1]. Aussi,
quoique les débuts de notre occupation eussent été assez
heureux, il fallait attendre pour obtenir des résultats qui
puissent satisfaire les actionnaires de la Compagnie.

En dehors de nos possessions nous avions un certain
nombre de factoreries. La plus importante était celle de
Mazulipatam. La Compagnie y entretenait cinq marchands
ou sous-marchands. Quant à celle de Surate, elle était

---

[1] En 1733 Lenoir fut obligé de faire une expédition contre les
pirates appelés Canaras qui désolaient la côte de Malabar. Le capitaine Poireau alla avec deux vaisseaux et deux frégates détruire la
flotille de ces forbans.

tombée et nous n'y avions plus qu'un représentant et quelques pions qui gardaient la loge et le jardin. Lenoir s'était opposé à l'abandon définitif de cette ville ; il espérait que tôt ou tard nous pourrions y revenir et y créer comme autrefois un centre d'affaires. Les comptoirs que nous avions fondés à Calicut et à Balassor étaient à peu près délaissés et avaient été avantageusement remplacés par Mahé et Chandernagor.

Nos relations s'étaient étendues. La factorerie que nous possédions à Moka était devenue importante [1] grâce au commerce du café. Notre influence commençait à se répandre. Nous avions envoyé un agent à Patna, la ville sainte des Musulmans de l'Inde. Nous avions obtenu l'autorisation d'y avoir un comptoir et de grands avantages nous avaient été concédés pour la vente de nos marchandises. Un trafic régulier existait entre Pondichéry et Manille et ses progrès avaient décidé la cour d'Espagne à fonder en 1733 une compagnie des Indes aux îles Philippines. Nous portions des toiles bleues du Bengale en Perse, du riz à Bassorah et des bestiaux à l'Ile de France. Nous étions en rapport avec la Chine et tous les ans un vaisseau allait de Pondichéry à Canton. Sa cargaison consistait principalement en poivre et il en rapportait des soieries, du café et des porcelaines. En 1724, le chevalier Garnier du Fougeray de Saint-Malo proposait de créer un comptoir à Liampo, d'où nous aurions pu nouer des relations avec le Japon et la Californie. Notre trafic avec Achem continuait de subsister et, quoique nous eussions évacué Mergui, nos navires y allaient souvent hiverner et en rapportaient des bois de construction. La navigation prenait un essort inouï et principalement celle des côtes de l'Inde. Ce dernier commerce se faisait d'autant plus facilement que les équipages qui y étaient employés se recrutaient en grande partie parmi les indigènes. La solde qu'on leur donnait

---

[1] La factorerie de Moka comprenait quatre marchands, un aumônier et un médecin.

était moins élevée que celle des Européens, et les armements étaient ainsi rendus plus faciles et moins coûteux. Nos affaires étaient dans un état des plus satisfaisants.

L'horizon s'élargissait en même temps et l'on voulait fonder de nouveaux établissements. En 1721, l'on songeait à s'assurer de la route des Indes en occupant le pays de Natal et en y créant une colonie agricole. L'on avait l'intention de faire appel à l'émigration allemande. La même année, l'ingénieur Renauly allait explorer les côtes de Cochinchine et levait le plan des îles Poulo-Condor qu'il appelait *îles d'Orléans*. La Compagnie se proposait d'y créer une station maritime. En 1730, elle voulait relever les comptoirs que nous avions possédés autrefois à Madagascar, et en 1734, elle manifestait l'intention de s'emparer de l'île l'Ascension. Le Père de Montalembert pensait que nous devions nous établir dans les îles Nicobar où l'on trouvait de l'ambre et dont le sol était couvert de belles forêts de cocotiers. Un instant il fut question de fonder une colonie à épices en Nouvelle-Guinée. En Afrique, le Sénégal qui appartenait à la Compagnie des Indes, cessait d'être une possession insignifiante. Son gouverneur, André Brue, dirigeait des explorations sur des contrées qui n'ont pas encore été toutes revues, et voulait s'emparer de Bambouck dont les mines d'or étaient célèbres. L'on assistait à un mouvement d'expansion qui ne s'était pas produit depuis longtemps. La mer des Indes était devenue le rendez-vous des marines marchandes de l'Europe, et l'on y voyait se produire un mouvement qui jusqu'alors lui avait été inconnu.

Le commerce avait été le mobile qui nous avait amenés dans l'Inde. Au commencement de leurs expéditions, les Français, ainsi que tous les autres Européens, n'avaient qu'un but, se procurer de riches cargaisons et les importer dans leur pays. Bientôt des idées nouvelles se firent jour et l'on entra résolument dans la voie de la colonisation. Les îles de France et Bourbon servaient de stations aux navires qui venaient d'Europe. L'on y transporta des troupeaux de bœufs pour les ravitailler et des nègres pour cultiver la terre. On y conduisit des topas pour y servir en qualité de soldats, et des travailleurs libres recrutés dans l'Inde et connus sous le nom de coulis [1]. Nous avons été ainsi les premiers à mettre en pratique le système des engagements libres qui, au XIXᵉ siècle, devait prendre une si grande extension à la suite de l'émancipation des esclaves.

L'intérêt se porta bientôt sur les populations soumises à notre domination ; l'on chercha à améliorer leur situation morale et à les initier à notre civilisation. Des écoles étaient fondées et le conseil de Pondichéry mettait en avant un projet qui aurait eu d'immenses résultats. Il s'agissait de créer en France un collège destiné à recevoir de jeunes Indiens qui y auraient été envoyés pour faire leur éducation. De son côté le Père de Montalembert était d'avis d'encourager les mariages entre les Français et les femmes du pays. Pour lui, l'existence d'une race de sang mêlé, parlant notre langue, ayant nos mœurs et en même temps de nombreuses affinités avec les indigènes était de nature à consolider notre établissement dans l'Inde et à y étendre notre influence; il était ainsi l'un des premiers Européens à s'élever contre les préjugés de caste. L'on pensait aussi à détourner au profit de nos possessions de l'Extrême-Orient le mouvement qui poussait les émigrants d'Europe à prendre la route d'Amérique. L'on espérait tout au moins avoir une population française dans nos comptoirs de l'Asie. L'on essaya d'y conduire des enfants trouvés et une douzaine d'entre eux furent envoyés à Pondichéry. Leur jeune âge faisait supposer qu'ils s'y acclimateraient facilement. L'on songea aussi à faire de nos factoreries un lieu de déportation pour les faux saulniers. C'était l'inau-

---

[1] L'expression de *coulis* est d'origine indienne. Les coulis qui se rendaient à Bourbon et à l'île de France, y allaient moyennant la nourriture et un salaire qui généralement était fixé à trois pagodes (15 livres et demie) par mois.

guration d'un nouveau système pénitentiaire qui reçut un commencement d'application et est devenu depuis la base de notre législation criminelle.

Les expéditions scientifiques étaient fréquentes depuis quelques années, et inutile de dire que la botanique était l'objet de nombreuses études. Nous étions au xviii⁰ siècle. La Compagnie ordonnait à ses agents de faire la description des graines et des arbustes qu'ils découvriraient, et d'envoyer des échantillons à Paris du *Jardin du Roi*. La culture des plantes médicinales était encouragée à l'île Bourdon et, en 1727, le médecin Couziec recevait la mission d'aller explorer l'intérieur de l'Hindoustan et d'en étudier la flore. Quelques années plus tard, Dufay, membre de l'Académie des sciences, enverra le capitaine Beaulieu apprendre sur les lieux mêmes les procédés dont se servaient les Indiens pour teindre leurs toiles. Pondichéry n'était pas seulement une ville d'affaires. On s'y adonnait aux lettres ; Mgr Visdelou [1], évêque de Claudiopolis y résida plusieurs années et, pendant son séjour, il se livra à de nombreux travaux historiques. La Chine commençait à s'ouvrir pour l'Europe et, en 1722, le Jésuite Foucquet apportait en France une véritable bibliothèque de livres chinois. L'attention se portait de nouveau du côté de l'Orient. En 1721, une école de langues orientales avait été fondée à Paris. Les idées s'étaient transportées et une révolution complète s'opérait dans les esprits. Une force d'expansion s'était emparée de notre pays et la colonisation était décidément entrée dans nos mœurs.

La France devenait une grande puissance coloniale. Cette prospérité naissante ne se bornait pas à l'Inde. On la retrouvait dans l'Amérique, en Louisiane, au Canada, aux

[1] Claude Visdelou, jésuite et missionnaire, naquit en Bretagne en 1656 et mourut à Pondichéry en 1737. Il partit pour la Chine en 1685, et fut nommé évêque de Claudiopolis en 1708. La connaissance qu'il avait de la langue chinoise lui permit de déchiffrer les annales de la Chine. On lui doit une histoire de la Tartarie qui contient la fameuse inscription de St-Anfou, d'où il résulte que le Christianisme a été introduit en Chine dès le viiᵉ siècle.

Antilles. Partout notre sucre et notre café chassaient des marchés d'Europe les produits similaires de l'Angleterre. Nos possessions de l'Inde resplendissaient d'une activité triomphante et, entre 1734 et 1736, elles exportaient pour plus de dix-huit millions de marchandises ; en 1742, sept navires en rapportèrent pour plus de vingt-quatre millions. Notre marine marchande s'était relevée et chaque jour l'on pouvait constater ses progrès. En 1715, nous ne possédions que trois cents vaisseaux de commerce, en 1735 nous en avions dix-huit cents, dont soixante de quatre cents à huit cents tonneaux appartenaient à la Compagnie.

La France entière prenait part à ce mouvement fécond en richesse et se ressentait de cette révolution pacifique. Lorient qui, sous Louis XIV, avait été le chantier de la première Compagnie et, en 1720, n'était encore qu'une bourgade de huit à neuf cents âmes, devenait rapidement une cité splendide. Les beaux granits bleus du Blavet et du Scorff se transformaient en imposantes constructions sur ses quais d'où partaient et revenaient périodiquement les navires de l'Inde plus nombreux et plus richement chargés d'année en année. Les somptueux édifices dont le xviiiᵉ siècle a peuplé Bordeaux, Nantes et Marseille, attestent quelle fut la vie brillante de ces jours de prospérité. L'aisance se répandait et le luxe n'était plus l'apanage de quelques privilégiés. Le présent était splendide et l'avenir nous appartenait. Partout la fortune semblait nous sourire. Notre commerce paraissait être appelé à s'étendre indéfiniment et nos colonies montraient notre grandeur et notre force d'expansion.

CHAPITRE SEPTIÈME

COLONISATION DE L'ILE DE FRANCE. — GOUVERNEMENT DE DUMAS.
— EXPÉDITION DE MOKA. — ACQUISITION DE KARIKAL. — LES
MAHRATTES MENACENT PONDICHÉRY. — ORIGINE DE L'ARMÉE
DES CIPAYES.

Les différents peuples de l'Europe qui ont pris pied dans
l'Inde se sont toujours préoccupés des moyens d'assurer
leurs communications avec leurs établissements. Aussi ils
ont pensé qu'ils devaient se rendre maîtres de la route en
y possédant des stations pour se ravitailler et des ports
pour abriter leurs vaisseaux. C'est ce qu'ont fait les Portugais, les Hollandais et les Anglais. Les Français ont suivi
les mêmes errements et nous avons vu que les différentes
compagnies qui s'étaient succédé les unes aux autres,
avaient essayé de coloniser Madagascar, dont la position
présente de nombreux avantages.

Nous nous rappelons que, pendant que nous poursuivions
ce but sans obtenir de résultats, nous avions occupé l'île
Bourbon. Les débuts de notre établissement avaient été
pénibles. Depuis, la culture s'était développée. Malheureusement, l'île Bourbon n'était qu'une colonie agricole, et il
ne fallait pas songer à en faire une station maritime. Il lui
manquait un port qui eût permis à nos vaisseaux de venir
s'y abriter et s'y ravitailler. Bourbon ne possédait que des

15

rades ouvertes, sujettes à des ouragans terribles ou rendues difficiles par les raz de marée. Aussi nous ne pouvions faire de cette île un point de relâche pour les escadres que nous enverrions protéger nos comptoirs. En cas de guerre maritime, notre situation était critique et nous nous trouvions dans une véritable infériorité. Avoir sur la route des Indes une possession d'une défense facile, qui offrît un mouillage sûr et pût devenir un arsenal, un port militaire, tel était le but que l'on se proposait. Nous allions bientôt l'atteindre en nous établissant à l'Ile de France.

L'Ile de France est située à environ deux cents lieues de Madagascar, quarante de l'île Bourbon. Elle est moins considérable que cette dernière [1]. Elle n'a que douze lieues de long sur neuf de large et est également moins fertile, mais elle doit à ses ports et à ses rades son importance commerciale et militaire. Aussi en l'occupant, nous nous assurions de la prépondérance dans la mer des Indes.

Les Portugais découvrirent l'Ile de France en 1505 et la nommèrent Ile Cerné. En 1598, les Hollandais y abordaient et l'appelaient île Maurice, en l'honneur du prince de Nassau. Le sol était alors couvert de vastes forêts peuplées de cerfs, de bœufs, de chèvres et de porcs. Les chasseurs qui s'aventurèrent dans les bois furent surpris d'y trouver un oiseau inconnu, le dronthe, qui avait quelques rapports avec le cygne et dont l'espèce ne devait pas tarder à disparaître [2]. Les Hollandais construisirent un fortin au port Sud-Est et s'occupèrent de culture. Leurs habitations, au nombre de quatorze, étaient réparties à Port Nord-Ouest, à Flacq, à la rivière Noire et dans la plaine de Wilhem.

---

[1] L'île Bourbon a une superficie de 2,135 k. c.; l'Ile de France n'a que 1,813 k. c.

[2] Le dronthe était plus gros que le cygne. Le naturaliste Latham l'a classé dans la famille des autruches.

Les colons rencontraient un grand obstacle dans les singes qui pullulaient et venaient ravager les plantations. Du reste, cette colonie n'eut jamais une grande importance ; celle du Cap de Bonne-Espérance était, au contraire, en pleine prospérité et l'émigration commençait à s'y porter. Aussi les Hollandais pensèrent qu'ils devaient concentrer tous leurs efforts de ce côté et, en 1712, ils évacuaient l'île Maurice, après avoir eu soin d'incendier tous les bâtiments qu'ils y avaient élevés.

L'île Maurice ne devait pas demeurer longtemps inoccupée. En 1715, le capitaine Dufresne débarquait au Port Nord-Ouest et prenait possession de cette terre abandonnée, à laquelle il donnait le beau nom d'Ile de France. Aucune tentative de colonisation n'eut lieu. En 1721, Garnier du Fougeray prenait de nouveau possession de l'île restée déserte. La même année, le chevalier de Nyon en était nommé gouverneur et avec lui commença l'occupation. Le conseil de Bourbon avait décidé d'envoyer des planteurs et des nègres, et des subsides avaient été votés. Le chevalier de Nyon débarqua avec ses soldats et ses colons et la colonisation fut inaugurée avec solennité. Un *Te Deum* fut chanté sur la plage solitaire ; un rocher placé à l'ombre d'un arbre dont les branches étaient diaprées de lianes fleuries servait d'autel. Après la cérémonie religieuse une salve de mousqueterie vint annoncer que la France avait une nouvelle colonie et plantait définitivement son drapeau sur cette terre lointaine.

Les débuts de la nouvelle colonie, comme tous ceux de nos établissements de la mer des Indes, furent des plus modestes. La population était peu nombreuse et comprenait des colons venus de Bourbon et quelques soldats suisses qui avaient fait partie de la garnison et s'étaient fixés dans l'île, séduits par la vue des montagnes qui leur rappelaient leur pays. Le plus grand nombre des habitants étaient des marins originaires de Saint-Malo. Pendant plusieurs années, la colonie eut à traverser une période critique. Les plantations avaient à souffrir des déprédations des nègres marrons. Les rats, qui avaient été apportés par des vaisseaux d'Europe, s'étaient multipliés en grand nombre et, à l'époque des pluies, ils descendaient des montagnes et venaient détruire les cultures. Parfois les vivres manquaient et l'on était obligé de rationner les habitants comme l'équipage d'un navire naufragé! Aussi, sous les premiers gouverneurs de Nyon, Dumas et Maupin, l'histoire de l'Ile de France ne présente aucun intérêt. L'on avait planté des épices, des caféiers et reçu de l'Inde des coulis et du bétail. Pour engager les habitants de Bourbon à venir s'y fixer, de grands avantages, concessions de terrains, avances de fonds leur avaient été offerts. Les résultats obtenus se réduisaient à peu de choses. Notre établissement était sans importance et l'on hésitait sur la marche à suivre quand La Bourdonnais [1] parut. Avec lui les choses changèrent de face et l'Ile de France ne tarda pas à devenir une colonie des plus florissantes.

La Bourdonnais avait autrefois visité l'Ile de France et pendant son séjour il avait pu se rendre compte de la situation. Les avantages que nous pouvions retirer de notre nouvel établissement l'avaient frappé. Il se rend à Paris, se met en rapport avec Orry et lui expose ses plans. Sa réputation d'énergie l'avait déjà fait connaître et son nom inspirait la confiance. En 1735, il était nommé gou-

---

[1] Bertrand François Mahé de La Bourdonnais était né à Saint-Malo en 1699, d'une famille d'armateurs. Dès son enfance, il annonçait un goût décidé pour la marine et à dix ans il faisait un voyage dans les mers du sud. En 1713, il se rendait aux Indes et parcourait ensuite les mers du nord et visitait les échelles du Levant. Entré au service de la Compagnie, il prend part à l'expédition de Mahé ; au Bengale, il se livre au commerce et réalise des bénéfices importants. Il accepte ensuite un poste que lui offrait le vice-roi de Goa. En 1734, il revint à Saint-Malo et s'y maria. L'année suivante, il était nommé gouverneur des îles de France et Bourbon. La Bourdonnais était déjà avantageusement connu ; de plus un traité de mathématiques et un travail remarquable sur la mâture, qu'il avait composés, lui avaient valu une grande réputation.

verneur des îles de France et Bourbon. Dans cette dernière
île, où il arriva tout d'abord, il trouva une colonisation
relativement assez avancée. Quand à l'Ile de France, la
majeure partie du sol était couverte de forêts impénétrables et la culture était des plus restreintes ; tout était à
créer. La Bourdonnais vit de suite la supériorité de notre
nouvelle possession ; il résolut d'y fixer le siège de son
gouvernement.

L'Ile de France avait deux ports, Port Sud-Est et Port
Nord-Ouest. Port Sud-Est quoique plus vaste présentait de
sérieux inconvénients ; la sortie des vaisseaux était difficile
à cause des vents qui soufflaient directement dans les
passes formant l'entrée du port et de plus, en temps de
guerre, la défense présentait de grands obstacles. Toutes
ces raisons firent que La Bourdonnais donna la préférence
à Port Nord-Ouest, qu'une ceinture de montagnes garantit
des ouragans qui, dans ces climats, causent de si grands
désastres. Les quartiers de l'île pouvaient à peine communiquer entre eux faute de route. La garnison n'avait pas
de casernes et occupait un camp de chaumières. Il n'y
avait pas de fortifications et l'île était ouverte à toutes les
agressions. L'industrie était nulle et il n'y avait pas
d'ateliers où les navires pussent réparer leurs avaries.

Le gouverneur tira tout du néant. Il fit construire de
belles casernes, établir sur l'île des tonneliers, à l'entrée
du port une batterie capable de foudroyer une escadre et
forma des ateliers, en plaçant sous la direction de contre-
maîtres européens tous les nègres dont il pouvait disposer.
On bâtit un hôpital et des routes furent percées. En peu de
temps l'île prenait un autre aspect. Les terres incultes
avaient été défrichées : les huttes parsemées sur la côte
avaient disparu et l'on voyait de belles maisons construites
en madriers et quelques unes en pierres, des magasins,
des arseneaux, des moulins et des aqueducs. L'eau
potable manquait à Port Nord-Ouest et il fallait l'aller

chercher à une lieue de distance. La Bourdonnais fit exécuter un canal de 3,600 toises de long et amena l'eau dans la ville qui prit bientôt le nom de Port-Louis [1]. Une fontaine jaillissante s'éleva sur la principale promenade. Les principales rues furent plantées de bois noir, assez bel arbre du genre des *mimosas*. Le port de la nouvelle capitale fut particulièrement l'objet des soins du gouverneur qui, en peu de temps, le mit en état de recevoir des vaisseaux d'un tonnage élevé, y adjoignit des bassins à flot, des pontons, des cales et l'approvisionna de bois de construction. Dès lors, il fut aussi facile de construire ou de réparer des navires à Port-Louis que dans aucun port de l'Europe. En 1739, dix-huit mois seulement après l'arrivée de La Bourdonnais, un brigantin était mis à flot. L'année suivante, on lançait plusieurs bâtiments et, entre autres, un de cinq cents tonneaux qui fut armé en guerre pour le compte de la Compagnie.

L'administration intérieure était également énergique et bienveillante. La Bourdonnais avait rétabli la discipline et la sécurité et mis fin aux déprédations des marrons, en organisant une maréchaussée composée de Malgaches [2] qui, habitués à vivre dans les bois, convenaient parfaitement au service qu'on exigeait d'eux. En même temps, il veillait à ce que les nègres ne fussent pas injustement traités par leurs maîtres et obligeait les propriétaires à donner une plantation de tapioca de cinq cents mètres carrés à chacun de leurs esclaves.

L'agriculture était loin d'être négligée et le gouvernement s'en occupait fort activement. Il fit cultiver le maïs, la canne à sucre, l'indigotier et planter du manioc pour nourrir les nègres. Prévoyant qu'un jour le coton serait une branche importante du commerce et de l'industrie, il ne cessait d'en encourager la culture et les résultats qu'on

---

[1] Port Sud-Est reçut le nom de Port-Bourbon.
[2] Cette maréchaussée comprenait vingt-quatre noirs.

obtenait étaient des plus satisfaisants. Des manufactures de coton et d'indigo ne tardèrent pas à s'élever dans l'île. La récolte de blé fut bientôt assez abondante pour subvenir aux besoins des habitants.

Des arbres fruitiers avaient été importés de France et des orangers de la Chine. L'on essaya même d'acclimater la vigne de Schiraz, dont le vin donnait lieu à un trafic assez considérable en Perse. L'élève du bétail était l'objet des soins de La Bourdonnais. Des vaches bretonnes étaient amenées dans la colonie et l'on se procura plusieurs juments arabes. La Bourdonnais ordonnait même d'acheter des chameaux à Bassorah et six de ces bêtes de somme débarquaient à Port-Louis. Le climat ne paraissait pas leur être contraire. La volaille s'augmentait considérablement et des primes étaient données aux colons qui en possédaient le plus. Les terres furent divisées et chaque habitation dut être limitée au plus à cinq cents pas géométriques. L'on obligea chaque planteur à laisser une savane sur son exploitation pour servir de pâturage aux bestiaux et l'on empêcha ainsi le massacre imprévoyant du bétail. Les noirs furent distribués de manière qu'il y en eût au moins huit par plantation.

La Bourdonnais entrait dans les plus petits détails. Rien ne l'arrêtait et il était infatigable. Il voulait que l'Ile de France devînt le premier établissement de la mer des Indes et qu'elle eût une population européenne assez nombreuse. Dans ce but, il proposait d'y envoyer des enfants trouvés que l'on y fixerait en leur accordant des concessions de terre et d'y faire passer des faux-saulniers qui serviraient d'abord comme soldats pendant un certain temps et auraient ensuite la faculté de s'établir en qualité de colons. Pour La Bourdonnais, les Européens devaient être le principal élément de colonisation, la classe dirigeante destinée à conduire les populations d'origine indienne ou africaine. Aussi il ne cessait d'insister pour que l'on ne lui envoyât que de bons sujets, des hommes laborieux capables de fonder des familles qui auraient répandu notre langue et notre influence.

Si le gouverneur était bienveillant, il savait user de sévérité quand cela était nécessaire. Il voulait que les esclaves restassent sur les plantations et fussent avant tout des ouvriers agricoles. En conséquence, il leur défendait de sortir de l'île sans son autorisation. Avant lui, les marins qui séjournaient à l'Ile de France se faisaient souvent remarquer par leur prodigalité et leur indiscipline. Avec La Bourdonnais tout changea. Les officiers furent forcés de vivre avec économie et de donner l'exemple. Pour empêcher les matelots de dépenser leur solde, il fut décidé qu'on ne leur ferait aucune avance tant qu'ils resteraient dans la colonie et les équipages, durant leur séjour dans le port, étaient obligés de se contenter de tortues et de poissons. En même temps, le conseil était astreint à avoir toujours en caisse une certaine quantité de monnaie de billon pour assurer la paie des soldats et des ouvriers.

Les magasins durent toujours avoir une provision de blé pour plusieurs mois. L'administration était économe et se montrait avare des deniers publics. Le gouverneur vivait avec frugalité et à sa table l'on ne servait que du pain de maïs.

Tout en s'occupant des intérêts matériels, La Bourdonnais ne négligeait pas les intérêts moraux. Plusieurs églises étaient bâties par ses soins et entre autres celle de Pamplemousse que le roman de Bernardin de Saint-Pierre devait rendre si célèbre. On nomma des marguilliers pour s'occuper des fondations pieuses, distribuer des secours aux pauvres, prendre soin des orphelins et assurer du travail à ceux qui en manquaient.

Quoique pour le gouverneur l'Ile de France fût notre principal établissement, il ne négligeait pas l'île Bourbon. il transporta le chef-lieu de la colonie de Saint-Paul à

Saint-Denys et fit construire dans cette dernière ville l'hôtel du gouvernement et un pont suspendu qui excita l'admiration des habitants. Ce pont avait cent trente pieds de portée sur la mer et à son extrémité était placé un escalier qui s'élevait et s'abaissait à volonté et où venaient aborder les chaloupes. La production du café était l'un des principaux revenus de Bourbon. La Bourdonnais ne cessait d'engager les colons à s'y livrer et leur donnait même des conseils, pensant avec raison que rien n'était au-dessous de ses fonctions lorsqu'il s'agissait des intérêts du pays qui lui était confié. Dans ses instructions, il recommandait aux cultivateurs d'avoir soin de faire sécher leur café, partie au soleil, partie à l'ombre, de le vanner et de le nettoyer avant de l'expédier en Europe. Rien n'échappait à sa vigilance; il suffisait à tout.

Pour lui, les îles de France et Bourbon ne devaient pas seulement être des stations. Il voulait en faire un centre colonial et, dans cette intention, nous le voyons encourager le commerce à prendre la route de Bassorah, expédier du café en Perse et chercher à entretenir des rapports suivis avec l'Abyssinie et la côte de Mozambique. Il proposait même de fonder une colonie dans la baie de Sofala. Dans le but d'avoir une force militaire capable de faire respecter notre drapeau, il avait augmenté la garnison qui avait été portée à cinq compagnies d'infanterie, dont trois étaient à l'île de France et deux à Bourbon.

Comme on ne peut pas faire le bien impunément, La Bourdonnais ne tarda pas à être attaqué. Quelques capitaines, dont il avait dû restreindre les dilapidations, le dénoncèrent et présentèrent une longue série de griefs aux directeurs de la Compagnie. La Bourdonnais vint en France pour se justifier; il fut d'abord froidement accueilli : un libelle injurieux qu'on avait publié contre lui avait produit un mauvais effet. La Bourdonnais n'eut cependant pas de peine à convaincre les directeurs de la Compagnie.

Les accusations tombaient d'elles-mêmes. La confiance que les colons avaient en lui, le développement qu'il avait donné à la colonisation étaient plus que suffisants pour réduire à néant les calomnies dont il avait été l'objet.

La Bourdonnais repartit bientôt avec le grade de capitaine de frégate et prit la mer avec cinq navires appartenant à la Compagnie. Deux vaisseaux de la marine royale devaient l'accompagner. Au dernier moment, ils furent distraits de l'expédition sous le motif ridicule de faire des économies. La Bourdonnais s'embarqua le 5 avril 1741 et, après avoir relâché au Brésil, il arrivait à Port-Louis le 14 août de la même année. Il avait avec lui douze cents marins et cinq cents soldats. La plupart de ses matelots n'avaient jamais vu la mer et ses soldats étaient de nouvelles recrues. Pendant la traversée, il avait exercé ses matelots et les avait transformés en gens de mer expérimentés. Il avait instruit ses soldats qui ne le cédaient en rien aux grenadiers des meilleurs régiments.

Une fois de retour dans les îles, son activité se montra telle qu'elle était, c'est-à-dire infatigable. Il noua des relations avec Madagascar et plusieurs centaines de Malgaches vinrent s'établir dans la colonie. Le Sénégal dépendait toujours de la Compagnie. La Bourdonnais voulait établir des rapports entre ce pays et nos possessions de la mer des Indes [1]. Il envoyait des marins à l'Ile Rodriguez [2], dont les nombreuses tortues étaient une ressource considérable pour nos approvisionnements. Il faisait exploiter en même temps les petites îles éparses dans l'Océan Indien et, par

[1] Au Sénégal le commerce de la gomme avait pris de l'importance. En 1717, la Compagnie avait acquis Portendick ; en 1743 nous devions construire le fort de Podor. La Bourdonnais voulait faire venir, des noirs du Sénégal connus sous le nom de Laptots et les employer au cabotage, qu'il avait l'intention d'établir entre Bourbon et l'Ile de France.

[2] L'Ile Rodriguez est située à cent cinquante lieues de l'Ile Maurice. Elle a 30 kilomètres de long sur 6 de large. Son sol est montueux et fertile. L'on y remarque une vaste caverne remplie de superbes stalactites.

ses ordres, Lazarre Picault s'en fut reconnaître, en 1742, les îles Amirantes et un autre groupe d'îles qu'il appela Mahé en l'honneur du gouverneur.

En quelques années, notre établissement s'était transformé. Ce n'était plus une dépendance insignifiante de Bourbon. C'était une belle colonie, une petite France située au-delà des mers. Le désert avait fait place à la civilisation. Port-Louis était devenu une cité française où nos marins aimaient à se trouver. La campagne était couverte d'habitations qui respiraient l'activité et la prospérité. Ces progrès étaient dus à La Bourdonnais qui, en quelques années, avait accompli de véritables prodiges [1] avec le peu de ressources dont il disposait. Grâce à lui, nous dominions dans la mer des Indes et nous y avions le meilleur port. Dans la lutte que nous allions soutenir contre l'Angleterre, l'Ile de France ne sera pas seulement une colonie, mais une citadelle d'où s'élanceront de nombreux corsaires qui seront la terreur de notre rivale.

Dans l'Inde, notre situation continuait de s'améliorer. En 1735, Pierre Benoît Dumas avait succédé à Lenoir. Le nouveau gouverneur était né à Paris en 1696, sur la paroisse Saint-Roch. Il était entré au service de la Compagnie à dix-sept ans et avait été envoyé à Pondichéry, où il avait exercé plusieurs fonctions importantes. De 1727 à 1728, il avait administré les îles de France et Bourbon, en qualité, de gouverneur, et y avait laissé les meilleurs souvenirs. Il était retourné dans l'Inde et, en 1735, il était choisi pour remplacer Lenoir. L'on ne pouvait confier en de meilleures mains l'administration de nos établissements. Le nouveau gouverneur était adroit et réunissait une grande énergie à une extrême prudence. Son long séjour dans les colonies

---

[1] La statistique que nous donnons montre tout ce que La Bourdonnais avait fait à l'Ile de France. En 1735, la colonie avait 190 blancs, 648 noirs et 426 bêtes à cornes. En 1740, l'on comptait 379 blancs, 2,612 noirs, 2,068 bêtes à cornes.

l'avait mis au courant des affaires de l'Extrême-Orient. Il connaissait les mœurs des indigènes et, dans ses rapports avec eux, il déploiera une grande habileté. Sous son gouvernement, la France cessera de jouer un rôle exclusivement commercial, interviendra activement dans les événements qui s'accompliront et commencera à affirmer sa prépondérance.

L'Inde était alors le théâtre de guerres continuelles. Aureng-Zeyb était mort en 1707. Ses fils se disputèrent sa succession. L'un d'eux, Chah-Alem, finit par s'emparer de l'empire qu'il conserva jusqu'à sa mort, en 1712. L'aîné de ses enfants, Djihan-der-Chah, se débarrassa de ses compétiteurs et mourut en 1713. Son neveu et successeur, Farouksiar, se laissa gouverner par une danseuse. Il ne tarda pas à tomber dans le mépris et fut déposé en 1716. Rafiou-der-Djat et Chah-Djilan II ne firent que passer sur le trône et, en 1717, Mohammed-Chah, petit-fils de Chah-Alem, était élevé à la dignité impériale. La mollesse dans laquelle il s'endormit devait le précipiter dans un abîme de malheurs. L'empire avait été ébranlé par de nombreuses secousses et la chute de la domination mogole pouvait être regardée comme un événement certain.

Aux désordres de l'intérieur allaient bientôt se joindre les ennemis du dehors. Le Persan Nadir devait bientôt livrer au pillage Delhy, la résidence des empereurs. Les Afghans avec les Seikhs, qui commençaient à faire leur apparition comme puissance militaire, ravageaient les provinces du nord. Au midi, les Mahrattes étaient plus redoutables que jamais. Leurs dévastations terrorisaient les populations et plusieurs gouverneurs s'étaient décidés à leur payer tribut. C'était l'anarchie la plus complète. Les soubabs et les nababs exerçaient leur autorité en véritables souverains et ne conservaient plus qu'un simulacre d'obéissance envers la cour de Delhy. En fait, ils étaient indépendants. L'empire mogol était en véritable décomposition. Cet état de choses favorisait singulièrement les entreprises

des Européens qui s'étaient établis dans l'Inde. Ils recherchèrent bientôt des alliés parmi les potentats indigènes
afin de se former une clientèle politique et d'avoir ainsi
l'occasion d'intervenir dans leurs querelles. C'est ce que ne
tarda pas à faire Dumas, et il fut particulièrement favorisé
par les circonstances.

Le Carnate est une partie de la côte de Coromandel. Il
formait alors une des principales provinces de la vice-
royauté du Deccan. Sa ville principale était Arcate. Le
Grand Mogol avait conféré le droit de succession à son gouverneur. Au commencement du xviii° siècle, Sadutoullah
commandait dans le Carnate. C'était l'un des princes les
plus distingués de l'Inde. Son plus proche parent, Daoust-
Ali-Khan, lui succéda en 1732, sans cependant obtenir la
sanction du soubab du Deccan, dont il était le vassal
immédiat. La situation dans laquelle se trouvait Daoust-
Ali-Khan l'amena à se rapprocher des Européens, et
surtout des Français, qui lui étaient sympathiques par
leur caractère. Il noua des relations assidues avec la
colonie de Pondichéry et se lia étroitement avec Dumas.
L'amitié du nabab n'allait pas tarder à servir nos intérêts.

Les Anglais avaient obtenu l'autorisation de battre
monnaie et de fabriquer des roupies. Dumas avait remarqué
qu'ils en retiraient un grand bénéfice. Dans le but de nous
assurer les mêmes avantages, il s'adressa à son ami
Daoust-Ali-Khan et le pria de nous faire accorder la permission qui avait été concédée aux Anglais. Daoust-Ali-
Khan transmit la requête de Dumas à la cour de Delhy et
l'appuya chaleureusement. A la fin de 1736, le Grand
Mogol nous donna, par un firman, l'autorisation de frapper
des roupies en or et en argent au coin du nabab d'Arcate.
Notre monnaie devait porter d'un côté le nom du Mogol,
la date de son règne et, de l'autre, un croissant [1]. En

---

[1] La roupie que nous frappions était une pièce d'argent un peu
plus large qu'une pièce de douze sols, ayant trois fois son épaisseur
et valant environ quarante-huit sols.

même temps que Daoust-Ali-Khan transmettait le firman
à Dumas, il lui écrivait une lettre des plus flatteuses et lui
envoyait un éléphant avec son harnais, présent qui, dans
l'Inde, ne se faisait qu'aux princes et aux rois. L'on voit
quel était déjà notre prestige.

La fabrication de la monnaie prit rapidement de l'importance et nous procura de grands bénéfices. Pondichéry fut
le siège d'un commerce considérable de lingots d'or et
d'argent. Les espèces frappées atteignaient cinq ou six
millions et donnaient un revenu de plus de quatre cent
mille livres, somme importante pour le temps et pour une
colonie comme Pondichéry où, quelques années auparavant,
le numéraire était fort rare. L'aisance se répandait dans
toutes les classes et les transactions commerciales reçurent
une vigoureuse impulsion. La monnaie française se répandit
dans l'Inde et sa réputation était telle que les indigènes
s'en servaient de préférence à la leur. En récompense du
succès qu'il avait obtenu dans les négociations qu'il avait
entreprises, Dumas fut créé chevalier de l'ordre de Saint-
Michel et reçut des lettres de noblesse. Un autre événement
allait bientôt augmenter notre influence.

Daoust-Ali-Khan avait deux fils, Sabder-Ali et Hassan-
Ali, et plusieurs filles. La première avait épousé son
cousin, Mortiz-Ali, la seconde un parent éloigné, Chanda-
Saheb, et la troisième un seigneur du nom de Taqua-Saheb.
Chanda-Saheb professait pour la France la plus vive admiration et se rendait parfaitement compte de la situation de
l'Inde et du rôle que les Européens étaient appelés à y
jouer un jour. Né sans fortune, il avait une grande ambition et son mariage lui permettait d'aspirer à un brillant
avenir. Aussi il se rapprocha de suite des Français, espé-
rant trouver en eux un appui pour seconder ses projets. Il
aimait à entretenir avec nous des relations assidues, venait
fréquemment à Pondichéry et s'était lié tout particulièrement avec Dumas. En un mot, Chanda-Saheb n'avait

qu'un but, s'assurer de notre alliance en nous aidant dans nos entreprises. C'est du reste ce qu'il ne tarda pas à faire.

En 1735, le rajah de Tritchinapaly était mort sans enfants, et deux compétiteurs se disputaient sa succession, sa veuve appelée La Ranée et un de ses parents éloignés. La Ranée appela à son secours Daoust-Ali-Khan, qui ne négligea pas cette occasion d'agrandir son territoire. Il réunit une armée de trente mille hommes et la confia à son fils Sabder-Ali et à son gendre Chanda-Saheb. Ce dernier était le véritable chef de l'expédition. Le royaume de Tritchinapaly fut envahi et bientôt il ne resta plus à prendre que la capitale, qui fut assiégée. La Ranée se défendit avec vigueur et soutint un siège de cinquante jours. Le 26 avril 1736, Chanda-Saheb entrait dans la place. Il désarma la garnison et prit le titre de nabab. Daoust-Ali-Khan lui confirma cette dignité et le chargea en même temps de gouverner sa nouvelle conquête en qualité de lieutenant. Chanda-Saheb, dans sa nouvelle situation, ne cessa de servir les intérêts de la France et se montra toujours pour nous un allié fidèle et dévoué.

Notre influence s'augmentait et notre prestige ne se bornait plus à la côte de Coromandel. Notre puissance s'affirmait non seulement dans l'Inde, mais encore dans toute l'Asie. Dumas montra que, s'il aimait la paix, il ne reculait pas devant la guerre lorsque l'honneur national était engagé et quand il s'agissait de faire respecter le drapeau de la France. Nous avions un comptoir à Moka et, depuis longtemps, la Compagnie avait à se plaindre de l'iman. Nos nationaux avaient été insultés à plusieurs reprises. Les Arabes détenaient cent mille piastres qui nous appartenaient et refusaient de nous vendre du café. Cet état de choses ne pouvait se tolérer plus longtemps et l'on résolut d'agir. En octobre 1736, une escadre quittait Pondichéry et venait mouiller à Mahé. Elle comprenait quatre vaisseaux, le *Maurepas*, le *Triton*, le *Saint-Pierre*

et l'*Indien* et était commandée par un neveu de Duguay-
Trouin, le capitaine de la Garde Rozier, de Saint-Malo. Le
16 décembre, la flotte levait l'ancre et, le 26 janvier suivant, elle arrivait devant Moka. Après des pourparlers
inutiles, l'on se décida à agir et, le 1er février, nous com-
mencions à bombarder la ville, qui tombait en notre pouvoir au bout de quelques jours. Un traité fut conclu avec
l'iman. Les Français rentraient en possession de leurs
privilèges et avaient le droit d'avoir une factorerie et d'y
arborer leur pavillon. Ils obtenaient en outre le libre
exercice de leur culte, la concession d'un cimetière et de
grands avantages pour leur commerce. L'escadre revint à
Pondichéry en juillet 1737.

Tout en faisant connaître notre puissance militaire,
Dumas ne négligeait aucune occasion d'étendre nos relations et d'ouvrir de nouveaux débouchés. Pondichéry
prenait chaque jour de l'importance et nous avions toute
facilité pour entrer en rapport avec la Chine, la Perse, les
Philippines et l'Indo-Chine. Le gouvernement colonial
favorisait autant que possible le mouvement commercial.
Les droits de douane étaient relativement peu élevés. A
Pondichéry, les marchandises payaient trois pour cent
d'entrée et un pour cent à leur sortie. Si les exportations
de France étaient encore peu considérables, cependant l'on
pouvait constater un progrès réel.

La population européenne s'était augmentée à Pondichéry et nous avons vu précédemment que les questions
commerciales n'étaient pas les seules à occuper la colonie.
Dans tous nos établissements de la mer des Indes, l'instruction avait de bonne heure éveillé l'attention, et nous
nous rappelons que le conseil de Pondichéry avait songé à
fonder en France un collège destiné à l'éducation des
Indiens. Sous le gouvernement de Dumas, cette question
fut remise à l'ordre du jour et cette fois elle entrait dans
une nouvelle phase. Dumas avait été frappé de l'état

d infériorité dans lequel se trouvaient les femmes et il voulait relever leur niveau intellectuel. En 1738, une convention fut signée avec les Ursulines de Vannes. Huit religieuses devaient venir à Pondichéry pour y diriger une communauté qui serait exclusivement consacrée à l'instruction et à l'éducation des jeunes filles, sans distinction d'état ou de condition. Les cours étaient gratuits [1]. La Compagnie, de son côté, s'engageait à fournir une maison et un jardin aux religieuses. Un couvent ne tarda pas à être construit. Pour la première fois dans l'Inde, les femmes furent appelées à profiter des avantages de l'instruction, et c'est à la France que revient cet honneur.

En dehors de Pondichéry, nos établissements avaient pris de l'importance. Le comptoir que nous avions fondé à Patna était devenu le centre d'un trafic assez considérable et nous y importions des draps de Reims et de la porcelaine de Chantilly [2]. Au Bengale, Kassim-Bazar reprenait une partie de son activité, et les agents de la Compagnie s'y procuraient des soieries à bon marché. Chandernagor cessait d'être un village. Nous y portions des lingots d'or et l'on plantait du coton dans les campagnes [3]. Au Malabar, nous importions du vin, du salpètre et de l'opium, et nous en tirions du bois de teck, du sandal, du safran et de la cannelle. A Surate, notre pavillon commençait à reparaître et les Banians sollicitaient nos marchands d'y revenir trafiquer. L'on songeait même à fonder une factorerie à Gangam, au nord d'Yanaon. Notre commerce se développait chaque jour et, en 1740, la Compagnie possédait quarante vaisseaux équipés pour aller dans l'Inde et

---

[1] Les jeunes filles qui étaient pensionnaires devaient payer aux religieuses la somme de trois pagodes par mois.
[2] La manufacture de Chantilly fut fondée en 1725 par Ciquaire Cirou, sous la protection du prince de Condé. En 1735 elle avait obtenu des lettres patentes ; elle se proposait d'imiter la porcelaine de Corée.
[3] Le terrible ouragan de 1737 qui avait fait déborder le Gange et périr 300,000 personnes ne nous avait causé aucun préjudice.

voyait s'augmenter son chiffre d'affaires. Partout nous jouissions de l'estime et de la confiance.

Ce mouvement ne se bornait pas à l'Inde et s'étendait à tout le *Haut-Orient*. Le marchand Velaerd de la Barre était envoyé en Chine pour relever la factorerie que nous avions à Canton et faisait dans cette ville des achats de thé, de camphre, de porcelaines et de rhubarbe. Des Capucins pénétraient dans le Thibet, et la Compagnie s'empressait de leur venir en aide en leur accordant une subvention. L'on espérait par leur intermédiaire entrer en rapports avec ces régions lointaines. Des agents étaient de nouveau envoyés au Pégou et fondaient une factorerie à Mergui. L'on songeait à reprendre les anciens projets de Martin sur le royaume de Siam. Dumas proposait en même temps de s'établir en Cochinchine et au Tonkin et donnait sur ce dernier pays de nombreux renseignements. Il parlait de sa fertilité et disait que l'on en tirait un cuivre rouge excellent et que la cannelle que l'on y récoltait était citée comme la meilleure que l'on connût en Asie. Un évêque, Mgr de la Baume, qui résidait depuis plusieurs années en Cochinchine lui servait d'intermédiaire près la cour de Hué et négociait la cession du port de Touranne qui était situé dans le voisinage de Faifao où s'était alors concentré le commerce annamite. Pour Dumas, il n'y avait pas à hésiter, nous devions prendre pied dans l'Indo-Chine.

Fidèle aux traditions françaises, Dumas n'avait pas oublié que dès notre arrivée dans l'Inde, nous avions cherché à étendre nos opérations en Perse. Il suivit la même voie et pensa que nous devions chercher à nous emparer du trafic de ce pays. Nous pouvions en tirer des étoffes, des soieries, et y introduire du poivre, des draps et du café. Dumas envoya en Perse le capitaine de la Baume et, en 1738, un traité fut conclu entre l'*Empereur* de France et la cour d'Ispahan. Ce traité nous donnait l'autorisation de posséder des comptoirs et assurait de grands avantages à notre commerce [1]. Dumas obtenait en même temps la création d'un consulat à Bassorah. Le café de Bourbon faisait son apparition dans cette dernière ville et nos draps commençaient à se vendre à Bagdad. Notre prestige s'affirmait de plus en plus et notre puissance était sur le point de recevoir un nouveau développement par l'acquisition que nous allions faire de Karikal.

Sur la côte de Coromandel, dans le voisinage de Tritchinapaly, se trouvait le royaume de Tandjaour qui, depuis l'an 80 de l'ère chrétienne, avait été gouverné par des dynasties indigènes. En 1674, les Mahrattes s'en étaient emparés et leur chef Civadji avait donné sa conquête à l'un de ses frères, dont les trois fils occupèrent successivement le trône. Le dernier, Tukod-ji, mourut en février 1738, laissant deux fils légitimes, Baba-Saheb et Sahagy et un fils naturel Persa-Singh. Baba-Saheb ne vécut que quelques mois et Sahagy lui succéda. Le chef des troupes, Seid-Khan, qui avait un parti considérable, suscita un prétendu parent du roi nommé Cidogy et formenta une émeute. Les conjurés s'emparèrent à main armée du palais de Tandjaour. Sahagy n'eut que le temps de se sauver à cheval avec quelques amis. Il passa le Coldram qui servait de limite à ses états et vint se réfugier à Chalambron qui était une pagode fortifiée et située à huit lieues de Pondichéry. Il rassembla quelques troupes, mais, comme il manquait d'armes et de munitions, il résolut d'avoir recours aux Français et envoya à Pondichéry des délégués pour solliciter l'appui du gouverneur et traiter avec lui.

Sahagy offrait de nous céder la ville de Karikal, le fort de Kercangery, dix villages et toutes les terres de leur dépendance. Dumas saisit avec joie l'occasion de fonder un établissement dans le royaume de Tandjaour. Depuis long-

---

[1] La guerre, qui éclata entre les Turcs et les Persans peu de temps après, nous empêcha de fonder un établissement important.

temps nous y avions songé et même essayé, mais inutilement. Cette fois, le moment était favorable. Le gouverneur de Pondichéry signa un traité avec les envoyés de Sahagy et s'obligea à fournir à ce prince deux cents mille livres de notre monnaie en argent, les armes et les munitions dont il avait besoin. En retour, Sahagy lui envoyait la cession de Karikal (juillet 1738). Dumas fit appareiller deux vaisseaux, le *Bourbon* de soixante canons et le *Saint-Géran* de quarante-six, pour aller prendre possession de Karikal et porter aide à notre nouvel allié.

Sur ces entrefaites, une révolution avait eu lieu dans le royaume de Tandjaour. L'usurpateur avait été abandonné par la plupart de ses partisans et assassiné. Sahagy rentra triomphalement dans sa capitale. Pendant que ces événements s'accomplissaient, les vaisseaux français arrivaient devant Karikal. Les Hollandais de Négapatam, qui n'est situé qu'à quatre lieues de Karikal, vinrent s'opposer à nos projets. Ils envoyèrent des présents à Sahagy et l'amenèrent par caresses et par menaces à ne pas tenir sa parole. Aussi par les ordres du roi de Tandjaour, le général Kansaëb qui occupait Karikal avec quatre mille hommes s'approcha du rivage et fit dire aux Français que s'ils débarquaient il les ferait charger. Le *Bourbon* et le *Saint-Géran* restèrent mouillés deux mois devant la ville; après quoi Dumas leur ordonna de revenir à Pondichéry.

Nous aurions pu nous emparer de Karikal par force, mais Dumas ne voulait pas avoir recours à ce moyen extrême, dans la crainte de s'aliéner les indigènes. Il pensait qu'il fallait se montrer modéré et gagner ainsi leur confiance. Du reste le roi de Tandjaour ne refusait pas d'exécuter le traité et promettait de nous livrer Karikal sitôt qu'il aurait fait la paix avec le nabab de Tritchinapaly avec qui il était en guerre.

Ce nabab était Chanda-Saheb, notre allié. Sitôt qu'il eut appris ce qui se passait, il nous offrit de chasser Kansaëb de Karikal et de nous remettre la place. Dumas accepta et Chanda-Saheb fit aussitôt marcher contre Karikal quatre mille cavaliers commandés par un officier espagnol, Pereira, qui était dévoué aux intérêts de la France. Kansaëb prit la fuite avec la plus grande partie de ses troupes et abandonna le pays en ne laissant qu'une garnison de quatre cents hommes dans le fort de Kercangery. Pereira ordonna l'assaut et s'en empara sans coup férir, le 9 février 1739. Puis il vint à Pondichéry nous faire hommage de sa nouvelle conquête. Dumas ordonna immédiatement d'appareiller un petit vaisseau de cent cinquante tonneaux qui se trouvait en rade avec tout ce qu'il put embarquer de soldats et de munitions. L'on nous remettait Karikal et le fort de Kercangery et la prise de possession avait lieu le 14 février 1739. Peu de temps après, l'on envoya un gros navire chargé de tout ce qui était nécessaire pour fonder un établissement.

Le roi de Tandjaour apprit cette nouvelle avec indifférence et, dans l'espoir que les Français lui paieraient la somme qu'ils lui avaient promise, il ratifia l'occupation de Karikal (avril 1739). A peine Sahagy avait-il expédié ses ordres, que les seigneurs qui l'avaient rétabli sur son trône, mécontents de sa conduite, le renversèrent et proclamèrent à sa place son cousin Pra'o-Sing. Sahagy fut étouffé dans un bain de lait tiède. Le nouveau roi, qui désirait n'avoir que de bons rapports avec nous, reconnut la cession de Karikal, accorda même une plus grande quantité de territoire et, en 1741, vint à Pondichéry rendre visite à Dumas.

Karikal, notre nouvelle possession, était située à quatre lieues de Négapatam, deux lieues de Tranquebar et à vingt-cinq de Pondichéry. La ville avait six cent trente-huit maisons en briques, couvertes de tuiles, sans compter deux cent quarante paillotes, c'est-à-dire des maisons en terre glaise et recouvertes de pailles. L'on y comptait cinq mos-

quées, cinq grandes pagodes, neuf petites et trois chaudries [1]. La population s'élevait à 4,845 habitants qui
étaient Gentils en majorité. Les Maures s'adonnaient principalement au commerce et il y en avait de forts riches. La
ville était bâtie à un mille et demi de l'Arselar qui est une
des branches du Cavery et a seize lieues de cours. Pendant
la sécheresse, l'embouchure de l'Arselar était obstruée par
les sables ; à la saison des pluies, elle était dégagée. Les
petits bâtiments du pays de deux à trois cents tonneaux
pouvaient remonter jusqu'à la ville. Les indigènes se
livraient à un cabotage assez actif et, pour transporter
leurs marchandises et naviguer sur le fleuve, ils
employaient de petits bateaux fort légers appelés sche-
lingues. Karikal avait perdu de son importance commerciale. Cependant il y avait encore plusieurs fabriques de
toiles peintes. Le territoire était fertile et avait cet avantage que les pluies y étaient plus abondantes que dans le
reste de l'Inde, et lorsqu'elles venaient à cesser, les
rivières en débordant suppléaient au manque d'eau. Aussi
cultivait-on avec succès le coton et l'indigo, et le riz croissait en abondance.

Les dépendances de Karikal étaient assez importantes.
La principale était Tiroumalé Rayen Patnam, gros bourg
de 2,500 habitants qui était situé à douze cents toises de la
mer et à une lieue de la ville et avait près de cinq cents
maisons construites en briques. La campagne était bien
arrosée par suite du grand nombre d'étangs qu'elle possédait. L'on y remarquait beaucoup de jardins cultivés avec
soin et renfermés par de grands murs de terre ou des haies
vives. Notre nouvelle acquisition consistait surtout en
aldées des plus fertiles, et formait un territoire ayant cinq
ou six lieues de tour. Le revenu que l'on en retirait était
en grande partie donné par les fermes du tabac et du bétel

---

[1] Les chaudries étaient des caravansérails destinés à loger les
voyageurs. La plupart étaient dues à la piété des Banians.

et les droits de douane. Il s'élevait annuellement à dix mille pagodes ou environ cent mille livres de notre monnaie.

Le gouvernement colonial s'occupa sans retard de fonder un établissement et fit exécuter plusieurs travaux de défense, construire une église et un hôpital. Les Français étaient accueillis avec empressement. Les indigènes étaient heureux de passer sous notre domination qui leur assurait le repos et la tranquillité. Notre nouvelle acquisition nous était favorable à tous les points de vue. Elle nous donnait un territoire fertile, une ville qui pouvait devenir un centre commercial et resserrait l'alliance qui existait entre nous et Chanda-Sabeb.

Pendant que nous nous établissions à Karikal, de graves événements s'accomplissaient dans l'Inde. La ville de Delhy, la résidence des empereurs était livrée au pillage : dans le midi les Mahrattes se levaient plus redoutables que jamais. L'empire mogol était en pleine décomposition. En Perse, un aventurier, Nadir-Chah qui, dans sa jeunesse avait été chamelier, s'était emparé du trône en 1732 ; une fois maître du pouvoir, rien n'arrêta son audace. Il marcha contre les Afghans qui s'étaient révoltés, leur infligea plusieurs défaites et s'empara de Kandahar. Il ne tarda pas à paraître dans l'Inde. Il y était appelé par plusieurs vice-rois désireux de profiter d'une invasion pour se rendre indépendants. En outre, l'affaiblissement de la domination mogole l'encourageait dans ses desseins. Après avoir été victorieux en plusieurs rencontres, il était devant Delhy en 1739 et campait à Karnal, à quatre jours de marche de cette ville. L'armée mogole l'attendait de pied ferme. Nadir-Chab lui livra bataille et la mit en déroute. Il entra dans Delhy et donna le signal du pillage et du massacre. Après avoir levé une lourde contribution et fait un butin considérable, il retourna en Perse semant le ravage et la désolation. Depuis cette époque, Delhy a perdu son importance et ne s'est pas encore remis de cette catastrophe.

L'on était encore sous l'impression de ce désatre, quand les Mahrattes firent trembler les provinces du midi. Daoust-Ali-Khan cherchait à agrandir ses possessions. Il s'était emparé de Trichinapaly et assiégeait depuis six mois la ville de Tandjaour. Daoust-Ali-Khan était Musulman; le roi de Tandjaour, ainsi qu'un grand nombre de rajahs du pays, se rattachaient au Brahmanisme et avaient la même religion que les Mahrattes. Tous ces petits princes effrayés des progrès des Mogols, eurent recours aux Mahrattes et leur représentèrent qu'une fois que les Musulmans se seraient emparé de leurs états, ils tourneraient leurs armes contre eux. Les Mahrattes, qui ne demandaient qu'à porter la guerre chez leurs voisins accueillirent avec joie ces ouvertures. Leur roi Sahodgi, leva une armée de 150,000 fantassins et de 60,000 cavaliers et en confia le commandement à son fils Ragodgi-Bounslah qui se mit en marche en octobre 1739.

Au bruit de l'invasion de ses ennemis, Daoust-Ali-Khan ordonna à son fils et à son gendre de quitter le siège de Tandjaour et de venir le rejoindre. Lui-même rassembla tout ce qn'il pouvait avoir de troupes et s'en alla occuper les gorges des montagnes de Kanamay, à trente lieues d'Arcate. La position était bien choisie et, malgré leur infériorité numérique, les Mogols avaient chance de résister. Les Mahrattes parurent au mois de mai 1740. Ils virent qu'ils ne pouvaient forcer les défilés sans perdre beaucoup de monde et eurent recours à la trahison. Un des principaux passages était défendu par un prince qui n'était pas Musulman et commandait un corps de cinq à six mille hommes. Les Mahrattes l'attirent dans leur parti en réveillant sa haine contre les sectateurs de Mahomet et se font livrer le passage. Ils l'occupèrent pendant qu'ils amusaient Daoust-Ali-Khan par des escarmouches, et arrivèrent à deux portées de canon des Mogols.

Quand on vint dire à Daoust-Ali-Khan qu'un corps de

cavalerie s'avançait, il crut que c'était son fils et son gendre qui venaient le rejoindre. Il entendit bientôt une décharge d'artillerie et vit qu'il était trahi. Il engagea la bataille. La mêlée fut terrible.

Les Musulmans soutinrent la lutte avec intrépidité, mais ils furent écrasés par le nombre. Daoust-Ali-Khan blessé de plusieurs coups de feu se tua en tombant de dessus son éléphant. Son second fils, Hassan-Ali, un de ses gendres, Taqua-Saheb, périrent ainsi que ses principaux officiers. La déroute fut générale : « Jamais champ de bataille, » écrit l'abbé Guyon, « n'offrit un spectacle plus affreux et « plus terrible. La terre avait été détrempée pendant la « nuit par la pluie qui était tombée. De quelque côté « qu'on portait ses regards, on n'apercevait que des « chevaux et des éléphants blessés, furieux, renversés « pêle-mêle avec les officiers et les soldats, faisant de vains « efforts pour se tirer des bourbiers sanglants où ils étaient « enfoncés et foulant aux pieds des monceaux de morts ou « de blessés qu'ils achevaient d'écraser par leur chûte ou de « mettre en pièces avec leurs dents et leurs trompes. » Vingt mille Mogols périrent. Les Mahrattes s'emparèrent d'un grand nombre de prisonniers et firent un butin considérable. L'étendard du Grand Mogol et quarante éléphants étaient en leur pouvoir. On retrouva le corps de Daoust-Ali-Khan, mais on ne put retrouver celui de son fils Hassan-Ali qui probablement avait été écrasé par les éléphants. Cette bataille avait eu lieu le 20 mai 1740.

La nouvelle de ce désastre se répandit bientôt dans tout le pays et l'effroi fut général. Une multitude de fuyards, Musulmans ou Gentils prirent la route de Pondichéry en emportant ce qu'ils avaient de plus précieux et vinrent demander asile. Dumas fut obligé de faire fermer les portes de la ville et de renforcer les postes afin d'éviter la confusion. La foule des fugitifs ne cessa de s'accroître et devint si grande que les maisons et les rues étaient tellement remplies qu'on ne pouvait que difficilement y circuler. Le 25 mai, cinq jours après la bataille, on signala un immense convoi qui se dirigeait vers Pondichéry. C'était la veuve de Daoust-Ali-Khan et ses filles qui se présentaient à la porte de Valdaour avec ce qu'elles avaient pu ramasser d'or, d'argent et de pierreries, et demandaient qu'on voulût bien les recevoir. La situation était critique ; recevoir la femme de Daoust-Ali-Khan, c'était encourir la haine des Mahrattes, les attirer et s'exposer à un siège. D'un autre côté, les repousser, c'était faire preuve d'ingratitude. Daoust-Ali-Khan n'avait-il pas été notre allié? c'était déshonorer le nom de la France.

Dumas qui sentait la responsabilité qui pesait sur lui, assembla le conseil. Pendant qu'il délibérait, la population se pressait aux abords du palais sachant qu'on devait prendre une détermination qui intéressait la colonie toute entière, et qui était du nombre de celles qui font date dans l'histoire d'un peuple. Le gouverneur exposa au conseil les raisons qui militaient en faveur de chaque parti, mais lui n'hésitait pas. Il représenta que la reconnaissance et les sentiments qui avaient toujours animé notre nation ne permettaient pas de renvoyer une famille malheureuse, ni de repousser ceux qui venaient implorer notre appui. Le conseil fut de cet avis et quand il sortit, une immense acclamation vint ratifier sa décision. Tous les habitants de Pondichéry approuvaient hautement la résolution qu'on venait de prendre. Le sentiment de la reconnaissance l'emportait ; il n'y avait qu'une voix.

On alla en grande cérémonie au devant de la veuve de Daoust-Ali-Khan. La garnison se mit sous les armes. Dumas, accompagné de ses gardes et porté sur un palanquin, vint recevoir la princesse à la porte de Valdaour. La princesse, ses filles et ses neveux étaient sur vingt-deux palanquins suivis d'un détachement de quinze cents cavaliers. Quatre-vingts éléphants, trois cents chameaux, deux

cents carosses traînés par des bœufs et plus de deux mille
bêtes de charge fermaient la marche. Quand la princesse
entra dans la ville, on la salua par une décharge d'artillerie
et on la conduisit avec sa suite au palais qui lui avait été
préparé. Les officiers mogols témoignaient une joie extrême
de se voir si bien accueillis. Ce désintéressement auquel
ils ne s'attendaient pas, l'ordre parfait qu'ils voyaient
régner dans Pondichéry leur donnèrent une hauté idée de
la France. Ils étaient charmés des entretiens qu'ils avaient
avec Dumas et ne tardèrent pas à subir son influence. Ils
voyaient qu'ils pouvaient compter sur notre loyauté. Du
reste, l'asile que nous donnions à la veuve de Daoust-Ali-
Khan était pour nous un grand honneur. Un prince avait
été vaincu, son armée dispersée; sa veuve et ses enfants
s'étaient réfugiés sur le territoire français, à l'ombre de
notre drapeau. C'était reconnaître la supériorité de notre
pays, et notre prestige devait s'en ressentir et grandir aux
yeux des indigènes.

Le fils de Daoust-Ali-Khan, Sabder-Ali, était à quelques
lieues d'Arcate, avec huit cents cavaliers, quand il apprit
le désastre, deux jours après la bataille. Il se réfugia dans
la forteresse de Velore. Chanda-Saheb, de son côté, alla
s'enfermer dans Tritchinapaly, bien résolu à s'y défendre
jusqu'à la dernière extrémité. Les Mahrattes entrèrent dans
Arcate qu'ils livrèrent au pillage, puis se répandirent dans
le pays, qui fut dévasté. Néanmoins, le butin fût moins
considérable qu'ils ne l'avaient espéré; la plupart des habitants s'étaient réfugiés dans les places fortes avec ce qu'ils
avaient de plus précieux. Ils entrèrent alors en pourparlers
avec Sabder-Ali, qui traita avec eux. Ce prince s'engageait
à leur payer dix millions de roupies, à évacuer les royaumes
de Tandjaour et de Tritchinapaly et à unir ses troupes à
celles des Mahrattes pour chasser Chanda-Saheb de Tritchinapaly. Moyennant ces conditions, il succédait à son père
en qualité de nabab d'Arcate. Ce traité fut signé le

1er août 1740. Si les Mahrattes avaient consenti, contre leur habitude, à traiter avec des vaincus, c'est qu'ils avaient eu connaissance des préparatifs que faisait le Nizam pour venir les attaquer et qui, disait-on, rassemblait une armée de deux cent mille hommes. L'attitude des Européens de la côte de Coromandel, qui paraissaient décidés à résister, leur avait aussi donné à réfléchir.

Dumas n'avait pas attendu l'approche de l'ennemi pour mettre Pondichéry en état de soutenir un siège. Les approvisionnements avaient été l'objet de soins tout particuliers. Pendant quinze jours, des chariots avaient apporté sans interruption dans la ville des grains et des vivres de toute espèce. Le gouverneur présidait lui-même aux achats et à l'emmagasinement. Les fortifications avaient été réparées ; le côté de la place qui regardait la mer et était situé entre les bastions de Saint-Louis et de Saint-Laurent n'avait pas de muraille et, par conséquent, était complètement ouvert. Dumas fit fermer l'intervalle de quarante à cinquante toises qui s'étendait entre les maisons et le rivage par une estracade d'ancres entrelacées et liées ensemble. Du côté de la terre, à huit ou dix toises du mur d'enceinte, on creusa un fossé et on jeta sur la berne une grande quantité de ronces et d'épines pour la rendre impraticable aux gens de pied. L'on rassembla des munitions. Les remparts étaient garnis de plus de quatre cents bouches à feu. tant canons que mortiers. L'on travaillait jour et nuit à augmenter les moyens de défense et à se préparer à un siège.

La garnison, malheureusement, n'était pas nombreuse. Elle ne comprenait que trois cent vingt soldats. Deux vaisseaux, le *Comte de Toulouse* et le *Penthièvre*, se trouvaient en rade. L'on retint les équipages et l'on eut ainsi deux cents marins, tous gens aguerris et capables d'une grande énergie. Le *Comte de Toulouse* était chargé d'une riche cargaison. Dans la crainte de porter préjudice à la Compagnie qui était propriétaire de ce bâtiment, on lui donna un équipage composé de Lascarins [1] et on l'envoya à l'Ile de France, en lui ordonnant de faire connaître à cette colonie, ainsi qu'à l'île Bourbon, la situation critique de Pondichéry et de demander des secours dans le plus bref délai. L'on arma les employés de la Compagnie ainsi que les colons, et l'on parvint ainsi à réunir douze cents Européens. Pour augmenter l'effectif de la garnison qui, eu égard au nombre des Mahrattes, était encore bien peu considérable, le gouverneur recruta parmi les Indiens ceux qui lui paraissaient capables de porter les armes et forma ainsi un corps de quatre mille cinq cents hommes, en grande majorité Musulmans. Ces auxiliaires se rendirent fort utiles en faisant le service de place et en montrant une grande aptitude à se plier aux exercices et à la discipline des armées régulières. Ce fut l'origine de l'armée des Cipayes qui, avec Dupleix, devait acquérir une si grande célébrité et prendre une part si active aux guerres que nous allions soutenir dans l'Inde.

Dumas assigna à chacun son poste de combat. Les marins étaient chargés de garder les bastions Saint-Louis et Saint-Laurent et le côté de la ville qui faisait face à la mer ; la garnison les portes et les autres bastions. La citadelle avait été confiée aux habitants. On distribua des bombes sur les remparts afin de les jeter sur les assaillants en cas d'attaque. Toutes les maisons de la banlieue qui auraient pu gêner le tir de l'artillerie ou servir d'abri à l'ennemi avaient été rasées. Rien ne fut négligé. L'on veillait en même temps à la sécurité de la ville. Des patrouilles circulaient jour et nuit tant pour maintenir l'ordre que pour éviter une surprise et empêcher que des espions ne pussent se glisser parmi les nombreux fuyards qui se trouvaient à Pondichéry. L'on resta ainsi sous les armes depuis le mois de mai 1740

---

[1] Nom donné aux matelots indiens, particulièrement à ceux qui servent sur les bâtiments européens. Ils appartiennent généralement à la caste des Parias.

jusqu'en avril 1741. Dans cette longue période, il n'y eut pas la moindre défaillance. La population ne montra pas ce délire que nous avons vu il y a quelques années dans la dernière guerre qui nous a été si funeste. Elle était calme, résolue à combattre et décidée à s'ensevelir sous les ruines de la ville. Elle possédait cette mâle résolution qu'une nation doit toujours montrer aux jours d'épreuves, quels que soient les malheurs qui la frappent.

Pendant que nous étions sur le qui vive et que nous nous préparions à une vigoureuse résistance, Pondichéry reçut la visite du nouveau nabab Sabder-Ali. La veuve de Daoust-Ali-Khan, pénétrée de reconnaissance des attentions que l'on avait pour elle, en avait instruit son fils, qui écrivit à Dumas pour le remercier. « Il faut, » lui disait-il, « nous « regarder comme frères, il faut que vous pensiez que tous « mes biens, toutes mes terres sont à vous. » Il se disposa bientôt à venir à Pondichéry afin de voir sa mère et de pouvoir exprimer de vive voix toute la gratitude qu'il avait pour les Français. Son beau-frère, Chanda-Saheb, l'accompagnait. Le 1er septembre 1740, l'on apprit à Pondichéry que les princes, qui étaient en marche depuis plusieurs jours, approchaient et n'étaient plus qu'à une petite distance. Dumas fit dresser une tente à la porte de Valdaour et ordonna de la décorer richement. Puis il envoya aux limites de notre territoire trois membres avec une compagnie d'infanterie, les pions de la garde, des danseuses et des tamtams. A six heures et demie du soir, les princes faisaient leur entrée dans la ville.

Dumas alla recevoir Sabder-Ali à la descente de son palanquin et tous deux s'embrassèrent avec de grandes démonstrations d'amitié. La garnison était sur pied. Le nabab se rendit à la résidence de sa mère et passa près d'elle plusieurs jours dans le deuil et la retraite. Il alla ensuite rendre visite au gouverneur, qui le reçut avec solennité. On tirait le canon et les troupes étaient rangées en ordre de bataille sur la place principale. Suivant l'usage du pays, Dumas offrit au prince le bétel et l'eau de rose et les présents de la Compagnie. Sabder-Ali ne voulut accepter que deux vases en vermeil et en filigrane, et encore ne les prit-il qu'en signe d'alliance. De son côté, dans le désir de montrer combien il avait été touché de notre conduite, il combla le gouverneur de cadeaux. Il lui envoya un serpeau[1], un éléphant, en y joignant l'armure de son père, qui était enrichie de pierreries, l'aigrette royale et le diadème, remarquable par ses nombreux diamants. Il ne pouvait, disait-il, mieux lui faire connaître sa reconnaissance qu'en lui donnant les marques souveraines d'un père dont la mémoire lui était chère. Sabder-Ali resta dix-sept jours à Pondichéry et, durant son séjour dans notre colonie, il accorda à Dumas, par les paravanas du 28 août et du 12 septembre 1740, six aldées, dont le revenu s'élevait à plus de vingt-cinq mille livres de rentes. Cette donation était personnelle au gouverneur et n'était pas faite à la Compagnie.

Sabder-Ali quitta ensuite la colonie et reprit la route d'Arcate en emmenant avec lui sa mère et ses autres parents qui parlèrent partout de la générosité des Français et nous firent connaître d'une manière avantageuse. La sœur de Sabder-Ali, la femme de Chanda-Saheb, resta à Pondichéry. Son mari n'avait pas traité avec les Mahrattes. Il regagna Tritchinapaly, bien tranquille sur le sort de sa famille qu'il laissait sous notre garde. Notre allié était sans crainte ; il savait que l'on ne sollicitait jamais en vain notre protection.

Dumas était loin d'être rassuré, et les événements lui donnèrent raison. Les Mahrattes ne tardèrent pas à reparaître dans le Carnate. Sabder-Ali n'avait pu leur donner

---

[1] Le serpeau était un présent qui consistait en un costume de cérémonie. Pour les Mogols, c'était l'une des plus grandes marques d'honneur que l'on pût donner à quelqu'un.

qu'une partie du tribut qu'il s'était engagé à leur payer. Se voyant dans l'impossibilité de tenir ses promesses et voulant détourner la colère de ses ennemis, il engagea Ragodgi à s'emparer de Tritchinapaly. Ce dernier suivit son conseil et vint, au mois de décembre 1740, assiéger cette place avec une armée de plus de cent mille combattants. Chanda-Saheb n'avait que cinq mille fantassins, trois mille cavaliers, et des vivres pour un mois. Il résolut de se défendre et manda à son frère, Bara-Saheb, de venir à son secours.

Bara-Saheb ne fut pas sourd à cet appel. Il réunit dix mille hommes et se mit en marche. Son but était de bloquer la place. Mais, quand il arriva, Tritchinapaly était serré de si près qu'il fallait renoncer à y pénétrer. Malgré son infériorité numérique, Bara-Saheb n'hésita pas et vint offrir la bataille. Ragodgi l'accepta et lui opposa vingt mille cavaliers et dix mille fantassins. La rencontre eut lieu à une journée de marche de la ville et fut acharnée de part et d'autre. Les Musulmans furent écrasés par le nombre. Bara-Saheb, fou de désespoir, chercha la mort et tomba de son éléphant percé de vingt-deux blessures. Ragodgi victorieux ordonna de rechercher le corps de son ennemi, puis il le fit couvrir de riches étoffes, placer sur un palanquin et l'envoya à Chanda-Saheb, afin que celui ci fût bien persuadé qu'il n'y avait plus pour lui de secours à espérer.

Chanda-Saheb aimait tendrement son frère. Il le pleura et vit qu'il *était écrit* qu'il devait succomber. Il continua de se défendre et ne capitula que quand la ville fut aux abois et qu'il ne lui restait aucun moyen de prolonger la résistance. Le 21 mars 1741, les Mahrattes entraient dans Tritchinapaly, qui fut livré au pillage. Ils y laissèrent une garnison de quatorze mille hommes et en donnèrent le gouvernement à Morari-Rao. Chanda-Saheb eut la vie sauve ; Ragodgi lui offrit la liberté moyennant une forte rançon. Le gendre de Daoust-Ali-Khan ne pouvait la payer ; on le conduisit prisonnier à Sattara, dans le Malabar. Pour le moment, il disparut de la scène politique, mais son rôle n'était pas fini et nous le reverrons bientôt reparaître, coopérer à l'œuvre de Dupleix et soutenir, les armes à la main, la cause de la France.

Pondichéry n'avait pas tardé à attirer l'attention des Mahrattes qui, au commencement du siège de Tritchinapaly, avaient appris que nous avions donné asile à la famille de Chanda-Saheb. Ils pensaient que de grandes richesses avaient été transportées dans notre ville et voulaient s'en rendre maîtres dès que Tritchinapaly serait tombé en leur pouvoir. Ragodgi était plein de confiance dans son armée et ne croyait pas que les Français, dont il connaissait le petit nombre, oseraient lui résister. Aussi il écrivait à Dumas le 20 janvier, et dans cette lettre il le sommait de lui payer tribut, de lui livrer la femme et le fils de Chanda-Saheb et de se soumettre à toutes les conditions qu'il voudrait lui imposer. En cas de refus, il le menaçait de sa colère et lui rappelait le châtiment qu'il avait fait subir à la ville de Baçaïm, dont il s'était emparé, en 1738, malgré la résistance désespérée des Portugais.

Dumas ne se laissa pas ébranler par ces menaces. Il répondit fièrement que les Français étaient les alliés des Mogols, qu'ils ne lui devaient pas de tribut et s'honoraient de donner asile à la femme et au fils de Chanda-Saheb. Il ajouta qu'ils étaient tous résolus à périr plutôt que les livrer et à défendre la place jusqu'à la dernière extrémité.

Après un échange de plusieurs lettres qui demeurèrent sans effet, Ragodgi pensa que ses menaces aboutiraient à un résultat s'il les appuyait d'une démonstration armée. Il détacha un corps de troupes de quinze mille hommes qui promena ses ravages dans les environs et vint mettre au pillage Porto-Novo situé à sept lieues de Pondichéry. Porto-Novo était une place ouverte qui servait d'entrepôt

17

aux négociants hollandais, anglais et français. La Compagnie de France eut peu à souffrir de cette excursion et n'eut à déplorer que la perte de trois à quatre mille pagodes consistant en toiles bleues. Dumas avait eu la précaution de faire transporter à Pondichéry la plupart des marchandises que nous avions à Porto-Novo. Des bandes de pillards se montrèrent bientôt sur notre territoire et un parti ennemi parut sur les aldées d'Oulgaret. Le capitaine de Cossigny reçut l'ordre d'aller chasser les maraudeurs avec deux cents soldats et le fort d'Ariancoupan commença en même temps à tirer le canon. Les Mahrattes se retirèrent à cinq lieues de la ville et s'en furent ravager les établissements hollandais de Konjémur et de Sadras.

Ragodgi voulait cependant en finir. Il envoya au gouverneur un officier qui réitera ses menaces. Dumas le reçut poliment, lui montra la grande quantité de vivres et de munitions que l'on avait amassées dans la place et lui dit que la garnison était résolue à se défendre, et que tous les effets précieux étaient sur des vaisseaux prêts à partir en cas de désastre, et qu'il n'y avait aucun butin à espérer. Les Européens et les Cipayes qui s'exerçaient au maniement des armes étaient un indice que la population était déterminée à se défendre et capable de grands efforts. L'officier mahratte, qui n'avait jamais vu une ville aussi bien préparée à soutenir un siège, se retira plein d'estime pour les Français. Dumas voulant qu'il emportât un bon souvenir de sa visite, lui fit cadeau de dix bouteilles d'une liqueur appelée liqueur de Nancy.

L'officier était Musulman et, en qualité de disciple du Koran, il ne put les apprécier lui-même. Il les offrit à Ragodgi qui déclara cette liqueur délicieuse et en fit part à sa femme. Cette dernière trouva le breuvage tellement de son goût qu'elle voulait en avoir à tout prix. Ragodgi, qui était très attaché à sa femme, chercha à se procurer ce précieux nectar et alla jusqu'à offrir cent roupies par

bouteille. Force lui fut de s'adresser à Dumas qui lui
envoya trente bouteilles en présent. Le Mahratte fut
enchanté de cette générosité. Il paraissait disposé à oublier
sa haine contre les Français et défendit à ses gens de piller
les environs de la ville. Nous avions une alliée dans sa
femme que sa passion pour la liqueur de Nancy avait
rendue favorable à nos intérêts. De nouvelles négociations
furent entamées. Dumas envoya à Ragodgi deux Brahmes
de Pondichéry, gens fort habiles et complètement dévoués
à notre cause. Ils représentèrent au chef des Mahrattes qu'il
ne pourrait s'emparer de Pondichéry qu'au prix des plus
grands sacrifices et qu'il ne trouverait aucun dédommage-
ment dans sa conquête qui ne renfermait aucune richesse.
Ces raisons jointes à l'impression que produisaient sur lui
les fortifications que nous avions élevées, au faible qu'il
avait pour la liqueur et à l'influence de sa femme, le décidèrent à se retirer et à reprendre la route de son pays. Il
envoya même un officier demander l'amitié du gouverneur
et sur le bruit de l'arrivée prochaine du Nizam, il se
hâta au mois de mai 1741 de gagner les montagnes du
Maharashtra.

Pondichéry se trouva ainsi délivré d'un terrible fléau, et
la colonie put reprendre sa vie habituelle. L'on était heureux d'avoir échappé à un si grand danger, et si les événements avaient bien tourné, c'est en grande partie à Dumas
qu'on le devait. Son courage et son énergie le transfor-
mèrent en héros aux yeux des Indiens. Les félicitations lui
arrivaient de tous les côtés. Le Nizam El Molouck lui
envoya un serpeau et lui adressait une lettre conçue dans
les termes les plus flatteurs. Sabder-Ali renouvelait ses
protestations d'amitié. La cour de Delhy, non seulement
ne trouva pas mauvais qu'un Français devînt propriétaire
de terres dépendantes de l'empire, mais voulut encore
ratifier cette donation par un firman et envoya de riches
présents au gouverneur de Pondichéry. Quelque temps

après, cette faveur était couronnée par une autre plus éclatante. Le Grand Mogol conférait à Dumas la dignité de Nabab et le nommait en outre Mansoubdar. Ce dernier titre lui donnait le commandement de quatre mille cinq cents cavaliers, dont deux mille devaient être spécialement attachés à sa personne en temps de paix. Jamais Européen n'avait encore reçu un tel honneur dans l'Inde. Le gouverneur d'une colonie française devenait un grand dignitaire de l'empire mogol. C'était un fait unique et qui ne s'était jamais présenté. Aussi il en rejaillissait un immense prestige pour notre pays.

Pondichéry se réjouissait encore de sa délivrance quand, le 8 juin 1741, une petite flottille parut en rade. C'était les secours que les îles de France et Bourbon envoyaient, et quand ils arrivèrent, tout était terminé. La population descendit sur la plage et s'empressa autour de ces braves gens qui n'avaient pas hésité à venir porter aide à leurs compatriotes. Du reste, lorsqu'on avait appris dans les îles le danger qui menaçait Pondichéry, il y avait eu un élan général. Tous les habitants avaient voulu partir, tant pour montrer leur zèle que par amitié pour leur ancien gouverneur. La Bourdonnais, qui était de retour de France où il était allé pour se justifier, commandait l'expédition. Il avait avec lui trois cents soldats de l'armée régulière. Ce renfort ne devait pas demeurer inutile et allait servir à délivrer Mahé.

Les Anglais nous avaient vu avec déplaisir prendre possession de Mahé. Ils s'étaient établis à Tallichéry et ne pouvaient admettre qu'une autre nation européenne possédât une station sur la côte de Malabar. Aussi ils ne cessaient d'engager les indigènes à attaquer notre nouvelle colonie. De petits seigneurs des environs, connus sous le nom de Nambiards, le roi de Bargaret, Bayanor et le prince de Colastrix cédant aux instigations de nos rivaux, se déclarèrent contre nous et Mahé fut entouré d'ennemis; eu égard au grand nombre des assaillants, la garnison ne pouvait sortir et livrer une bataille en rase campagne. Le siège se resserra de plus en plus et se changea bientôt en un blocus.

Sur ces entrefaites, La Bourdonnais arriva dans l'Inde et ce fut lui qui fut chargé de délivrer Mahé. Il rassembla une escadre composée de cinq vaisseaux, le *Fleurus*, le *Brillant*, l'*Aimable*, le *Condé* et le *Neptune*. Le 8 octobre 1741, il quittait Pondichéry avec les deux meilleurs voiliers, se rendait à Calicut et, sans attendre les autres vaisseaux, il mouillait le 23 novembre en rade de Mahé. Il était temps, la place commençait à être aux abois. La Bourdonnais fit débarquer ses vivres, ses munitions et son matériel. Pour le moment il n'avait que deux compagnies. Aussi ne pouvait-il songer à prendre l'offensive. Il ordonna de construire des parapets et d'ouvrir des tranchées afin de pouvoir résister aux masses ennemies en cas d'attaque.

Les indigènes étaient campés dans un bois de cocotiers rempli de broussailles et coupé de larges fossés. Ils avaient élevé un fort, et des retranchements en terre capables de résister au boulet. Ils nous serraient de près et se disposaient à enlever nos positions. Nos troupes reçoivent l'ordre d'ouvrir le feu, et les Indiens décimés par notre fusillade et nos canons sont forcés de reculer. Le 29 novembre a lieu un combat d'artillerie qui dure toute la journée. Sur ces entrefaites arrivèrent les trois autres vaisseaux de l'escadre. Toutes nos forces étaient réunies et nous pouvions agir.

La Bourdonnais qui connaissait la supériorité numérique de nos ennemis était d'avis de ne pas les attaquer de front, afin de ne pas exposer sa petite armée à subir des pertes trop considérables. Il pensait que nous devions tourner les positions de nos adversaires. Dans ce but, il profite de la nuit du 2 au 3 décembre qui était fort sombre et fait construire une batterie de quatre canons, à environ cent toises des avant-postes indiens. On travailla dans le plus grand silence, et des grenadiers venaient se relever à tour de rôle pour protéger les ouvriers qui, pour la plupart, étaient des coulis. Grand fut l'étonnement des indigènes quand ils virent au point du jour nos travaux de défense. Ils furent stupéfaits et se massèrent dans la plaine comme s'ils voulaient nous attaquer. Mais, en présence de notre attitude, ils renoncèrent à leur projet et rentrèrent dans le bois.

C'était le moment d'agir. La Bourdonnais réunit sa petite armée, qui se compose de huit compagnies d'infanterie européenne et de cinq cents cipayes. Il exhorte chacun à se souvenir de ce qu'il doit à l'honneur, à son drapeau, à la nation, puis il forme sa troupe en colonne d'attaque, fait battre la charge et prend la route du bois. Nous avions affaire à sept ou huit mille Maures ou Gentils. Rien n'arrête l'élan de nos soldats qui, malgré une violente fusillade, franchissent des obstacles de douze à quinze pieds de haut. La Bourdonnais est en tête, toujours au premier rang. Quatre carabiniers de son escorte sont tués et le capitaine Destimonville qui la commande est blessé. L'on continue de marcher en avant et nous arrivons au pied du fort. Nous l'escaladons au cri de « *Vive le roi* » et nous en sommes maîtres. Les Indiens commencent à plier et à se débander.

La Bourdonnais laisse quatre compagnies à la garde du fort, puis il se dirige rapidement à l'extrémité du bois, où l'ennemi, appuyé par de solides retranchements qui constituaient une véritable forteresse, résistait encore. De Rostaing y pénètre à la tête de sa compagnie et tue de sa main un nègre à taille gigantesque qui vend chèrement sa vie en défendant la porte principale. Cette fois la victoire est définitive et le champ de bataille nous reste.

Les routes étaient encombrées de fuyards. Nos cipayes les poursuivaient avec acharnement en ravageant le pays.

Plusieurs villages furent la proie des flammes. Les indigènes effrayés abandonnent deux positions importantes, le fort des Bambous et la montagne du Porc-Epic que nous nous empressons d'occuper. Nous n'avions plus rien à craindre de nos ennemis. Cette expédition nous coûtait vingt-huit tués et quatre-vingts blessés. Les Indiens avaient eu plus de quatre cents morts. Dans son rapport, La Bourdonnais parlait peu de lui. Il se bornait à raconter ce qui s'était passé et à nommer les officiers et les soldats qui s'étaient le plus distingués. Il citait le capitaine de Rostaing, le lieutenant Guedon, le commandant de l'*Aimable*, Ducoulombier Joliff en disant de lui qu'il *serait à souhaiter que tous les officiers fussent de sa trempe*, le commandant du *Brillant*, de Penlan qui, quoique malade, avait voulu prendre part à l'action, le capitaine Thorel qui possédait un fonds de gaîté inépuisable et avait trouvé le moyen de faire rire ses soldats au plus fort du combat.

Notre victoire eut un grand retentissement et l'on s'attendait à nous voir poursuivre le cours de nos succès. Rien ne nous était plus facile. La Bourdonnais pensa que nous devions nous borner à l'avantage que nous venions de remporter et qui établissait notre réputation militaire. Il présumait que nous aurions bientôt affaire à un ennemi plus redoutable et que nous devions reserver toutes nos forces pour cette nouvelle lutte. Il était, par conséquent, d'une bonne politique de ne pas soulever les haines des indigènes en se montrant trop exigeant. Aussi, La Bourdonnais s'empressa d'entamer des négociations et le conseil de Mahé l'autorisa officiellement à les continuer.

La paix fut bientôt signée avec les petits princes qui nous avaient déclaré la guerre. Le 22 janvier 1742, un traité était conclu entre la Compagnie et le roi de Bargaret. Ce dernier nous cédait quelques lambeaux de territoire situés dans la banlieue de Mahé et accordait de grands avantages à notre commerce. Il prenait en outre l'engagement de ne vendre du poivre qu'aux Français. Il en fut de même des Nambiards qui reconnurent notre suprématie. Le prince de Colàtrix déposa également les armes. L'on travailla sans retard à fortifier nos nouvelles positions. Deux forts, le fort Dauphin et le fort Condé, s'élevèrent bientôt sur les montagnes que nous venions d'acquérir, et l'ingénieur Renaud fut chargé de les mettre en état de défense. De cette manière les indigènes furent tenus en respect et il ne leur fut plus permis de douter de notre puissance militaire.

Notre prestige s'était affirmé sur la côte de Malabar. Notre expédition n'avait pas eu seulement pour résultat de débloquer Mahé. Elle nous avait ouvert le pays, et notre domination pouvait s'y étendre et s'y consolider. En 1739, le roi de Travancore nous avait cédé la ville de Colèche qui pouvait devenir un établissement important et avait accordé de grands avantages à notre commerce. En 1740, la Compagnie concluait un traité analogue avec le prince de Bedrour. Elle obtenait le monopole du poivre et du sandal et le droit de fonder une colonie sur son territoire. Aux portes de Mahé, le roi de Bargaret et les Nambiards se regardaient comme nos feudataires. Nous nous étions déjà formé une clientèle politique.

Au moment où La Bourdonnais délivrait Mahé, Dumas n'était plus gouverneur. Fatigué par le climat de l'Inde et désireux de revoir la France, il avait informé les directeurs de l'intention où il était de revenir en Europe ; sa démission avait été acceptée. Avant de partir, Dumas remit à Dupleix le gouvernement de Pondichéry et le fit reconnaître comme son successeur par les troupes françaises et indigènes. Il quitta l'Inde en octobre 1741 ; le 23 juin 1742 il arrivait à Paris et des lettres patentes du 4 septembre venaient lui confirmer l'anoblissement qui lui avait été accordé lorsqu'il avait reçu la croix de Saint-Michel. Il mourut en 1746 sans laisser de postérité.

Au moment où Dumas revenait en Europe, nous nous

étions définitivement établis dans l'Inde ; avec Martin nous avions fondé nos premiers comptoirs et bâti notre capitale, Pondichéry. Lenoir avait créé notre crédit, étendu nos relations et, sous son administration, nous étions devenus une puissance commerciale. Avec Dumas nous avions fait un pas immense. Notre colonie n'était pas seulement un comptoir où nos marchands venaient trafiquer, c'était une place forte. La France avait pris rang parmi les nations indiennes. Elle avait affirmé sa prépondérance et commençait à jouer un rôle militaire. Nous avions une armée, une flotte et nous avions fait des expéditions. Notre domination s'était consolidée sur la côte de Coromandel ainsi que sur celle de Malabar ; Pondichéry était considéré comme l'une des principales villes de l'Inde méridionale. En formant des troupes indigènes, Dumas avait commencé à donner à notre colonie son organisation militaire ; il nous avait fait connaître et apprécier ; son successeur paraissait n'avoir pas d'autre chose à faire que de suivre la même politique et de marcher sur ses traces. Mais, pour Dupleix, le prestige ne suffisait pas ; il avait des vues d'un ordre plus élevé et ses projets étaient plus vastes. Il voulait abattre la puissance anglaise, donner l'Inde à la France et assurer notre suprématie dans tout l'Extrême-Orient.

FIN

TABLE DES MATIÈRES

Chapitre premier. — L'Inde. — Son passé. — Motifs qui ont déterminé les Européens à y fonder des établissements. . 1

Chapitre II. — Premières expéditions des Français. — Établissement à Madagascar. — Fondation de la Compagnie des Indes Orientales. 33

Chapitre III. — Premiers établissements des Français dans l'Inde. — Caron. — La factorerie de Surate. — L'escadre de Perse. — Expédition de Ceylan. — Siège de San-Thomé 73

Chapitre IV. — Baron. — François Martin. — Fondation de Pondichéry 115

Chapitre V. — Les successeurs de Martin. — Relations de la France avec la Chine, l'Indo-Chine et la Perse. — L'Ile Bourbon 153

Chapitre VI. — Law. — La Compagnie perpétuelle. — Administration de Lenoir. — Conquête de Mahé 187

Chapitre VII. — Colonisation de l'Ile de France. — Gouvernement de Dumas. — Expédition de Moka. — Acquisition de Karikal. — Les Mahrattes menacent Pondichéry. — Origine de l'armée des Cipayes 225

Angers, imprimerie-librairie Germain et G. Grassin. — 273-87.

www.ingramcontent.com/pod-product-compliance
Lightning Source LLC
Chambersburg PA
CBHW051240050726

47594CB00001B/250